板岩隧道施工期围岩力学效应与变形特征

左清军　黄智刚　吴　立　程　瑶　王乐华　吕虎波　著

国家自然科学基金项目（41402259、41672260、51679128）、

湖北长江三峡滑坡国家野外科学观测研究站资助出版

科学出版社

北　京

内 容 简 介

本书综合运用岩体力学、弹塑性力学、流变学、非连续介质力学、地下工程、工程地质学及现代数学等学科的相关理论，着力研究板岩的水理特性、力学特性及蠕变特性，从室内试验的角度探明板岩的膨胀和崩解机理，研究不同含水率条件下板岩的力学特性，建立考虑时间效应的蠕变本构方程，揭示板岩隧道在不同施工方法下的力学特征和变形破坏规律；提出板岩隧道围岩大变形控制技术，为板岩隧道围岩的长期稳定性研究及大变形防控提供理论依据和技术支持。

本书可供从事地质工程和岩土工程等领域的科研、设计、施工技术人员人员参考，亦可作为相关学科的研究生教学参考用书。

图书在版编目（CIP）数据

板岩隧道施工期围岩力学效应与变形特征/左清军等著.—北京:科学出版社，2020.11

ISBN 978-7-03-065949-1

Ⅰ.①板… Ⅱ.①左… Ⅲ.①隧道工程-围岩变形-研究 Ⅳ.①U455

中国版本图书馆 CIP 数据核字（2020）第 167260 号

责任编辑：孙寓明/责任校对：高　嵘
责任印制：张　伟/封面设计：苏　波

科学出版社出版
北京东黄城根北街16号
邮政编码：100717
http://www.sciencep.com
北京凌奇印刷有限责任公司印刷
科学出版社发行　各地新华书店经销
*
开本：787×1092　1/16
2020年11月第　一　版　印张：12 1/4
2021年10月第二次印刷　字数：288 000
定价：88.00 元
（如有印装质量问题，我社负责调换）

前言

板岩是一种经过区域变质作用的低级产物，属于浅变质岩。板岩中富含黏土矿物，如蒙脱石、高岭石、伊利石等。黏土矿物具有较强的亲水性，在富水环境中板岩与水发生物理化学反应，使得板岩微观组构和细观孔隙结构发生改变，进而对板岩的水理及力学性质产生较大影响。对于处于无水环境下的板岩，单轴抗压强度较高，可归为硬岩。但对于板理面发育及富含易溶性和亲水性矿物的板岩，在富水环境下，工程性质发生恶化，表现出软化、膨胀、崩解和蠕变等特征。板岩在世界范围内分布很广，我国也是板岩分布区域较广的国家之一。在板岩地区修建隧道，若处于地下水富集区，隧道围岩会因板岩的工程性质恶化而表现出塑性挤出、膨胀内鼓，从而导致隧道支护结构发生开裂、侵限，对隧道工程建设造成极大影响，如工程改线、反复施工、追加投资、延长工期、影响运营等。因此，开展板岩隧道施工期围岩力学研究具有重要的理论和工程意义。

本书作者一直从事软岩工程地质和隧道地质灾害机理及防控方面的研究工作，针对板岩的工程性质及板岩隧道的力学效应展开了较为系统的研究。本书是在作者博士学位论文《软质板岩特大断面隧道施工期围岩力学效应研究》、国家自然科学基金项目“富水板岩隧道围岩泥化临界判据”（41402259）、“爆破-地下水协同作用下板岩隧道围岩劣化机制研究”（41672260）和“深埋洞室软岩围岩开挖卸荷-流变特性研究”（51679128）及诸多板岩隧道工程项目的基础上进一步拓展和升华的研究成果。

本书共 7 章。第 1 章绪论，第 2 章板岩的力学特性，第 3 章板岩的水理特性，第 4 章板岩的蠕变特性，第 5 章板岩隧道围岩分级，第 6 章板岩隧道施工期围岩力学特性数值模拟，第 7 章板岩隧道施工期围岩变形时空效应。全书由三峡大学左清军、福州水务平潭引水开发有限公司黄智刚、中国地质大学（武汉）吴立、中国地质大学（武汉）程瑶、三峡大学王乐华、浙江省隧道工程集团有限公司吕虎波共同完成，其中第 1 章由左清军、吴立撰写，第 2 章由程瑶、黄智刚撰写，第 3 章由左清军、王乐华撰写，第 4 章由王乐华、左清军撰写，第 5 章由吴立、黄智刚、左清军撰写，第 6 章由黄智刚、吴立撰写，第 7 章由吕虎波、程瑶、左清军撰写。全书由左清军统稿，研究生吴友银、闫天玺、陈福榜、赵先强、张中君、朱盛、陈可和胡圣松参与了书稿的编排、部分图件的绘制及文字校对工作。同时，书中还引用了国内外有关板岩工程性质研究的一些文献，在此表示感谢。

本书能如期出版，得到了国家自然科学基金项目（41402259、41672260、51679128）、湖北长江三峡滑坡国家野外科学观测研究站的资助，感谢学校和学院领导的支持和信任。

本书仅是对过去的研究成果进行了总结，有很多科学问题仍有待深入探究，鉴于作者学识水平有限，虽然历经多次修改和完善，书中难免有所纰漏，恳请读者批评指正。

作　者

2020 年 4 月

目录

第1章 绪　论

1.1 板岩的工程性质

板岩是一种极细粒-隐晶质、岩性较致密、通常具有密集板状劈理（简称板理）的区域变质岩，其板理面平滑，变余泥质结构，板岩的可能原岩主要是页岩、泥岩或凝灰岩，显微镜下的板岩微观结构如图 1-1 所示。板岩在无水环境下单轴抗压强度可达 100～200 MPa，可归为硬岩。但是，在水的物理化学作用下，其微观组构和细观结构会发生改变，进而会影响其水理和力学特性，如板岩遇水发生软化、膨胀和崩解。尤其对于板理极发育以及富含易溶性、膨胀性矿物和有机质的板岩，水岩作用下的泥化现象更明显，如图 1-2 所示。因此，对于板岩这类特殊的岩体，不能简单地将其归为软岩，应单独地对其进行研究。板岩在世界范围内分布较广，遍布六大洲，我国是板岩分布区域最广的国家之一，遍及华北、华中、华南、西北及西南地区。

图 1-1　板岩微观结构

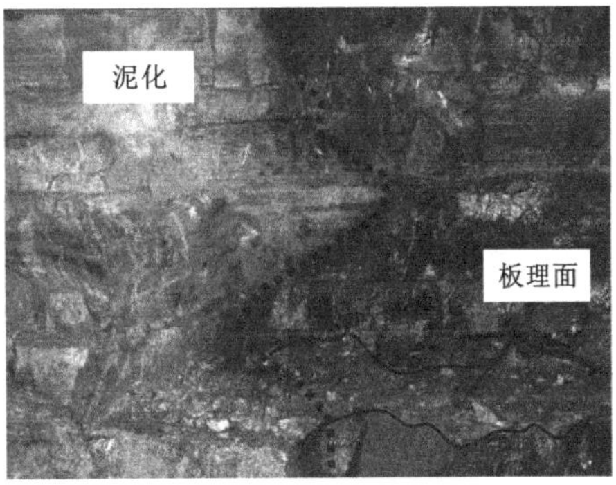

图 1-2　板岩结构性弱化

对于处于富水条件下的板岩隧道工程，在地下水的作用下，板岩会表现出强烈的水理性质，进而使隧道围岩表现出塑性挤出或膨胀内鼓，从而导致隧道支护结构泥化、开裂、侵限（图 1-3～图 1-5）。随着国家基础建设不断推进，在板岩分布的区域进行隧道工程建设将会遭受此类岩的困扰，对隧道工程建设造成极大影响，如工程改线、反复施工、追加投资、延长工期、影响运营等。

图 1-3　板岩泥化现象

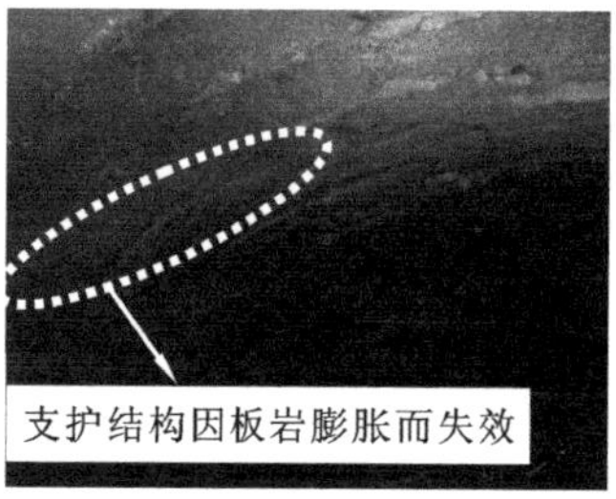

图 1-4　隧道支护结构开裂

图 1-5　隧道初支侵限

1.2　板岩水理特性研究现状

地下水渗入至岩石或岩体的裂缝、孔隙和断层之中，岩石矿物或结构的性质会发生改变，矿物与地下水之间发生化学反应，导致岩石和结构面的性质发生变化，例如软化、膨胀和崩解等，进而造成岩体的力学性质发生改变。

目前，关于岩体水理性质的研究，主要集中于岩石和地下水的相互作用过程，通过试验分析岩石在不同含水状态下的变形和强度性质以及确定岩石的本构关系。国外一些学者（Török et al.，2010；Erguler et al.，2009；Vásárhelyi et al.，2006；Kenis et al.，2004；Heggheim et al.，2004；Risnes et al.，2003；Gomez et al.，1997；Glover et al.，1997；Hadizadeh，1991）通过室内试验，结合声波测试，证实了岩石的力学性能指标在地下水的影响下发生了不同程度的降低。但此类试验只是注重了对数据的简单处理，未进行深入系统的研究。少量学者探讨了地下水和岩体的相互作用机理，但是相应本构模型的研究相对甚少。

国内部分学者对不同含水条件下的岩石力学性质进行了研究。吴景浓（1990）研究了地壳岩石的渗透性状和孔隙水对岩石力学性质的影响，指出了孔隙压的形成及分布，孔隙度、渗透率与孔隙压的关系。葛洪魁等（1994）通到对 8 块砂岩岩样的测试，得出了饱和水砂岩波速和动静态弹性参数随应力状态变化的基本规律。曾云（1994）通过有围压作用的软岩三轴压缩试验，分别测定第三系（古近-新近系）软弱岩石天然、饱和两种状态的强度和变形，论证浸水软化对其主要力学特性的影响。兰光裕（1997）分析了水对岩石力学参数的影响，主要表现为板岩经水饱和后，其抗压、抗拉强度和弹性模量均有不同程度的降低。冯启言等（1999）采用 X-衍射仪、扫描电镜、压汞仪及液压伺服机等手段进行了红层软岩的物质组成、微孔结构和渗透性的试验研究，探讨了红层软岩的渗透机理及遇水失稳机理。刘新荣等（2000）研究了水对岩石力学特性影响，研究表明水对岩石力学特性的影响主要与岩石的硬石膏含量和岩芯采取率有关。王桂花等（2001）利用人造岩样，对地层的弹性模量、泊松比和抗压强度等参数随含水饱和度的变化规律进行了试验研究。许波涛等（2001）研究了岩石在饱和和干燥状态下动静弹性模量的关系特征。谢和平等（2004）利用软化系数描述岩石强度的变化，建立了岩石强度与含水率之间的本构关系。冒海军等（2006a）引入了相对含水率的定义，分析了含水率变化对板岩强度、弹性模型和泊松比等力学参数的影响，并从微观的角度研究了力学参数变化的机理。包宏涛（2007）选取两组板岩进行了饱水状态下的三轴压缩试验，试验结果表明地下水对板岩力学性质的影响较大，饱水后板岩沿层理面破坏的内摩擦角和黏聚力均减小，影响了隧道围岩的应力状态和稳定性。

关于软岩的膨胀特性研究，国内外学者已取得诸多成果（陈福榜 等，2020；左清军 等，2015；Wang et al.，2015；Fu et al.，2008；冒海军 等，2006 a，b；朱珍德 等，2005；Einstein，1989）。在宏观层面，欧孝夺等（2013）对南宁膨胀性泥岩开展膨胀力试验，分析了影响膨胀力的因素，得到膨胀力与含水率之间呈半对数关系；钟志彬等（2019）基于川中红层泥岩时效膨胀性试验，认为岩石的结构性是影响泥岩膨胀程度的重要因素，岩石的颗粒粒径组成通过影响含水率进而表征为膨胀变形；左清军等（2016a）将板岩的吸水膨胀时间引入到膨胀本构方程中，修正了膨胀的一维本构关系，分段描述了含时间因子的三维膨胀本构模型。在微细观层面，冒海军等（2010）利用扫描电镜（scanning electron microscope，SEM）等细观试验手段，探究了泥页岩、板岩水化过程的内在影响因素；刘镇等（2011）针对华南地区的红层软岩软化问题，从软岩饱水后的微细观结构变化出发，建立了微细观结构模型，对软岩软化力学机制进行了定量化研究；Guo 等（2015）对天然软岩在高应力状态下的亲水性进行了分析，结合 X 射线衍射和压汞试验，研究了影响软岩亲水性的主要影响因素；戴张俊等（2013）通过对南水北调中的强、中膨胀岩，开展了系列微细观试验，研究了膨胀性与矿物成分的关系，分析了膨胀岩细观结构的演化特征；谭罗荣等（2006）提出了渗透吸力势理论，并将其用以研究膨胀岩、土的胀缩机制。

关于软岩的崩解性，许多学者已从室内试验、分形理论、断裂力学理论、能量耗散理论、数值模拟等角度进行了大量研究，如余宏明等（2002）、赵明华等（2005）、曹运江等（2006）、Erguler 等（2009a）、吴道祥等（2012）、郑明新等（2018）采用室内试验方法对软岩的崩解特性开展了研究，赵明华等（2007，2003）、刘晓明等（2008）、苏永华等（2006，2005）从分形理论的角度建立了软岩的崩解的数学模型，潘艺等（2017）基于断裂力学理论建立了红层软岩遇水崩解的界面模型，黄明等（2015）采用能量耗散理论建立了在酸碱溶液环境下泥质页岩崩解过程中相关指标的表征规律。刘长武等（2000）、颜波等（2009）、郭永春等（2010）、张抒等（2013）、柴肇云等（2015）研究了软岩或风化土的崩解与微观组构之家的关系。对于板岩这一类变质岩的崩解特性，仍少有涉及。

1.3　板岩蠕变特性研究现状

关于岩石的蠕变现象，早在 18 世纪就引起了学者们的注意。1910 年，英国物理学家 Andrade 首次提出蠕变这个名词。对岩石蠕变的研究可以追溯到 20 世纪 30 年代，1939 年 Griggs 提出砂岩、泥板岩和粉砂岩等岩石中，当荷载达到破坏荷载的 12.5%～80%时，就发生蠕变的观点。之后岩石的蠕变现象受到国外学者的广泛关注（Chan，1997；Zaman et al.，1995；Brignoli et al.，1993）。纵观国内外关于蠕变的众多研究，主要集中于蠕变本构模型的建立、蠕变参数的反演和蠕变试验的研究。

1. 岩体蠕变本构模型研究现状

岩体蠕变本构模型分为两大类：元件组合模型和数学模型（经验模型）。元件组合模型是用模型元件的组合来模拟岩土体的流变行为。肖树芳（1987）在研究岩体泥化夹层的蠕变时，提出了采用开尔文模型串联宾厄姆流体表示初始蠕变及等速蠕变阶段，采用黏滞系数随时间改变的牛顿粘壶模型描述加速蠕变阶段。宋德彰等（1991）提出了岩质材料的黏滞系数是加载应力大小和加载持续作用时间的非线性函数。袁静等（2001）基于岩土流变模型的研究现状，把各种流变模型分成 4 类：元件模型、屈服面模型、内时模型和经验模型，从横向和纵向两个方面对各类模型进行了比较研究。曹树刚等（2002）通过对岩石的全应力-应变曲线和蠕变曲线的分析，将黏滞性体模型中的黏滞系数修正为非线性，提出了一种改进的西原正夫模型，能较好地反映岩石的非衰减蠕变特性。这些模型的提出，初步形成了岩石流变的非线性模型理论。元件组合模型理论在非线性方面的进展还处在初始阶段，远不能满足当前工程建设的需要。数学模型（经验模型）与元件组合模型的研究方法相类似，它也是在岩石流变试验的基础上，通过假设—实验—理论的方法来建立岩石的应力、应变和时间的函数关系模型。经验模型中以老化理论（Vanhoenacker et al.，2004）、流动理论（Nei-Che et al.，1996）、强化理论（Brooks et al.，1995）等具有代表性。但是，经验模型是根据不同试验条件及不同岩石类型求得的近似数学模型，尽管它们对于模拟具体岩石的流变，效果较好，但正是这种“具体”，使其适用条件苛刻，从而限制了它们在一般情况下的推广应用。

2. 岩体蠕变参数反演的研究现状

岩体蠕变理论分析及其工程应用均基于正确的流变模型和较符合实际的蠕变力学参数。由室内及现场实验确定蠕变参数，往往受岩样尺寸效应的影响而具有一定的离散性和不确定性。20 世纪 70 年代末发展起来的反分析法在某种意义上不仅具有消除试验尺寸效应影响的作用，而且由于实测位移包含工程因素的影响，使得以反分析所获参数进行实际工程岩体的蠕变分析能取得与现场较一致的预测结果。因而，许多研究者对蠕变参数的反演理论及其工程应用做了大量研究，提出了逆解法（Sakurai et al.，1983）、直接法（冯夏庭 等，1999；王芝银 等，1990）、实验设计反演法（刘怀恒，1988）。另外还提出了基于上述逆解法与直接法发展而来的逆解优化法和逆解回归法、增量位移反分析法（王芝银 等，1993）；基于随机数据的不确定性反分析方法，如黏弹性参数的随机反演理论与方法（孙钧 等，1996）等。位移反分析涉及各种模型、不同本构关系的黏弹性解析反演（杨林德，1996）、黏弹性和黏弹塑性数值反分析理论、方法及软件开发（王芝银 等，2008；杨志法 等，2002；吕爱钟 等，1998）等方面，均取得了丰硕的成果，并在实际岩体工程中得到了应用。

3. 蠕变试验的研究现状

试验是岩石力学的基础，是研究岩石力学与工程的重要手段。蠕变试验是研究岩石蠕变性能的重要途径。近年来，对岩石（完整岩块）在单轴压缩、三轴压缩等受力条件下的流变特性、岩体及结构面剪切蠕变特性研究方面有许多新的进展。日本学者 Ito 等（1987）从 1957 年开始对花岗岩试件进行了历时 30 年的弯曲蠕变试验，研究结果表明花岗岩之类的硬岩同样会出现黏滞性流动。Haupt（1991）研究了岩盐的应力松弛特性，指出在整个应力松弛过程中岩石内部的细观结构仍保持不变，应力松弛则在另一侧面反映了岩盐内部组织受力后的黏性效应。Maranini 等（1999）对 Pietra Leccese 灰岩进行了单轴压缩和三轴压剪蠕变试验，认为灰岩蠕变的变形机制主要为低围压下的裂隙扩展与高应力下的孔隙塌陷，蠕变对灰岩本构行为的主要影响为其屈服应力降低。Fujii 等（1999）对 Inada 花岗岩和 Kamisunagawa 砂岩进行了三轴蠕变试验，得到了轴向应变、环向应变和体积应变三种蠕变曲线，指出环向应变可以作为蠕变试验和常应变速率试验中用以判断岩石损伤的一项重要指标。在国内，随着近 20 年来许多大型岩石工程的兴建，极大地促进了国内科技工作者对岩石蠕变特性的研究，开展了大量的岩石蠕变力学试验。陈宗基等（1991）首次对湖北宜昌地区的砂岩进行了 8 400 h 的扭转蠕变试验，研究了岩石的封闭应力和蠕变扩容现象。杨建辉（1995）描述了砂岩单轴受压蠕变试验中纵横向变形随时间增长的发展规律，并结合松弛试验中岩石横向变形的发展规律指出，岩石内部裂纹的发展是横向变形独立发展的原因。李永盛（1995）采用 Instron 伺服控制刚性试验机对大理岩、红砂岩、粉砂岩和泥岩 4 种不同强度的岩石材料进行了单轴压缩条件下的蠕变和松弛试验，观察并分析了岩石的蠕变与松弛规律以及其他时效变形特点，在此基础上探讨了岩石的流变机制及其对工程变形和稳定的影响。郭志（1996a）通过分析软岩蠕变速度与作用荷载之间的关系，提出确定临界等速蠕变应力的方法和蠕变强度取值原则。Sun 等（1997）对三峡花岗岩进行了劈裂拉伸蠕变试验，表明蠕变拉伸强度与加荷速率有关。张学忠等（1999）对东山头边坡辉长岩进行了单轴压缩蠕变试验研究，拟合得出蠕变经验公式并提出了蠕变理论模型，确定了岩石的蠕变参数和长期强度。

进入 21 世纪后，岩石蠕变试验研究更趋活跃。王金星（2000）通过对花岗岩进行单轴拉伸与压缩蠕变试验，研究了各向异性对岩石蠕变变形及其速率的影响，探讨了蠕变应力及变形与蠕变寿命之间的关系。李建林（2000）根据三峡工程永久船闸区花岗岩受拉及拉剪蠕变试验，研究了岩石受拉和拉剪蠕变特性，给出了岩石受拉、剪的破坏强度曲线，研究了岩石流变等效抗拉强度和等效蠕变变形模量。赵法锁等（2001）对边坡石膏角砾岩的蠕变特性进行了单轴和三轴压缩试验研究，分析了地下水和岩体结构对岩石蠕变特性的影响，同时还对破坏后的岩样进行了电子显微镜扫描分析，从微细观的角度分析了石膏角砾岩的蠕变破坏机理。杨春和等（2002）通过对以往盐岩的蠕变及松弛试验成果的归纳及分析，基于损伤力学的观点建立了一个可以反映盐岩蠕变全过程的蠕变本构方程。任建喜（2002）首次采用自行研制的 CT 扫描仪配合三轴加载设备，对单轴压缩岩石蠕变损伤扩展特性进行了 CT 实时分析实验，研究了蠕变损伤演化过程中裂纹宽度和长度的演化规律。赵永辉等（2003）针对润扬长江大桥北锚基础岩石的蠕变特性，采用岩石双轴徐变试验机进行了单轴压缩蠕变试验，通过参数拟合分析，获得了岩石黏滞系数等蠕变参数。李化敏等（2004）在自行研制的UCT-1型蠕变试验装置上采用单体分级加载方式对南阳大理岩进行了单轴压缩蠕变试验，建立了大理岩蠕变理论模型，求出了相应的蠕变参数。徐卫亚等（2005）采用岩石全自动流变伺服仪对绿片岩进行了三轴压缩蠕变试验，研究了绿片岩在不同围压作用下的轴向应变及侧向应变随时间的变化规律。赵延林等（2008）采用分级增量循环加载和单级加载相结合的方式，对金川矿区二辉橄榄岩进行了单级加卸载蠕变试验，揭示了岩石蠕变全阶段的非线性流动规律。李鹏等（2009）通过开展不同含水率砂岩软弱结构面剪切蠕变试验，得到了具有不同含水率的砂岩软弱结构面剪切蠕变试验曲线；基于剪切蠕变试验曲线，分析了含水率对软弱结构面剪切蠕变特性及长期抗剪强度的影响规律。张治亮等（2010）利用CSS-3940YJ型岩石剪切流变试验机，对挤压带含弱面砂岩进行了剪切蠕变试验，分析了挤压带含弱面砂岩的蠕变特性。张强勇等（2011）针对大岗山水电站坝区“硬、脆、碎”辉绿岩脉进行了现场剪切蠕变试验，分析了岩体的剪切蠕变变形规律和剪切蠕变速率特性；根据剪切蠕变试验曲线，进行了岩体剪切蠕变模型辨识。张志沛等（2011）在对泥岩进行室内三轴流变压缩蠕变试验的基础上，确定了泥岩Burgers流变模型本构方程中的参数，描述了陕南勉宁地区泥岩的流变特征。徐慧宁等（2012）对志留系上统紫红色粉砂质泥岩进行了三轴蠕变试验研究，采用叠加原理和等时曲线法获得了岩石的长期强度。沈明荣等（2012）采用岩石双轴流变仪，进行不同法向应力水平下的室内剪切蠕变试验，根据试验结果，利用过渡蠕变法、等时曲线法、蠕变曲线第一拐点法确定了结构面试件在剪切状态下的长期强度。李维树等（2012）针对高地应力条件下岩体开挖卸荷后应力变化复杂等特点，研制了RXZJ－20000型微机伺服控制岩体真三轴现场蠕变试验系统。除此之外，国内外还有众多学者对岩石蠕变试验及其理论开展了卓有成效的研究，取得了不少新的研究成果（刘新喜 等，2020；金俊超 等，2019；于永江 等，2018；Yang et al.，2014；Hakan et al.，2014；刘小军 等，2014；Gennaro et al.，2013）。

上述岩石蠕变试验研究了岩石在单轴或三轴应力作用下受压、拉、弯曲扭转等应力状态下应变随应力及时间变化的发展规律，但在绝大多数研究中都没有考虑地下水的影响。考虑众多工程岩体都处于含水状态，因此在蠕变试验中考虑地下水的影响更加符合工程实际。

1.4 隧道施工期围岩力学效应研究现状

关于隧道施工期围岩力学效应研究，国内外许多学者从力学路径及时空效应等方面进行了研究，但对于板岩隧道围岩力学效应的研究，相关文献较少。

Raymond（1939）研究了弹性介质中圆形隧道孔洞周围的应力分布，考虑隧道为半空间弹性固体无限介质中受重力作用的圆柱形孔洞，通过双极坐标体系，求出了满足上部自由边界条件和孔洞自由边界条件的精确解析解。Kimura 等（1981）等通过离心机模型试验对英国伦敦几种不同地层中隧道开挖施工所产生的地表沉降预计参数进行了探讨，按照体积不变的假定，得出了地表水平位移的计算公式。除此之外，Reyes 等（1966）、Zienkiewicz 等（1975，1968）、Kulhaway（1975）等学者运用有限单元法对隧道的力学效应和变形规律进行了研究。

在国内，部分学者也对其展开了研究。黄伦海等（2004）利用模型试验，研究了四车道隧道围岩在不同开挖方式下变形特征。师金锋等（2005）利用有限元软件对广西柳州某公路隧道进行了数值模拟，分析了开挖方式和开挖顺序对公路隧道围岩稳定性的影响，认为开挖步数的多少在一定程度上影响围岩位移的速度。孙兆远等（2006）采用 FLAC 软件对比分析了中隔壁（center diaphragm，CD）法和台阶法对围岩变形和塑性区的影响，认为采用台阶法开挖时，开挖时产生的最大变形，大约为采用 CD 法开挖时最大变形的 2 倍。黄成造（2007）以龙头山隧道为例，对不同围岩级别下隧道施工工法进行了优化，获得了大跨隧道双侧壁导坑法的合理施工工序。刁志刚等（2007）依托广州地铁隧道工程，采用 ANSYS 软件模拟研究了大断面隧道在上软下硬地层中的施工方法，认为大断面隧道在穿越上软下硬地层时并非不可采用台阶法，根据地层情况也可采用台阶开挖后及时架设临时立柱和横撑以控制变形。张林等（2007）运用 ADINA 有限元软件分析了不同围岩级别的隧道在采用台阶法、弧形导坑预留核心土法和 CD 法施工时的稳定性。黄伟钊（2008）依托新建武广客运专线成镜塘隧道，研究了大断面软弱围岩隧道三台阶施工方法，他认为与交叉中隔壁（center cross diaphragm，CRD）法和双侧壁导坑法相比，三台阶法避免了拆除临时支护及受力转换而造成的各种不安全因素，可以及时调整闭合时间，便于组织平行流水作业和机械化施工，利于施工工序的转换。曲海峰等（2008）以广州龙头山双洞八车道公路隧道为依托，在相同的边界条件下，通过数值计算和现场监测数据，分析了核心土临时支护的合理曲率形式。李雷（2009）针对郑西客运专线 160 m^2 大断面黄土隧道，陕西省内三座隧道弧形导洞试验段均采用三台阶七步开挖法，其特点是将超大断面分成三层台阶七个工作面前后错开顺序开挖，既通过适当增加分块有效地维护了开挖面的稳定，又较好地解决了分步开挖工序多、交叉多的难题，使施工各环节流水化作业。李宁（2009）依托郑西东大断面黄土隧道，研究了大断面黄土隧道双侧壁导坑法的力学行为，结果表明：二衬与初期支护之间存在着明显的接触压力大约占围岩压力的 50%；衬砌设置越早，围岩塑性区越小，结构越安全。吴张中等（2009）通过等代圆法将侧向扩挖隧道断面简化为双连通域问题，结合复变函数理论 Schwarz 交替法推导出了侧向扩挖隧道复应力函数的具体形式，并以深圳横龙山隧道超大异形断面（跨度 29.171 m，高跨比 0.45）侧向扩挖工程为例，通过数值计算对单次扩挖宽度、围岩应力和位移特征进行了研究。

关于隧道施工期围岩变形的时空效应，已有部分学者对其进行了研究。归纳起来，主要侧重于从数值模拟、监控量测等方面进行分析，且大多数的研究是单方面的，即单考虑时间效应或空间效应，例如，Shalabif（2005）、Ge′raldine 等（2006）、Nazary 等（2013）分析了时间效应对隧道围岩稳定性的影响，扈世民（2013）、周硕安（2014）研究了隧道围岩位移的空间效应。虽然在理论上可将时空效应分为时间效应和空间效应，但在隧道开挖过程中，时间效应和空间效应是同时发生的，不能简单地将其一分为二，应有机地将时空效应统一起来考虑。尽管吴波等（2004）、赵旭峰等（2007）、施成华等（2008）、孙元春等（2008）、谭代明等（2009）、张向东等（2010）、陈孝湘等（2011）、霍晓龙等（2012）、张春阳（2013）等学者已将时间效应和空间效应统一到隧道施工期围岩稳定性分析之中，但针对板岩隧道这一类变质岩隧道，施工期围岩时空变形规律尚缺乏系统性的总结。针对隧道围岩位移释放系数，郭瑞等（2010）、张常光等（2015）对其进行了研究，但关于隧道围岩位移释放系数与时空之间的关系的研究，少有涉及。

1.5 研究区工程及工程地质概况

1.5.1 研究区工程概况

沪昆客运专线是一条东起上海、西至云南昆明的铁路，是国家《中长期铁路网规划》中“四纵四横”的快速客运铁道之一，也是中国东西向线路里程最长、影响范围最大、经过省份最多的高速铁路。线路途经上海、杭州、南昌、长沙、贵阳、昆明6座省会城市及直辖市，全长2 066 km，全线为复线电气化铁路，设计时速350 km/h，总投资超过3 000亿元。沪昆客运专线沪杭段已于2009年2月开工建设，全线2016年12月建成通车。

沪昆客运专线主要由沪杭客运专线、杭南长客运专线和长昆客运专线三段组成。其中，长昆段（湖南长沙—云南昆明）自长沙南站（暮云市）引出后向西，跨湘江，经韶山（韶山与湘乡之间）、娄底（南侧），穿越雪峰山脉，至怀化（南侧），随后沿沪昆线经芷江、新晃进入贵州省境内；继续向西经玉屏、三穗、凯里、贵定引入拟建的贵阳北站长昆车场；之后经安顺、黄果树、盘县进入云南省，经富源、曲靖引入拟建的昆明南站长昆车场，线路全长1 140 km，其中湖南境内408 km，贵州省544 km，云南省188 km。

沪昆客运专线长昆湖南段CKTJ-IX标段共23座隧道，单洞总长度32 333 m，围岩以砂质板岩、钙质板岩和凝灰质板岩为主，板岩具有明显的横观各向同性、软化性和易风化性，不利于隧道围岩的稳定。

1.5.2 研究区工程地质概况

1. 地形地貌

沪昆客运专线长昆湖南段CKTJ-IX标段位于湘西地区，西连贵州东部地区。研究区域山丘重叠，峰峦起伏，地形复杂。地貌自西南向北倾斜，东南部为雪峰山脉呈弧形走向，西北部为武陵山，中部丘陵山岗起伏，形成若干盆地。地势最高点为雪峰山脉之主峰苏保顶，海拔1 934 m，河谷高程为260 m，相对高差为1 674 m。

2. 地层岩性

根据区域地质资料、地质调绘成果和钻探揭露，板溪群在沪昆客运专线长昆湖南段CKTJ-IX标段最为发育，分布广泛，出露齐全，厚度大于4 560 m，主要在怀化、芷江等地出露，呈北东—南西向展布，分为马底驿组和五强溪组。

1）马底驿组

马底驿组（Pt_3bnm）出露在芷江—新晃大断裂带两侧，且以高角度与冷家溪群上部不整合，分为三个岩性段：变质砂砾岩段（Pt_3bnm^1）、紫红色板岩段（Pt_3bnm^2）和凝灰岩段（Pt_3bnm^3）。

对于紫红色板岩段（Pt_3bnm^2），厚度为200～543 m。上部以紫红色粉砂质板岩、紫红色钙质粉砂质板岩为主，局部夹钙质千枚状板岩、千枚状绢云母板岩。下部以紫红色钙质板岩与含灰岩结核的变余泥灰岩为主，夹块状变余微粒灰岩、紫红色粉砂质板岩，含铁锰矿钙质粉砂质板岩。钙质板岩与变余泥灰岩中所含灰岩结核大多成纺锤和椭圆状，沿层理定向排列，钙质流失后形成一系列串珠状孔洞。

2）五强溪组

五强溪组（Pt_3bnw）为研究区内板溪群所有组段中最发育的，西起贵州万山，东至芷江西晃山，按岩性组合分为四个岩性段：变质砾岩段（Pt_3bnw^1）、变质凝灰岩段（Pt_3bnw^2）、条带状板岩段（Pt_3bnw^3）和变质砂岩及板岩段（Pt_3bnw^4）。

条带状板岩段（Pt_3bnw^3）厚度为745～1 830 m，包括浅灰绿色砂质板岩、条带状粉砂质板岩和绢云母板岩，发育密集水平条带。

变质砂岩及板岩段（Pt_3bnw^4）厚度为675～1 630 m。下部为灰绿色、灰色变余砂岩和凝灰质砂岩；砂岩底部含砂砾岩透镜体；上部为浅灰、淡绿色绢云母板岩，绿泥石斑点板岩夹少量变余砂岩，板岩中广泛发育水平细层纹。

3. 地质构造

研究区地处江南地轴西南段。在漫长的地史时期中，经历了武陵运动、雪峰运动、加里东运动、印支运动、燕山运动和喜马拉雅运动6次大的地壳运动。地质构造十分复杂，包括地背斜、地向斜、古隆起、古拗陷、复式背斜、复式向斜和深大断裂等。研究区在大地构造发展演化中，经受了多旋回地壳运动，经历了早期地槽、中期地台和晚期地台活化等三个发展阶段，形成种类繁多、数目巨大的中小型构造。

湘黔桂隆起：分布于溆浦—新晃及溆浦—黎平两大断裂之间，由芷江—新晃、毛甫头—鸡公界、溆浦—安江、会同金龙及靖州杨家寨等弧形复式背斜及其相间排列的复式向斜组成。

湘黔深大断裂：西起贵阳，途经本区新晃、芷江、溆浦，东到宁乡、益阳南，转折向北进入岳阳，全长500 km以上，走向北东30°～70°。怀化以西，与舞水河走向一致，以东与溆浦、安化相连。芷江以西，断裂面倾向南东；芷江以东倾向北西，倾角40°以上。该断裂带由数条相互平行的大断裂组成。单个大断裂破碎带宽10～30 m，韧性剪切特征明显。基性-超基性岩发育，大洪山、艾头坪基性岩脉群分布于南北两侧。冷家溪群和中、新生界呈串珠状分布。溆浦至洪江段，长约 100 km，断裂走向北东 36°～40°，断面倾向北西，倾角 40°～50°。怀化石宝以北，见板溪群五强溪组仰冲于震旦系上统或寒武系下统之上。石宝、安江和洪江等地见雪峰至加里东期基性-超基性岩体群沿断裂带或其附近侵入。

4. 水文地质

1）地表水

研究区内地表水系不发育，主要地表水水体为山间沟谷流水。沟谷流水主要受大气降水补给和基岩裂隙水向外排泄补给，水量随季节变化较大。

2）地下水

根据地下水赋存条件、含水介质和水力特征，研究区地下水分为 4 种类型。

（1）第四系松散岩类孔隙潜水：主要赋存于土石界面以上及山坡地带坡洪积层中，该层透水性较好，主要由大气降水补给，雨季含水较丰富，旱季相对较贫乏，季节性变幅明显。

（2）元古界基岩裂隙水：分布于研究区相对低洼基岩顶部，出露岩性为凝灰质板岩、砂质板岩和白云岩，近地表段风化裂隙发育，以微张细小裂隙为主，透水性和含水性一般，富水性较差，接受大气降雨和第四系松散岩类孔隙水下渗补给，水量较贫乏，季节性变化明显，顺坡向沟谷洼地、溪沟排泄。

（3）岩溶水：分布于岩溶裂隙中，岩溶裂隙以较小张开为主，透水性和含水性一般，富水性一般，接受大气降雨和第四系松散岩类孔隙水下渗补给，水量一般，主要顺岩石裂隙排泄。

（4）断裂构造带中的构造裂隙水：研究区发育的断裂破碎带，断裂平面上延伸较长，切割错动地层，长期接受大气降水和地下水的下渗补给，含水量较丰富。破碎带内岩石胶结较好，裂隙宽度较小，使其富水性和透水性不均匀。

研究区内大部钻孔均见地下水，在钻孔内测得地下水稳定水位埋深介于 0.40～90.00 m，标高介于 345.15～520.40 m，地下水位变幅在 0.5～1.5 m。

5. 地应力特性

岩体中初始地应力场是在长期、复杂的地质作用过程中不断变化、逐渐构成的。初始地应力的主要组成部分有自重应力、现今构造应力、残余构造应力等。

从区域上说，研究区附近不存在主要的构造带，采用了多种方法进行地应力测试，测试结果表明：研究区水平地应力可达 6～10 MPa，铅直地应力可达 3～7 MPa。

第2章 板岩的力学特性

岩石在外力作用下所表现出来的变形、强度及破坏特征，称为岩石的力学特性。板岩同其他固体材料一样，在较小外力的作用下，首先发生变形；随着作用力增大，变形量逐渐增加；当力和（或）变形量超过一定限度后，即发生破坏。岩石在荷载作用下，由变形而产生的破坏形式随作用力的方式不同会有所差异。岩石在单轴荷载作用下，主要产生张裂破坏；在三向荷载作用下，主要产生与轴向荷载成一定角度的剪切破坏。在轴向荷载和水平剪切荷载的综合作用下，主要产生沿剪切荷载方向的剪切破坏。因此，岩石在不同形式的力作用下所表现出来的性质是不同的。

本章通过岩石力学试验了解板岩的力学特性。岩石力学试验是研究岩石力学特性最常用、最直观的方法。岩石力学试验是模拟岩石原始的受力状态，用特殊的加载装置，给岩石施加荷载，同时测试岩石在荷载作用下产生的变形。用测得的荷载值和对应的变形值，绘制荷载与变形的关系曲线。根据曲线的变化趋势分析研究岩石的力学性质，利用曲线可计算反映岩石力学特性的变形和强度参数。本章通过单轴和三轴压缩试验获得板岩的力学参数，分析其力学特性。

2.1 板岩单轴压缩特性

2.1.1 试验方法

为了获得板岩单轴压缩强度和变形参数，对在研究区采取的板岩岩样进行单轴压缩试验。本次试验参照《工程岩体试验方法标准》（GB/T 50266—2013）和《岩石物理力学性质试验规程》（DZ/T 0276—2015）的有关规定。板岩单轴压缩试验在中国地质大学（武汉）INSTRON1346 型微机控制电液伺服试验机（图 2-1）上进行。

2.1.2 试验结果

试验共选取 9 个板岩试样，分 3 组。第一组为 3 个岩样，其层理面近似垂直于荷载加载方向；第二组为 3 个岩样，其层理面以不同角度倾斜于加载方向；第三组为 3 个岩样，其层理面近似平行于加载方向。

（a）INSTRON1346型电液伺服试验机　　（b）岩样安装

图 2-1　INSTRON1346 型微机控制电液伺服试验机及岩样安装

1）单轴抗压强度 σ

根据各个岩样的单轴压缩应力应变曲线，取应力应变曲线的峰值为单轴抗压强度。

2）弹性模量 E

弹性模量取割线模量，是指应力应变曲线上取 $\sigma/2$ 处的点与原点连线的斜率，即

$$E=\frac{\sigma_{50}}{\varepsilon_{a50}} \tag{2-1}$$

式中：E 为弹性模量；σ_{50} 为抗压强度 50%时的应力值；ε_{a50} 为应力为 σ_{50} 时的纵向应变值。

3）泊松比 μ

取应力为抗压强度 50%时的纵向应变值和横向应变值计算泊松比，计算公式为

$$\mu=\frac{\varepsilon_{c50}}{\varepsilon_{a50}} \tag{2-2}$$

式中：μ 为与 ε_{c50} 和 ε_{a50} 相应的泊松比；ε_{c50} 为应力为 σ_{50} 时的横向应变值。

试验结果见表 2-1、图 2-2～图 2-10。

表 2-1　板岩单轴压缩试验结果

试样编号	层理面与加载方向的关系	试样尺寸		α/（°）	σ / MPa		E / GPa		μ	破坏状态描述
		H / mm	D / mm		试验值	平均值	试验值	平均值		
DZ-1	垂直	100.12	49.53	81.0	57.25	59.78	25.32	27.51	0.15	发生剪切破坏
DZ-2		101.23	49.42	90.0	62.83		29.64		0.17	发生剪切破坏
DZ-3		99.89	49.25	86.0	59.24		27.58		0.20	发生剪切破坏
DZ-4	以不同角度倾斜	100.21	49.48	23.0	29.51	24.17	27.45	25.88	0.19	顺层面滑动
DZ-5		102.35	49.16	61.0	23.63		25.57		0.25	顺层面滑动
DZ-6		100.61	49.26	48.0	19.36		24.63		0.16	顺层面滑动
DZ-7	近似平行	98.43	49.54	3.0	77.13	75.95	27.58	30.44	0.18	发生剪切破坏
DZ-8		99.56	49.36	0	79.25		34.51		0.20	发生剪切破坏
DZ-9		100.82	49.51	8.0	71.46		29.22		0.21	发生剪切破坏

说明：表中 H 为试样高度，D 为试样直径，α 为结构面与加载方向的夹角。

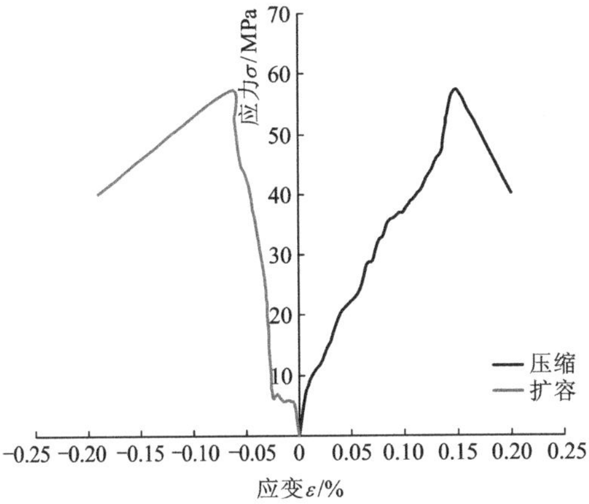

图 2-2　DZ-1 单轴压缩应力应变曲线

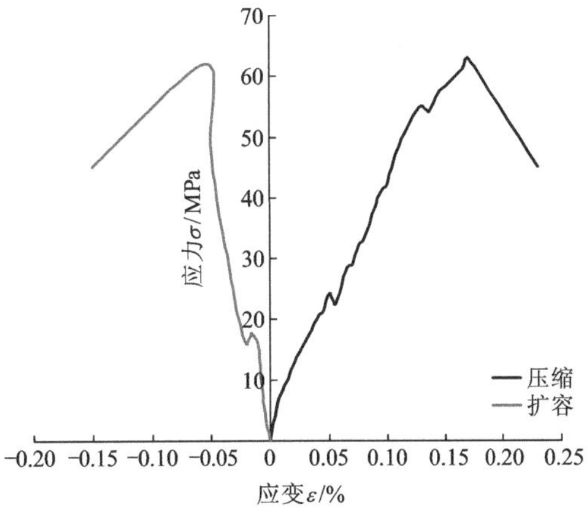

图 2-3　DZ-2 单轴压缩应力应变曲线

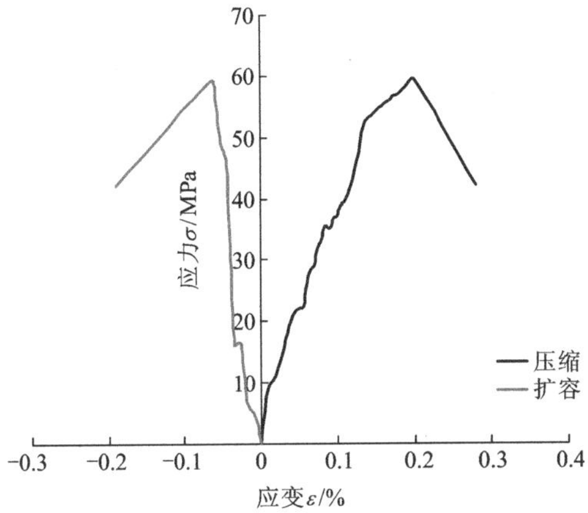

图 2-4　DZ-3 单轴压缩应力应变曲线

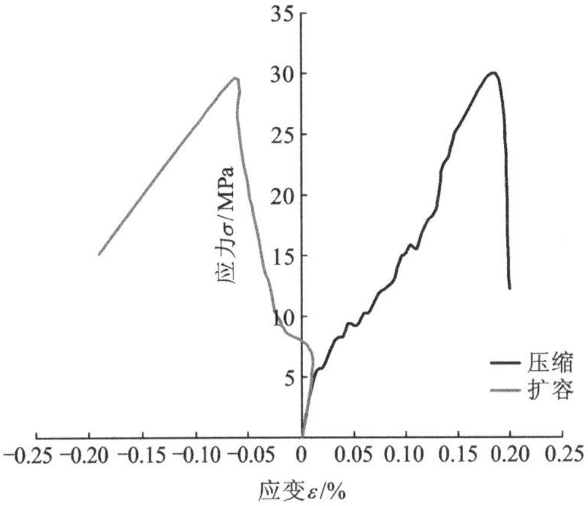

图 2-5　DZ-4 单轴压缩应力应变曲线

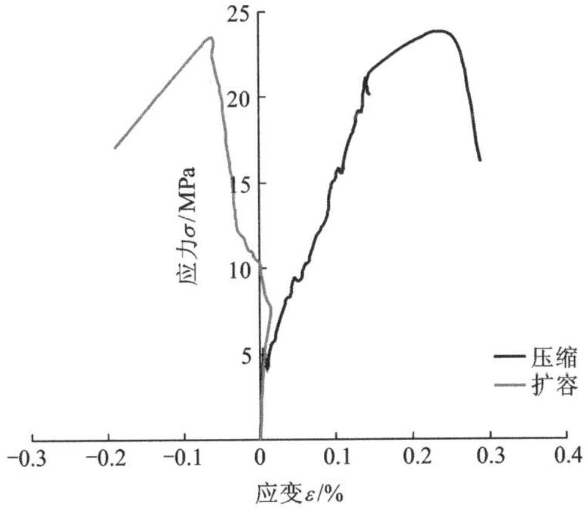

图 2-6　DZ-5 单轴压缩应力应变曲线

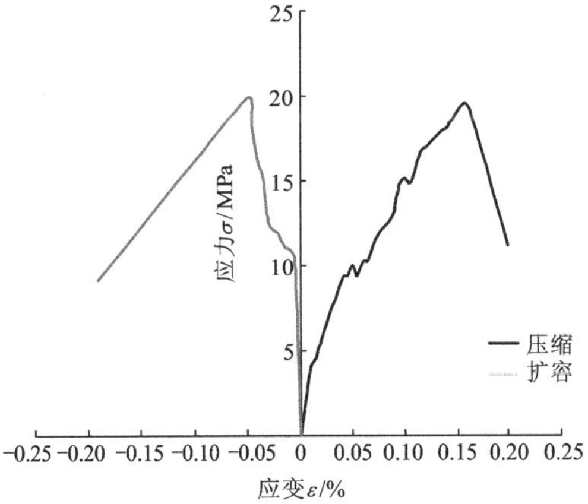

图 2-7　DZ-6 单轴压缩应力应变曲线

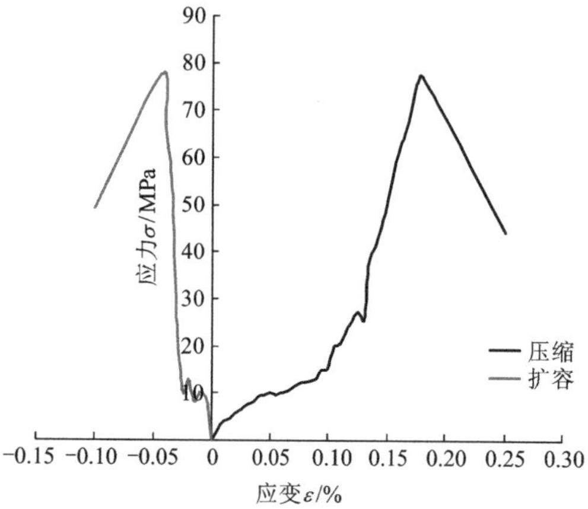

图 2-8　DZ-7 单轴压缩应力应变曲线

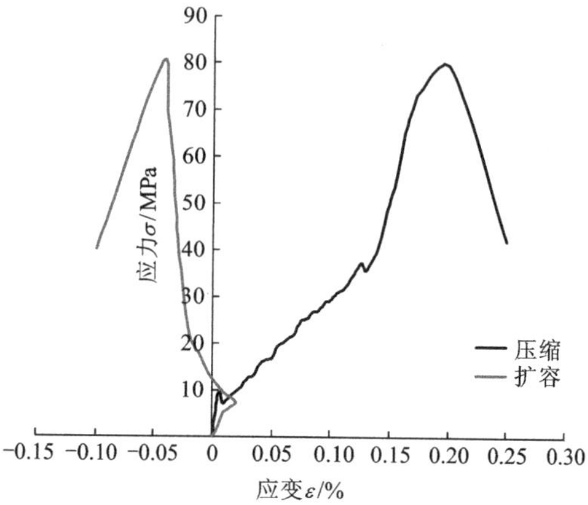

图 2-9　DZ-8 单轴压缩应力应变曲线

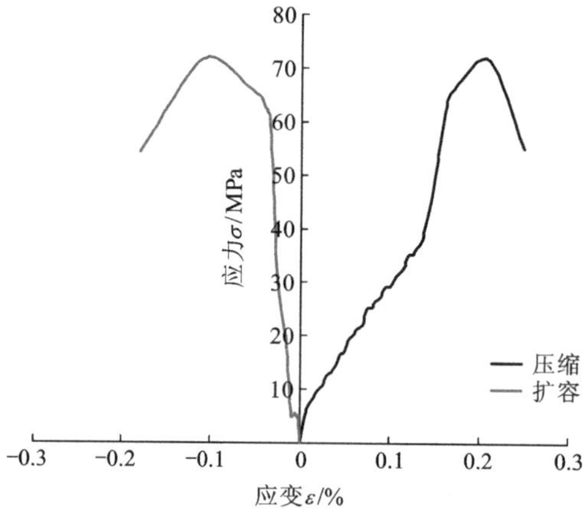

图 2-10　DZ-9 单轴压缩应力应变曲线

2.1.3　结果分析

（1）结构面产状和加载方向的夹角在一定程度上影响板岩的单轴抗压强度，表明板岩具有明显的各向异性，这种各向异性是由赋存在板岩内部的层理和（或）节理等软弱结构面引起的。当板岩结构面的方向与加载方向垂直时，从试验结果来看，单轴抗压强度的平均值为 59.78MPa，发生内部剪切破坏；当结构面的方向以一定角度倾斜于加载方向时，单轴抗压强度的平均值最小，为 24.17MPa，沿层面发生顺层滑动；当结构面的方向与加载方向平行时，单轴抗压强度的平均值最大，为 75.95MPa，发生内部剪切破坏。岩样破坏方式见图 2-11。

（2）从试验结果来看，板岩的泊松比变化不大，在 0.15～0.25 浮动，因此可以得出以下结论：板岩的泊松比与结构面和加载方向的夹角之间关系不密切。

（3）板岩的单轴抗压强度、弹性模量与结构面和加载方向的夹角存在一定的关系。国内外一些学者对此也进行了相关的研究：鄢定媛等（2012）认为层理面对强度的影响显著，结构面倾角为 0° 时峰值强度最大，而结构面倾角为 45° 时最小；随着结构面夹角

(a) 破坏前　　(b) 破坏后

图 2-11　单轴抗压强度试验岩样破坏方式

的增大，在试验初期，抗压强度呈降低的趋势，达到一定值后随夹角的增加而增大；在夹角 45°～60°，抗压强度达到最小值。冒海军等（2005）认为板岩层理面的发育方位对板岩的抗压强度有很大的影响，当结构面倾角在 51°左右时，单轴抗压强度最小；以 51°为分界点，当倾角向（0°,51°）和（51°,90°）区间变化时，板岩的单轴抗压强度逐渐增大，到达一定角度后演变为岩块的强度。

本节通过试验也证实了以上学者所提出的观点。图 2-12 和图 2-13 所示的是单轴压缩强度和弹性模量与 α（结构面和加载方向的夹角）之间的关系。

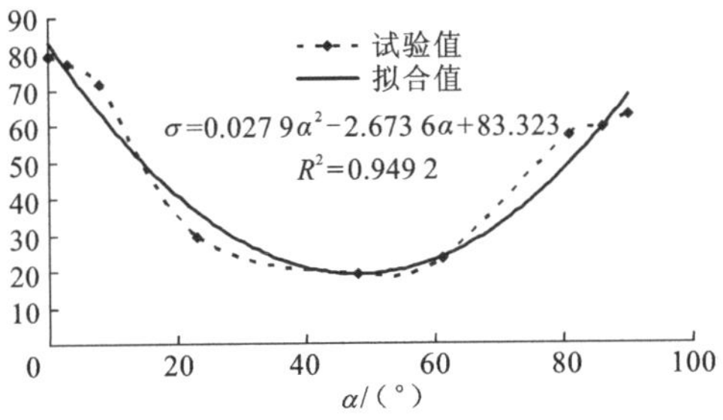

图 2-12　单轴压缩强度与夹角 α 之间的关系

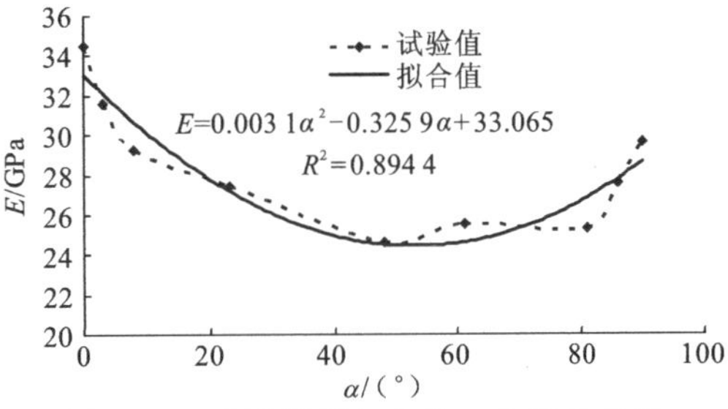

图 2-13　弹性模量与夹角 α 之间的关系

由图 2-12 和图 2-13 可以得出以下结论。

（1）当结构面和加载方向的夹角 α 在 0°～90°时，单轴抗压强度和弹性模量先由大变小，减小到一定值后，再逐渐增大。当 α 在 45°左右时，单轴抗压强度和弹性模量均达到最小值。

（2）通过拟合，得出单轴压缩强度 α 和弹性模量 E 与结构面和加载方向的夹角 α 之间的关系为

$$\sigma = 0.0279\alpha^2 - 2.673\alpha + 83.323 \tag{2-3}$$

$$E = 0.0031\alpha^2 - 0.3259\alpha + 33.065 \tag{2-4}$$

当采用式（2-3）拟合时，相关系数 $R^2=0.9492$；当采用式（2-4）拟合时，相关系数 $R^2=0.8944$。因此，用式（2-3）和式（2-4）表征单轴压缩强度和弹性模量与 α（结构面和加载方向的夹角）之间的关系具有较高的精度，为今后相关的研究提供参考。

2.2 板岩三轴压缩特性

自然界的绝大多数岩石都处在三向压缩应力状态，从某种意义上讲，岩石在三向压缩应力作用下，表现出来的强度和变形特征才是岩石力学属性的真实反映。所以研究板岩在三向应力作用下的强度和变形特征比研究岩石单轴压缩强度和变形特征意义更为重要。

三轴压缩试验能真实地模拟深部岩石的三向应力状态，在三向应力作用下，岩石沿着由微结构和受力状态所决定的最易破裂的面产生剪切破坏，很好地反映了现场岩石的破坏模式，试验获得的抗剪强度参数能真实反映岩石的抗剪切破坏能力。选用三轴压缩强度试验（取代直剪强度试验）以获取板岩的抗剪强度参数。

由于三向应力状态在水平和垂直方向有多种应力组合，岩石的三向压缩强度并不是一个确定的值，是随着三向应力的不同组合而发生变化的。只有通过测定岩石在某种组合的三向应力作用下发生破坏时的极限应力值，才能得到岩石的三向压缩强度。岩石的三向压缩强度与应力组合呈函数关系，通常用一个公式表示，即

$$\sigma_1 = f(\sigma_2, \sigma_3) \tag{2-5}$$

或

$$\tau = f(\sigma) \tag{2-6}$$

式中：σ_1 为最大主应力；σ_2 和 σ_3 分别为中间主应力和最小主应力；σ 为正应力；τ 为剪应力。

不同岩石的三向压缩强度有不同的函数表达式。通过岩石三轴压缩强度试验可得到各种岩石的三向压缩强度函数表达式，以此来研究岩石三向压缩强度和变形特性。总的来说，当 σ_2 和 σ_3 为定值时，该函数是一个单调函数，即随着中间主应力和最小主应力的增加，相应的最大主应力（三轴压缩强度）也随之增加。

2.2.1 试验方法

通过常规三轴试验研究板岩的三向压缩强度和变形特性。试验参照《工程岩体试验方法标准》（GB/T 50266—2013）和《岩石物理力学性质试验规程》（DZ/T 0276—2015）的有关规定。选取 5 个天然状态下的板岩岩样进行三轴压缩试验。试验方法是对所采取的岩样施加不同围压（5 MPa、10 MPa、15 MPa、20 MPa 和 25 MPa），在围压保持不变的情况下，连续施加轴向荷载使试件破坏。运用最小二乘法求出板岩的内摩擦角和黏聚力等抗剪强度参数，通过应力应变曲线求出板岩在三向应力作用下的弹性模量、泊松比等三轴压缩变形参数。三轴压缩试验所用仪器设备见图 2-14。

2.2.2 试验结果

采取 5 个板岩岩样进行三轴压缩试验，围压分别为：5 MPa、10 MPa、15 MPa、20 MPa、25 MPa，试验结果如下。

（a）伺服控制刚性试验机　（b）三轴压力室底座　（c）液压稳压综合控制系统

图 2-14　三轴压缩试验所用仪器设备

1. 应力（$\sigma_1-\sigma_3$）应变曲线

图 2-15～图 2-19 所示的是试样 SZ-1、SZ-2、SZ-3、SZ-4、SZ-5 的三轴压缩应力（$\sigma_1-\sigma_3$）应变曲线。

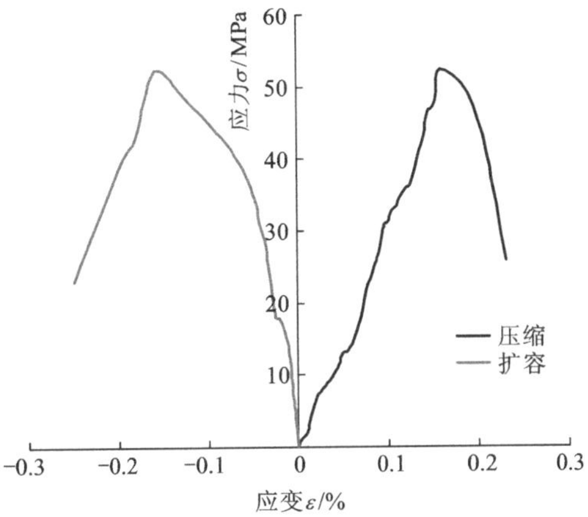

图 2-15　SZ-1 三轴压缩应力应变曲线

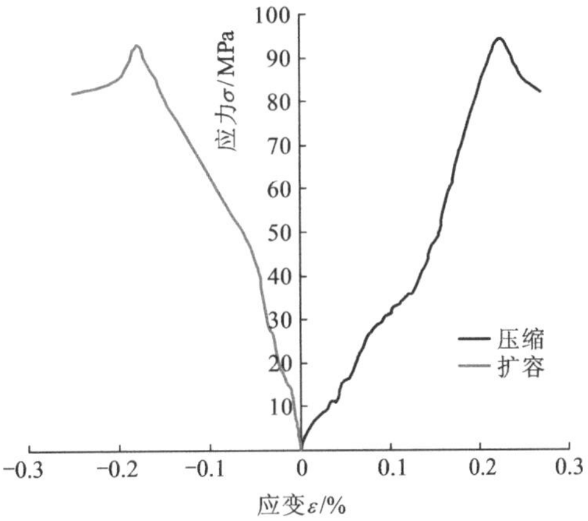

图 2-16　SZ-2 三轴压缩应力应变曲线

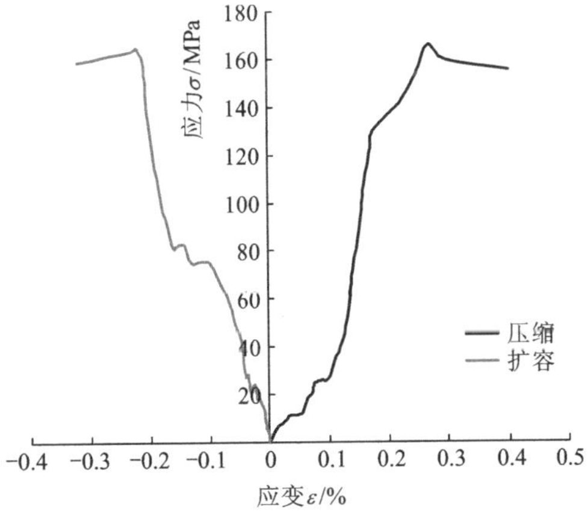

图 2-17　SZ-3 三轴压缩应力应变曲线

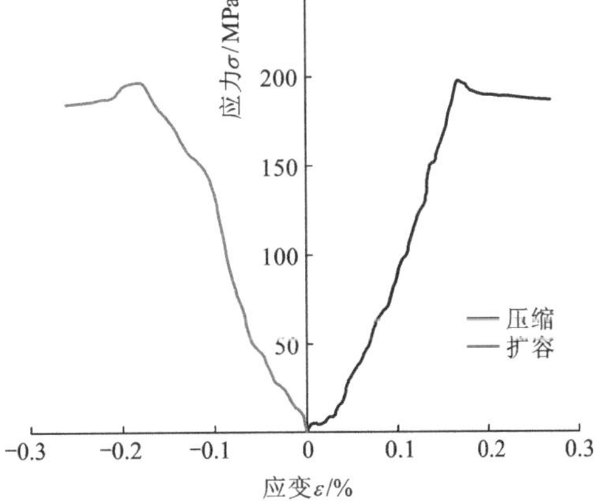

图 2-18　SZ-4 三轴压缩应力应变曲线

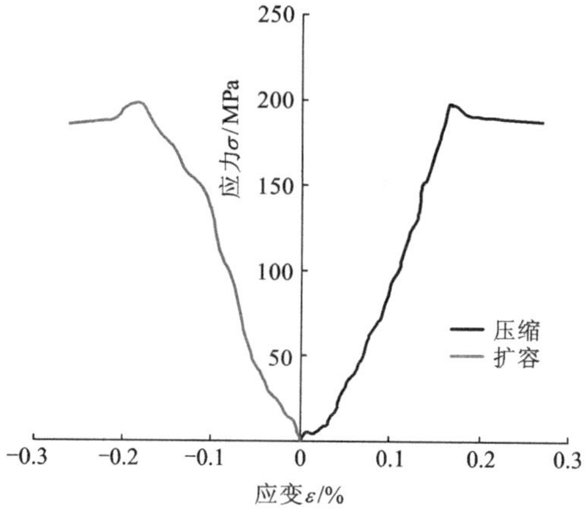

图 2-19　SZ-5 三轴压缩应力应变曲线

2. 三轴压缩岩石力学参数

根据各个试样的三轴压缩应力 $\sigma_1-\sigma_3$ 应变曲线，分别计算弹性模量和泊松比。弹性模量计算公式为

$$E=\frac{(\sigma_1-\sigma_3)_{50}}{\varepsilon_{a50}} \tag{2-7}$$

式中：$(\sigma_1-\sigma_3)_{50}$ 相当于 50%主应力差的应力值；ε_{a50} 为应力为抗压强度 50%时的纵向应变值。

取应力为抗压强度 50%时的横向应变值和纵向应变值计算泊松比，计算公式如下：

$$\mu=\frac{\varepsilon_{c50}}{\varepsilon_{a50}} \tag{2-8}$$

式中：ε_{c50} 为应力为主应力差 50%时的横向应变值。

3. 三轴压缩强度

试件在三向压力作用下能抵抗的最大轴向应力，为岩块的三轴压缩强度，计算公式为

$$\sigma_1=\frac{p_{\mathrm{m}}}{A} \tag{2-9}$$

式中：σ_1 为三轴压缩强度；p_{m} 为试件破坏时的轴向荷载；A 为试件的初始横截面面积。

4. 黏聚力和内摩擦角

当采用作图法获取岩石的黏聚力 c 和内摩擦角 φ 时，根据强度理论莫尔-库仑准则，所有三轴试验破坏的应力圆都近似地和某一直线相切，切点的应力值就是破裂面的正应力 σ 和剪应力 τ，即

$$\begin{cases}\sigma=(\sigma_1+\sigma_3)/2-\sin\varphi(\sigma_1-\sigma_3)/2\\ \tau=\cos\varphi(\sigma_1-\sigma_3)/2\end{cases} \tag{2-10}$$

它们近似满足线性关系，即

$$\tau=c+\sigma\tan\varphi \tag{2-11}$$

式中：c 为黏聚力，φ 为内摩擦角。

如果莫尔-库仑准则没有问题，作图法在理论上是可靠的，但实际上应力圆无法均和该直线相切，同样的三轴试验数据，不同的人运用作图法得到的该直线均不相同。因此作图法适用于定性分析，即给出黏聚力 c 和内摩擦角 φ 的大概值，准确定量是很困难的。因此采用最小二乘法获得板岩的黏聚力 c 和内摩擦角 φ。

用围压 σ_3 作横坐标，轴向应力 σ_1 作纵坐标，绘制 σ_1-σ_3 最佳关系曲线，如图 2-20 所示。

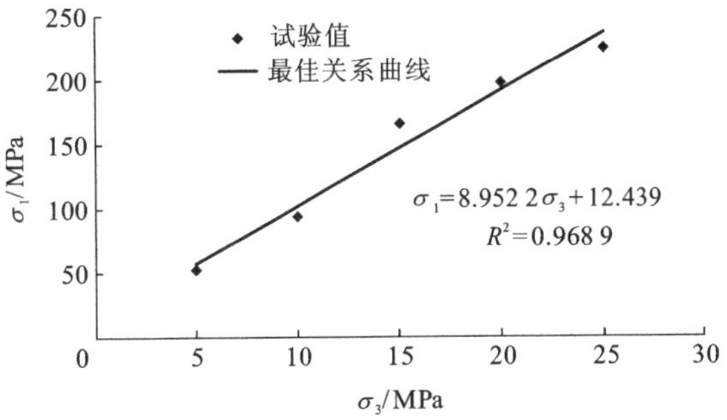

图 2-20　σ_1 与 σ_3 最佳关系曲线

将全部散点（σ_1，σ_3）线性回归，得到回归系数，回归系数按下式计算

$$b=\frac{\sum_{i=1}^{n}\left(\sigma_{3i}-\overline{\sigma}_3\right)\left(\sigma_{1i}-\overline{\sigma}_1\right)}{\sum_{i=1}^{n}\left(\sigma_{3i}-\overline{\sigma}_3\right)^2} \tag{2-12}$$

$$a=\overline{\sigma}_1-b\overline{\sigma}_3 \tag{2-13}$$

式中：$\overline{\sigma}_1$、$\overline{\sigma}_3$ 分别为轴向应力平均值和围压平均值。

相关系数

$$R=\frac{\sum_{i=1}^{n}\left(\sigma_{3i}-\overline{\sigma}_3\right)\left(\sigma_{1i}-\overline{\sigma}_1\right)}{\sqrt{\sum_{i=1}^{n}\left(\sigma_{3i}-\overline{\sigma}_3\right)^2\sum_{i=1}^{n}\left(\sigma_{1i}-\overline{\sigma}_1\right)^2}} \tag{2-14}$$

内摩擦角 φ 和黏聚力 c 分别按下式计算

$$\varphi=\sin^{-1}\frac{b-1}{b+1} \tag{2-15}$$

$$c=\frac{a(1-\sin\varphi)}{2\cos\varphi} \tag{2-16}$$

式中：σ_{3i}为第 i 块试件的破坏侧向应力；σ_{1i}为第 i 块试件的破坏轴向应力。

经计算，得出 $a=12.439$，$b=8.9522$，$R^2=0.9689$，$\varphi=53°$，$c=2.07$ MPa。经过整理，板岩三轴压缩试验成果列于表 2-2。

表 2-2　板岩三轴压缩试验成果

试样编号	试样尺寸		σ_3/MPa	σ_1/MPa	E/GPa	μ	三轴抗剪强度参数		破坏状态描述
	H/mm	D/mm					c/MPa	φ/（°）	
SZ-1	100.08	49.14	5	52.43	35.23	0.163			顺结构面破坏
SZ-2	101.13	49.35	10	93.51	39.28	0.221			顺结构面破坏
SZ-3	100.24	49.64	15	165.97	45.53	0.185	2.07	53	发生剪切破坏
SZ-4	99.87	49.32	20	197.42	53.15	0.153			发生剪切破坏
SZ-5	101.22	49.56	25	224.28	59.58	0.213			发生剪切破坏

2.2.3　结果分析

（1）通过板岩三轴压缩试验得知，有围压作用时，板岩的变形性质和力学特性与单轴压缩时不尽相同。板岩的三轴压缩强度 σ_1 随围压 σ_3 的增加而增大，如图 2-20 所示。通过拟合，三轴压缩强度 σ_1 和围压 σ_3 之间呈线性关系，即

$$\sigma_1=8.9522\sigma_3+12.439,\ R^2=0.9689 \tag{2-17}$$

（2）板岩的残余强度与围压存在一定的关系。如图 2-15～图 2-19 所示，当围压很小时，应力达到峰值后曲线迅速下降直至接近于零，岩块残余强度很低；而随围压增大，其残余强度也逐渐增大，直至发生应变硬化。

第3章 板岩的水理特性

所谓岩石的水理特性，是指岩石在水的作用下表现出来的物理、化学和力学性质，主要有吸水性、软化性、崩解性和膨胀性。板岩是一种极细粒-隐晶质、岩性较致密、通常具有密集板状劈理（简称板理）的岩石，其板理面平滑，变余泥质结构，板岩的可能原岩主要是页岩、泥岩或凝灰岩。正是板岩这种特殊的构造，因此不能简单地将其归为软岩，应单独地对其进行研究。板岩及其结构面在水的作用下，其水理特性会发生变化，进而会影响板岩的力学性质，尤其对于含有易溶性、膨胀性矿物和有机质的板岩，水的作用更明显。

国内外一些学者通过不同的方式对软岩的水理特性做了一些研究。例如 Hadizadeh（1991）研究了在不同围压和应变速率条件下水对砂岩的软化作用，认为砂岩遇水软化主要与岩石颗粒的边界状态、充填物的成分及孔隙的形态和大小有关。Heggheim 等（2004）从微观的角度研究了灰岩的水理特性，认为灰岩力学性能的变化是由于灰岩与水中离子发生化学反应导致岩石的矿物成分和内部结构发生改变，并在此基础上提出理论模型。国内一些学者（李昌友 等，2009；冒海军，2006）从理论和试验的角度研究了软岩的水理特性，从微观的角度分析了软岩的泥化、软化、崩解和膨胀等性质。

此类研究表明，目前关于水对软岩的作用机理研究较少，对板岩及其他各向异性的岩石遇水软化的研究还不是很完善。本章从板岩的微观结构入手，对板岩的吸水性、膨胀性和崩解性等方面进行研究，分析板岩的水理特性及遇水后的力学特征。

3.1 板岩的微观组构

选取研究区隧道 10 个板岩试样，运至室内进行磨片和微观检测，粗略了解板岩的颗粒成分，同时利用粉晶 X 衍射及电子显微镜检测分析板岩的胶结类型、内部结构，为板岩水理特性和变形机理的研究提供基础资料。

3.1.1 矿物成分和含量

通过磨片和微观检测（一般显微镜，放大倍数为 300 倍），粗略了解板岩的矿物组成与含量，见表 3-1 和图 3-1。为了进一步了解板岩的内部结构，采用粉晶 X 衍射分析板岩的颗粒组成与含量，见表 3-2 和图 3-2。

表 3-1　板岩的矿物组成与含量（磨片）

试样	粗粉砂/%	细粉砂/%	云母/%	绿泥石/%	变余泥质/%	凝灰质/%	粉尘/%	岩样定名
MP-01	2	44	25	8	1	0	20	砂质板岩
MP-02	0	5	18	10	3	45	19	凝灰质板岩
MP-03	1	8	21	5	0	51	14	凝灰质板岩
MP-04	0	10	25	3	0	40	22	凝灰质板岩
MP-05	0	12	20	11	0	42	15	凝灰质板岩

表 3-2　板岩内部成分含量（粉晶 X 衍射）

试样	伊利石/%	绿泥石/%	石英/%	长石/%
YS-01	20	48	22	10
YS-02	35	40	17	8
YS-03	18	45	25	12
YS-04	21	38	32	9
YS-05	26	50	18	6

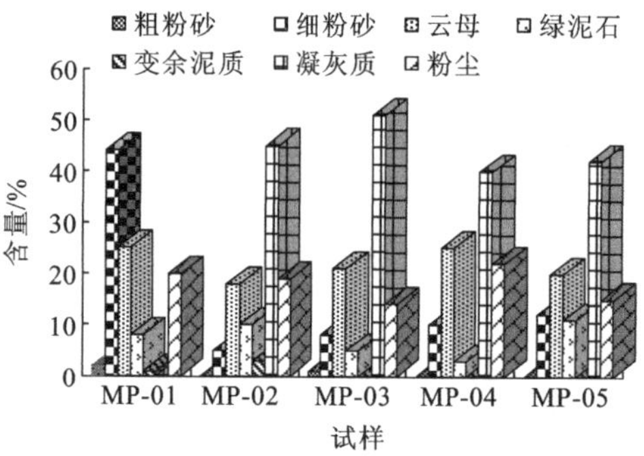

图 3-1　各试样矿物含量比较（磨片）

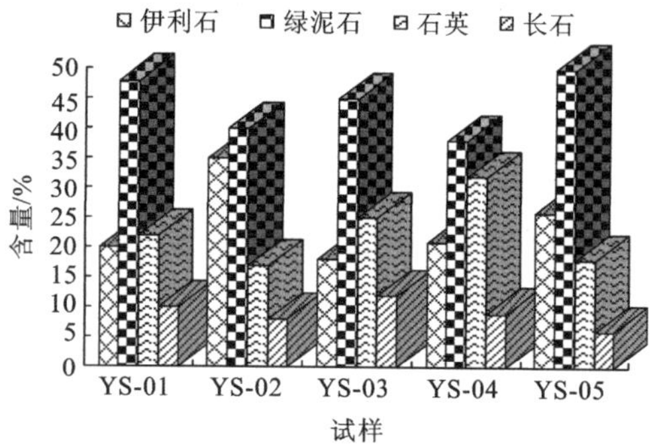

图 3-2　各试样成分含量的比较（粉晶 X 衍射）

从表 3-1、图 3-1 和表 3-2、图 3-2 可以看出，板岩以绿泥石和伊利石等黏土类矿物为主，还含有云母、方解石、石英和长石等矿物。从电子显微镜可以看出，板岩具有明显的层理构造，层理面由上述矿物定向排列而成，矿物颗粒之间通过绿泥石、伊利石、石英、长石和高岭石等物质胶结，绿泥石呈片状或针状，尺寸为 50～85 μm；伊利石呈颗粒状，粒径在 55 μm 左右；由于绿泥石和伊利石粒径较大，黏土矿物之间会存在孔隙，在这些孔隙中分布长石和石英等矿物，粒径大小在 35 μm 左右，但在层理面附近，长石和石英等矿物分布较少；矿物颗粒的胶结方式为孔隙充填式胶结。

3.1.2　内部结构

在低倍电子显微镜下观察，可以了解矿物的组合、内部结构及构造。岩样内矿物呈现鳞片状变晶结构，绿泥石和云母类等片状矿物在岩石内部呈定向排列，呈现明显的层理结构。从构造角度来看，其内部构造方式为变余层理和板劈理构造。矿物颗粒之间通过泥质胶结的方式黏结，呈现出尖状、细粒状，部分泥质矿物经过变质重结晶形成绿泥石和云母类矿物，呈现条带状或长条状构造，条带平行排列形成密集的板劈理，板劈理与千枚层理、片理基本一致。由于矿物颗粒的主要胶结方式是泥质胶结，因此层理间的黏结力较低。低倍电子显微镜下板岩的微观结构见图 3-3。

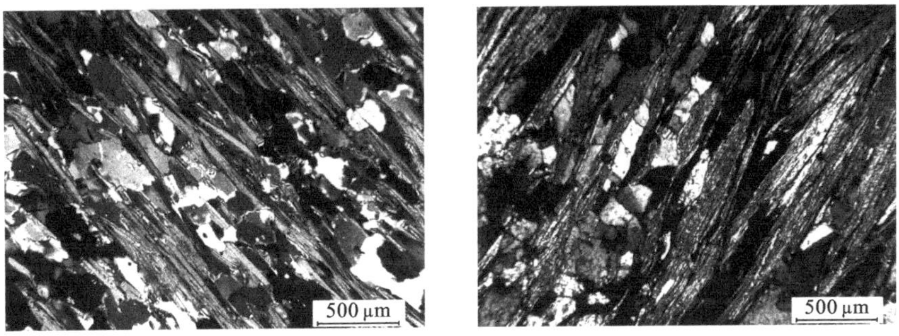

(a) 砂质板岩　　(b) 凝灰质板岩

图 3-3　低倍电子显微镜下板岩的微观结构

3.2　板岩的吸水特性

岩石的吸水性是指岩石在一定条件下吸收水分的能力，常用含水率、饱和含水率和饱水系数等指标来表示。为了了解板岩的吸水程度和含水率随时间的变化规律，进行自然吸水试验和抽真空饱和吸水试验。吸水性试验测定含水率和饱和含水率。

3.2.1　试验设备

在试验过程中所用到的试验设备包括：钻石机、切石机、磨石机、砂轮机、烘箱、干燥器、天平、水槽、真空抽气设备和水中称量装置。

3.2.2　试验方法

根据《工程岩体试验方法标准》（GB/T 50266—2013）的规定，岩石含水率采用自由浸水法测定，岩石饱和含水率采用真空抽气法测定。

当采用自由浸水法测定岩石含水率时，先将试件放入水槽，注水至试件高度的 1/4

处，以后每隔 2 h 分别注水至试件高度的 1/2 和 3/4 处，6 h 后全部浸没试件，试件在水中自由吸水 48 h 后，取出试件并沾去表面水分称量。

当采用真空抽气法测定岩石饱和含水率时，饱和容器内的水面高于试件，真空压力表读数为 100 kPa，直至无气泡逸出为止，但总抽气时间不得少于 4 h。经真空抽气的试件，放置在原容器中，在大气压力下静置 4 h，取出并沾去表面水分称量。将经真空抽气饱和的试件置于水中称量装置上，称试件在水中的质量，称量精确至 0.01 g。真空抽气法试验操作见图 3-4。

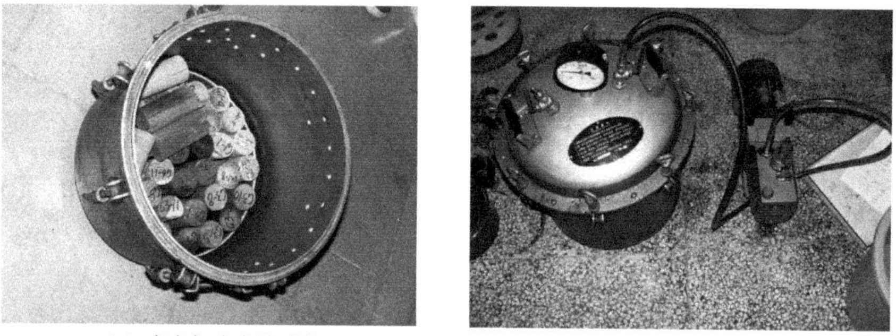

（a）真空缸内安放试件　（b）真空抽气处理

图 3-4　真空抽气法试验操作

3.2.3　计算方法

岩石的天然含水率、自然含水率、饱和含水率和饱水系数按下列公式计算：

$$\omega_{\mathrm{n}}=\frac{m_{\mathrm{n}}-m_{\mathrm{d}}}{m_{\mathrm{d}}}\times 100\% \tag{3-1}$$

$$\omega_{\mathrm{a}}=\frac{m_{\mathrm{a}}-m_{\mathrm{d}}}{m_{\mathrm{d}}}\times 100\% \tag{3-2}$$

$$\omega_{\mathrm{s}}=\frac{m_{\mathrm{s}}-m_{\mathrm{d}}}{m_{\mathrm{d}}}\times 100\% \tag{3-3}$$

$$k_{\mathrm{w}}=\frac{\omega_{\mathrm{a}}}{\omega_{\mathrm{s}}} \tag{3-4}$$

式中：ω_{n} 为天然含水率，%；ω_{a} 为自然含水率，%；ω_{s} 为饱和含水率，%；k_{w} 为饱水系数，反映了岩石中大、小开孔隙的相对比例关系；m_{n} 为试件天然质量，g；m_{a} 为试件自然吸水后的质量，g；m_{d} 为试件烘干后的质量；m_{s} 为试件强制饱和后的质量，g。

3.2.4　试验结果

采用自由浸水法和真空抽气法测定板岩含水率和饱和含水率，板岩含水率试验记录见表 3-3，板岩自然含水率和饱水系数见表 3-4。

表 3-3 板岩含水率试验记录

岩样号	m_n/g	m_d/g	m_s/g	ω_s/%	浸水后质量/g									
					1 d	2 d	3 d	4 d	5 d	6 d	7 d	8 d	9 d	10 d
XS-1	554.22	551.58	556.82	0.950	555.12	555.43	555.86	555.97	556.13	556.35	556.42	556.52	556.63	556.69
XS-2	513.47	511.41	516.53	1.001	514.25	514.63	514.96	515.15	515.37	515.52	515.73	515.91	516.02	516.06
XS-3	581.52	579.35	584.17	0.832	582.36	582.84	583.13	583.35	583.61	583.83	583.96	584.05	584.07	584.09
XS-4	526.68	525.43	528.85	0.651	527.26	527.84	528.17	528.35	528.48	528.59	528.64	528.66	528.68	528.69
XS-5	608.49	606.32	610.86	0.749	609.12	609.53	609.85	610.02	610.26	610.48	610.62	610.69	610.71	610.72
XS-6	590.38	588.12	593.02	0.833	591.41	591.85	592.17	592.36	592.51	592.68	592.79	592.81	592.83	592.84

表 3-4 板岩自然含水率和饱水系数

浸水	XS-1		XS-2		XS-3		XS-4		XS-5		XS-6	
时间	ω_n/%	k_w	ω_n/%	k_w	ω_n/%	k_w	ω_n/%	k_w	ω_n/%	k_w	ω_n/%	k_w
0 d	0.479	0.504	0.403	0.403	0.375	0.451	0.238	0.366	0.358	0.478	0.384	0.461
1 d	0.642	0.676	0.555	0.554	0.520	0.625	0.348	0.535	0.462	0.617	0.559	0.671
2 d	0.698	0.735	0.630	0.629	0.602	0.724	0.459	0.705	0.529	0.706	0.634	0.761
3 d	0.776	0.817	0.694	0.693	0.652	0.784	0.521	0.800	0.582	0.777	0.689	0.827
4 d	0.796	0.838	0.731	0.730	0.690	0.829	0.556	0.854	0.610	0.814	0.721	0.866
5 d	0.825	0.868	0.774	0.773	0.735	0.883	0.580	0.891	0.650	0.868	0.746	0.896
6 d	0.865	0.911	0.804	0.803	0.773	0.929	0.601	0.923	0.686	0.916	0.775	0.930
7 d	0.877	0.923	0.845	0.844	0.796	0.957	0.611	0.939	0.709	0.947	0.794	0.953
8 d	0.896	0.943	0.880	0.879	0.811	0.975	0.615	0.945	0.721	0.963	0.797	0.957
9 d	0.916	0.964	0.901	0.900	0.815	0.980	0.619	0.951	0.724	0.967	0.801	0.962
10 d	0.926	0.975	0.909	0.908	0.818	0.983	0.620	0.952	0.726	0.969	0.803	0.964

3.2.5 结果分析

板岩自然含水率、饱水系数与时间的关系曲线如图 3-5 和图 3-6 所示。由表 3-3 可看出，板岩的自然含水率小于饱和含水率，饱水系数在 0～1 变化。由图 3-5 和图 3-6 可以得出，板岩的自然含水率和饱水系数在浸水的前 4d 变化较大，随着浸水时间的增加，自然含水率和饱水系数也相应增大，但增长率相对较小，浸水一周（7d）以后，自然含水率和饱水系数趋于稳定。选择浸水 10d 后终止试验。

板岩的自然含水率大小主要取决于岩石中孔隙和裂隙的数量、大小及其开启程度，同时还受到岩石成因、时代及岩性的影响。饱水系数反映了板岩中大、小开空隙的相对比例关系。一般来说，饱水系数越大，岩石中大开空隙相对越多，而小开空隙相对越少。另外，饱水系数越大，说明常压下吸水后余留的空隙就越少，板岩越容易被冻胀破坏，因而其抗冻性越差。对于板岩来说，其内部的层理、板理在一定程度上影响了自然含水率和饱水系数。

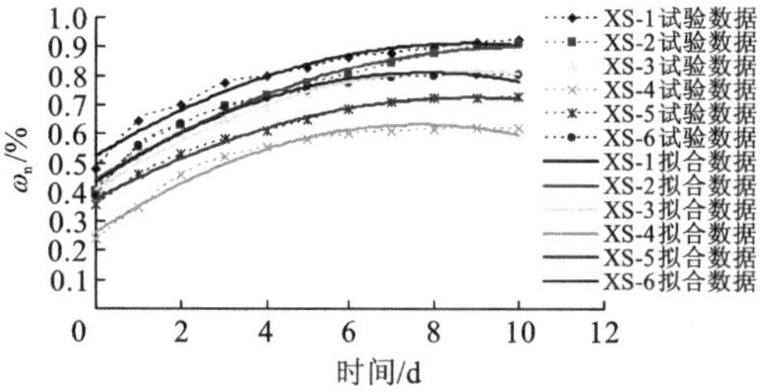

图 3-5　板岩自然含水率与时间的关系曲线

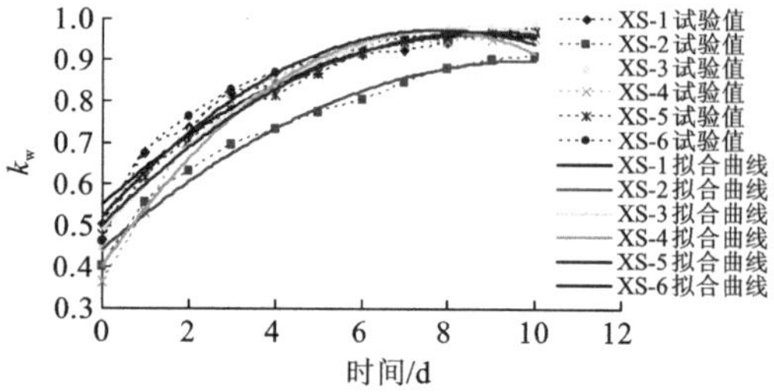

图 3-6　板岩饱水系数与时间的关系曲线

冒海军等（2006）和杜雁鹏（2011）曾提出用下列公式来拟合含水率与时间的关系：

$$\omega_t = a(b - e^{-ct}) = \omega_s - Ae^{-Bt} \tag{3-5}$$

式中：t 为浸水时间；ω_s 为饱和含水率；a、b、c 为拟合系数；A、B 为与岩石内部结构相关的系数。

经实践证明，采用式（3-5）拟合含水率和时间的关系，拟合效果较好。因此，本节也选择采用此公式来拟合板岩含水率和时间的关系。

对于饱水系数，本章也采用指数关系式拟合饱水系数和时间的关系，拟合公式为

$$k_w = m(n - e^{-kt}) = 1 - Me^{-Nt} \tag{3-6}$$

式中：k_w 为饱水系数；m、n、k 为拟合系数；M、N 为与岩石内部结构相关的系数。

从拟合公式（3-5）和公式（3-6）可以看出，随着浸泡时间的增长，板岩的含水率和饱水系数呈指数关系增长，板岩的含水率最终趋近于饱和含水率，饱水系数趋近于 1。

运用 SPSS 软件中的回归分析功能（非线性回归分析）计算拟合系数 a、b、c、A、B、m、n、k、M、N；然后根据拟合公式（3-5）和公式（3-6）分别计算含水率和饱水系数，计算结果见表 3-5 和表 3-6。图 3-5 和图 3-6 所示的实线是板岩含水率和饱水系数与时间之间关系的拟合曲线。

表 3-5　自然含水率与浸泡时间之间关系的拟合结果

岩样	拟合系数					含水率拟合结果										
编号	a	b	c	A	B	0 d	1 d	2 d	3 d	4 d	5 d	6 d	7 d	8 d	9 d	10 d
XS-1	0.437	2.133	0.317	0.449	0.283	0.495	0.614	0.700	0.763	0.809	0.843	0.867	0.885	0.898	0.907	0.914
XS-2	0.540	1.783	0.224	0.530	0.237	0.423	0.531	0.618	0.687	0.742	0.787	0.822	0.850	0.873	0.891	0.905
XS-3	0.461	1.836	0.300	0.535	0.176	0.385	0.505	0.593	0.659	0.708	0.744	0.770	0.790	0.805	0.815	0.823
XS-4	0.401	1.575	0.412	0.635	0.088	0.231	0.366	0.456	0.515	0.554	0.580	0.598	0.609	0.617	0.622	0.625
XS-5	0.400	1.903	0.265	0.551	0.112	0.361	0.454	0.526	0.581	0.623	0.655	0.680	0.699	0.713	0.724	0.733
XS-6	0.412	1.955	0.431	0.497	0.168	0.393	0.538	0.631	0.692	0.732	0.758	0.774	0.785	0.792	0.797	0.800

分别将含水率和饱水系数拟合结果和试验结果进行对比，如图 3-7 和图 3-8 所示。由图 3-7 和图 3-8 可以看出，在相同的浸泡时间下，拟合结果接近于试验结果，表明拟合公式的精度可以满足要求，公式（3-5）和公式（3-6）可作为含水率、饱水系数与时间的关系式。

表 3-6　饱水系数与浸泡时间之间关系的拟合结果

岩样	拟合系数					饱水系数拟合结果										
编号	*m*	*n*	*k*	*M*	*N*	0d	1d	2d	3d	4d	5d	6d	7d	8d	9d	10d
XS-1	0.460	2.133	0.317	0.472	0.283	0.521	0.646	0.737	0.803	0.852	0.887	0.913	0.931	0.945	0.955	0.962
XS-2	0.540	1.783	0.223	0.569	0.191	0.423	0.531	0.617	0.686	0.742	0.786	0.821	0.849	0.872	0.890	0.905
XS-3	0.553	1.836	0.299	0.542	0.325	0.462	0.605	0.711	0.790	0.848	0.891	0.923	0.947	0.965	0.978	0.987
XS-4	0.615	1.576	0.411	0.634	0.354	0.354	0.562	0.699	0.790	0.850	0.890	0.917	0.935	0.946	0.954	0.959
XS-5	0.535	1.903	0.265	0.522	0.289	0.483	0.608	0.703	0.777	0.833	0.876	0.909	0.934	0.954	0.969	0.980
XS-6	0.495	1.955	0.431	0.513	0.350	0.473	0.646	0.759	0.832	0.879	0.910	0.930	0.943	0.952	0.957	0.961

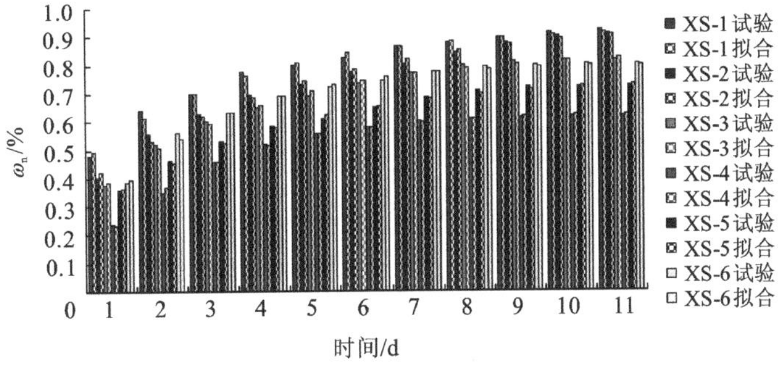

图 3-7　自然含水率试验结果和拟合结果的对比

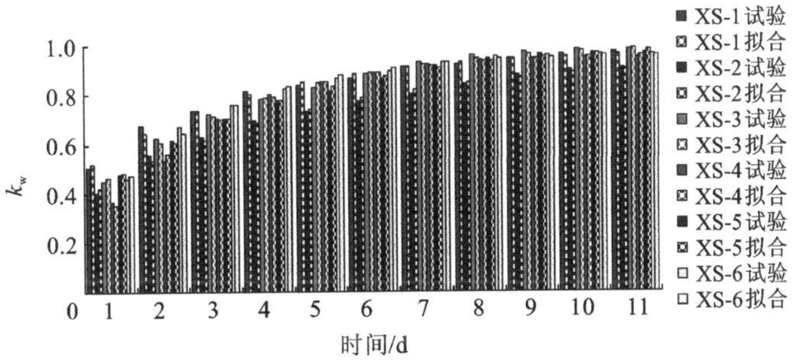

图 3-8　饱水系数试验结果和拟合结果的对比

3.3　板岩的膨胀特性

岩石的膨胀性是指岩石浸水后体积增大的性质。如果板岩中含有蒙脱石、水云母及高岭石等成分，经水化作用后在黏土矿物的晶格内部或细分散颗粒的周围生成结合水溶剂腔（水化膜），并且在相邻近的颗粒间产生楔劈效应，当楔劈作用力大于结构联结力，岩石显示膨胀性。一般用膨胀率和膨胀力指标表征岩石膨胀性能，岩石的膨胀率和膨胀力可以通过岩石的膨胀性试验获得。

膨胀性试验包括岩石自由膨胀率试验、岩石侧向约束膨胀率试验和岩石膨胀压力试验。采用不同的试验方式，可得到表征岩石膨胀特征的不同指标。岩石自由膨胀率试验是通过测定标准试件浸水后产生的径向和轴向膨胀变形，计算径向和轴向膨胀变形与浸水前试件的径向和轴向长度的比值，即可得到岩石径向和轴向的自由膨胀率；采用岩石侧向约束膨胀率试验可测定岩石的侧向约束膨胀率参数，即岩石试件在有侧限约束不产生侧向变形的条件下，轴向受有限荷载（5 kPa）时，浸水后产生的轴向变形与试件原高度之比，用百分数表示。体积不变条件下膨胀压力试验是测定试样浸水后保持原形不变时所需要的压力。

为了了解板岩遇水后的膨胀变形规律，选取三组板岩岩样进行膨胀试验，得出板岩的膨胀率、膨胀变形及膨胀压力，研究板岩在不同条件下的吸水膨胀规律及其影响因素。三组试验包括：第一组进行自由膨胀试验，测试板岩在平行层理面和垂直层理面方向的膨胀率及膨胀变形特性；第二组进行侧向约束膨胀试验，测试板岩在侧向固定情况下的垂直变形特征；第三组进行体积不变条件下的膨胀压力试验，研究板岩膨胀应力随时间的变化规律。

试验按照《工程岩体试验方法标准》（GB/T 50266—2013）和《岩石物理力学性质试验规程》（DZ/T 0276—2015）有关条文进行。

3.3.1 试验设备

本试验所用主要仪器和设备主要包括：钻石机、切石机和磨石机；测量平台、自由膨胀率试验仪、侧向约束膨胀率试验仪、膨胀压力试验仪和干湿温度计。

3.3.2 试验内容及结果分析

1. 自由膨胀试验

自由膨胀试验是测定岩石试件在不同浸水条件下垂直和平行层理方向上的膨胀变形情况。岩石的自由膨胀率是指岩石试件在无任何约束的条件下浸水后所产生膨胀变形与试件原尺寸的比值，主要包括两个指标：轴向自由膨胀率和径向自由膨胀率，按下列公式计算：

$$V_H = \Delta H / H \tag{3-7}$$

$$V_D = \Delta D / D \tag{3-8}$$

式中：V_H 和 V_D 分别为轴向自由膨胀率和径向自由膨胀率；ΔH 和 ΔD 分别为浸水后岩石试件轴向膨胀变形量、径向膨胀变形量；H 和 D 分别为岩石试件试验前的高度和直径。

选取 6 个试样进行自由膨胀试验，其中 2 个试样（ZYPZ-1、ZYPZ-2）的结构面方向垂直于试样轴向，2 个试样（ZYPZ-5、ZYPZ-6）的结构面方向平行于试样轴向，2 个试样（ZYPZ-3、ZYPZ-4）的结构面方向呈一定角度倾斜于试样轴向。试验结果见表 3-7。

板岩自由膨胀率和时间的关系如图 3-9 和图 3-10 所示。

表 3-7　板岩自由膨胀试验结果

试样编号	结构面方向与试样轴向的夹角 α/（°）	试样尺寸		膨胀变形量		自由膨胀率	
		H / mm	D / mm	ΔH / mm	ΔD / mm	V_H / %	V_D / %
ZYPZ-1	90	100.23	49.31	0.004 5	0.021 6	0.004 5	0.043 8
ZYPZ-2	90	100.14	49.22	0.002 8	0.015 5	0.002 8	0.031 5
ZYPZ-3	47	102.25	49.35	0.027 7	0.005 4	0.027 1	0.010 9
ZYPZ-4	35	101.83	49.46	0.063 5	0.008 3	0.062 4	0.016 8
ZYPZ-5	0	99.96	49.28	0.105 2	0.006 9	0.105 2	0.014 0
ZYPZ-6	0	100.27	49.17	0.125 6	0.033 8	0.125 3	0.008 7

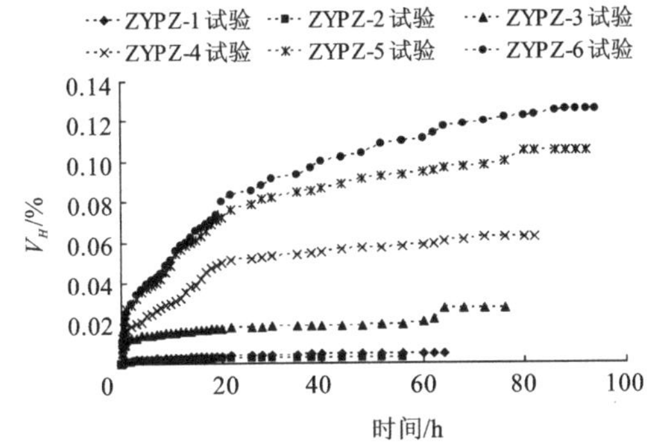

图 3-9　轴向自由膨胀率和时间的关系曲线

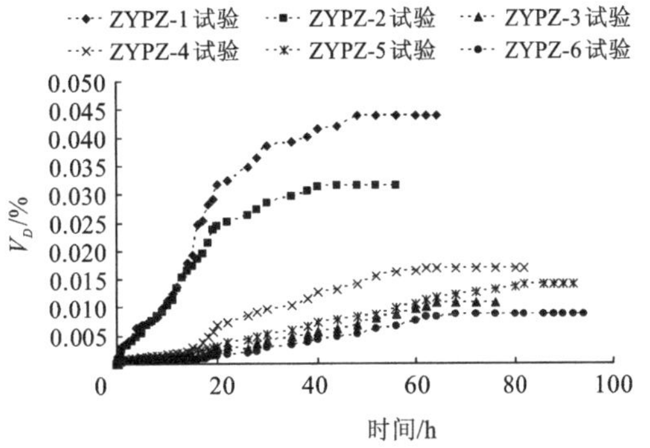

图 3-10　径向自由膨胀率和时间的关系曲线

由图 3-9 和图 3-10 可知，随着浸水时间的增加，板岩的膨胀变形增大；在试验的初期，板岩的轴向自由膨胀率和径向自由膨胀率随时间增长较快，曲线较陡，在试验后期，膨胀率趋于稳定，曲线平缓。板岩的膨胀率与结构面方向和试样轴向的夹角存在一定的关系：结构面方向和试样轴向的夹角 α 在 0°～90° 变化，随着 α 的增大，板岩的轴向自由膨胀率呈降低的趋势，径向自由膨胀率呈升高的趋势。膨胀率与结构面方向和试样轴向的夹角 α 的关系见图 3-11。

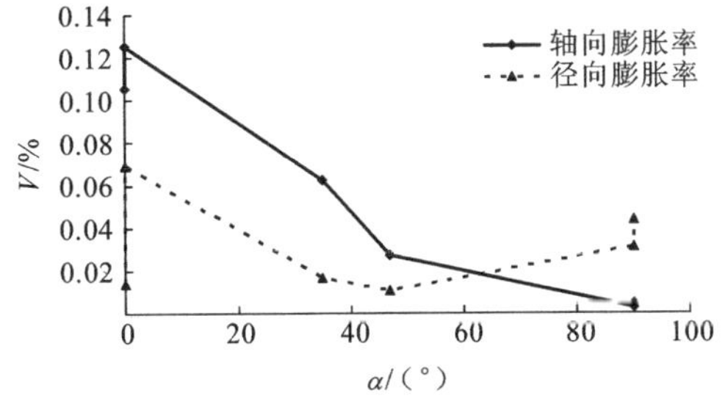

图 3-11　自由膨胀率与结构面方向和试样轴向的夹角 α 的关系

为了获取板岩膨胀率随时间的变化规律，采用下列公式进行拟合：

$$V = p(q - \mathrm{e}^{-st}) = V_{\mathrm{m}} - P\mathrm{e}^{-Qt} \quad (3\text{-}9)$$

式中：V 为板岩膨胀率，%；V_m 为板岩极限膨胀率；p、q、s、P、Q 为拟合系数，其中 p，q 与板岩的自身特性有关，s 反映了板岩吸水膨胀的快慢程度。

通过 SPSS 软件中的回归分析（非线性回归）功能，求出 p、q、s、P、Q 等拟合系数，如表 3-8 所示。

表 3-8　板岩自由膨胀率随时间变化规律的拟合结果

岩样编号		拟合系数				
		p	q	s	P	Q
ZYPZ-1	轴向膨胀率	0.004	1.14	0.075	0.004	0.073
	径向膨胀率	0.052	0.975	0.039	0.046	0.052
ZYPZ-2	轴向膨胀率	0.003	1.090	0.080	0.003	0.086
	径向膨胀率	0.038	0.981	0.045	0.033	0.060
ZYPZ-3	轴向膨胀率	0.015	1.619	0.032	0.017	0.024
	径向膨胀率	0.014	0.896	0.018	0.012	0.022
ZYPZ-4	轴向膨胀率	0.052	1.171	0.061	0.053	0.058
	径向膨胀率	0.029	0.972	0.013	0.018	0.031
ZYPZ-5	轴向膨胀率	0.086	1.181	0.050	0.089	0.046
	径向膨胀率	0.093	0.998	0.002	0.015	0.022
ZYPZ-6	轴向膨胀率	0.110	1.141	0.039	0.110	0.040
	径向膨胀率	0.050	0.993	0.002	0.010	0.023

2. 侧向约束膨胀试验

侧向约束膨胀试验是测定原状岩石在有侧向约束条件下浸水后发生的单向膨胀变形，一般情况下，只需测定垂直于层理方向的膨胀变形。岩石侧向约束膨胀率是将具有侧向约束的试件浸入水中，使岩石试件仅产生轴向膨胀变形而求得的膨胀率，按下列公式计算：

$$V_{HP} = \Delta H_1 / H \tag{3-10}$$

式中：V_{HP} 为岩石侧向约束膨胀率，%；ΔH_1 为有侧向约束条件下所得的轴向膨胀变形量；H 为岩石试件试验前的高度。

选取 4 个岩样进行侧向约束膨胀试验，在试验过程中，为了保证岩样水分补给充足，首先在膨胀压力试验仪的金属套环内侧涂上凡士林，再在底部放置一块金属透水板和一张薄型滤纸，然后放置试件，其上再放置一张薄型滤纸和一块金属透水板，最后在顶部放置固定金属荷载板并安装千分表。试验装置见图 3-12。试验结果见表 3-9。

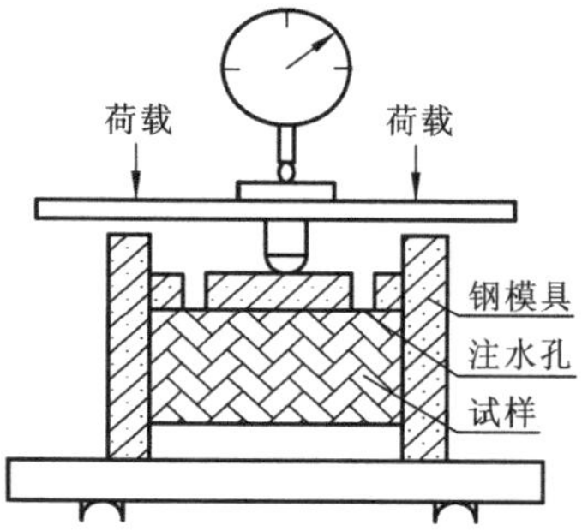

图 3-12　侧向约束膨胀试验装置

表 3-9　板岩侧向约束膨胀试验结果

试样编号	试样尺寸		ΔH_1 / mm	V_{HP} / %
	H / mm	D / mm		
CXPZ-1	100.53	49.58	0.195 6	0.194 6
CXPZ-2	100.36	49.86	0.162 8	0.162 2
CXPZ-3	99.95	49.14	0.226 3	0.226 4
CXPZ-4	101.28	49.51	0.253 7	0.250 5

通过绘制板岩侧向约束膨胀率和时间的关系曲线，获取板岩侧向约束膨胀率随时间的变化规律，关系曲线见图 3-13。

通过板岩侧向约束膨胀试验，可以得出以下结论。

（1）在试验初期，板岩侧向约束膨胀率随吸水时间的延长而增大，且增长速率较快，曲线较陡；在试验后期，板岩侧向约束膨胀率趋于稳定，曲线由陡变缓。这一点与板岩自由轴向膨胀率随时间的变化规律相同。

（2）由图 3-14 可知，当存在侧向约束时，板岩的轴向膨胀率比自由轴向膨胀率大。

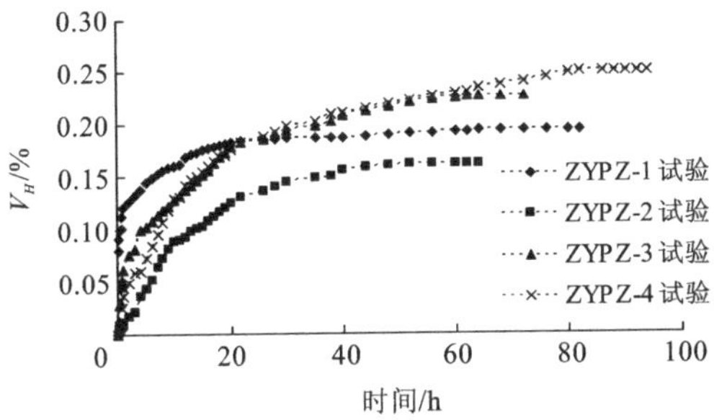

图 3-13　板岩侧向约束膨胀率随时间的变化规律

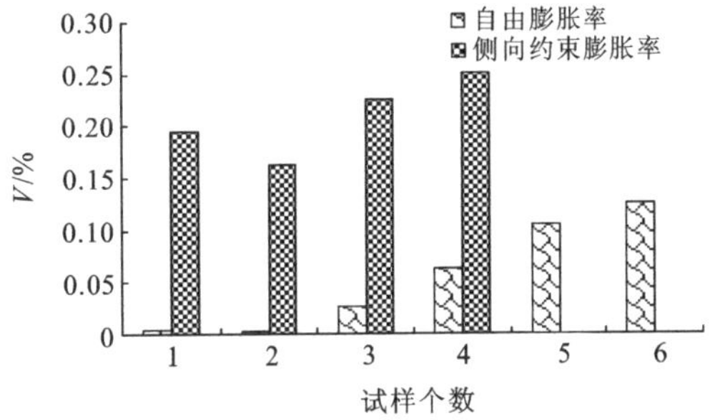

图 3-14　板岩自由膨胀率和侧向约束膨胀率的对比

（3）板岩侧向约束膨胀率随时间的变化规律用下列公式表示：

$$V_{HP} = c(d - e^{-rt}) = V_{HPm} - Ce^{-Dt} \tag{3-11}$$

式中：V_{HPm} 为板岩极限侧向约束膨胀率；c、d、r、C、D 为拟合系数，其中 c、d 与板岩的自身特性有关，r 反映了在侧向约束条件下板岩吸水膨胀的快慢程度。

采用 SPSS 软件中的回归分析（非线性回归）功能，求出 c、d、r、C、D 等拟合系数，见表 3-10。

表 3-10　板岩侧向约束膨胀率随时间变化规律的拟合结果

试样编号	拟合系数				
	c	d	r	C	D
CXPZ-1	0.111	1.699	0.176	0.236	0.057
CXPZ-2	0.167	0.988	0.070	0.193	0.068
CXPZ-3	0.190	1.173	0.071	0.165	0.073
CXPZ-4	0.230	1.051	0.063	0.114	0.141

（4）关于板岩膨胀率和含水率之间的关系，可以通过 3.2 节中求得的含水率和时间的关系式（3-5）求出，将式（3-5）代入式（3-11）得出板岩膨胀率和含水率之间的关系式，即

$$V_{HP}=c\left[d-\left(\frac{\omega_{\mathrm{s}}-\omega_{\mathrm{t}}}{A}\right)^{\frac{r}{B}}\right] \tag{3-12}$$

式中：ω_{s} 为试样饱和含水率，ω_{t} 为试样 t 时刻的含水率，c、d、r、A、B 为拟合系数。

由式（3-12）可以看出，随着吸水时间的延长，试验含水率会呈指数关系增长，膨胀率也会随着含水率的增长呈乘幂关系增长，且在试验初期增长较快，而后增长较缓慢，直至最后趋于稳定。

（5）通过侧向约束膨胀试验，得出了板岩轴向膨胀率和轴向荷载之间的关系。

在本次侧向约束膨胀试验中，分别在不同的岩样上部施加不同的荷载，加载级别分别为：10 kPa、49.5 kPa、98.5 kPa、195.8 kPa、350.5 kPa。板岩轴向膨胀率和轴向荷载之间的关系如图 3-15 所示。

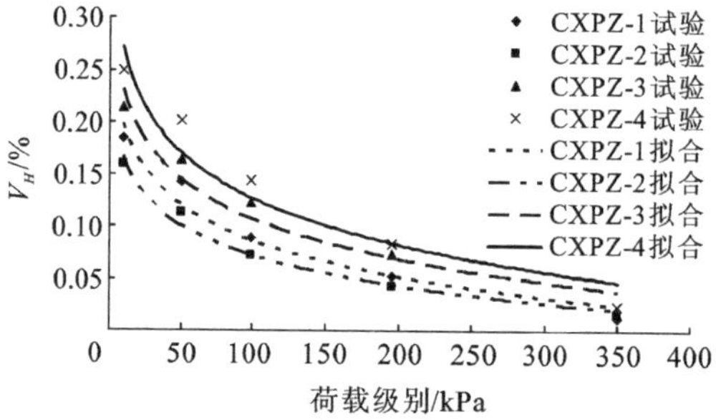

图 3-15　各板岩试样轴向膨胀率和轴向荷载之间的关系

通过 SPSS 软件中的回归分析功能，可以将板岩轴向膨胀率和轴向荷载之间的关系拟合如下：

$$V_{\mathrm{p}}=\alpha-\beta\ln\sigma_{\mathrm{p}} \tag{3-13}$$

式中：V_{p} 为轴向膨胀率；σ_p 为轴向荷载；α、β 为拟合系数，见表 3-11。

表 3-11　各板岩试样轴向膨胀率和轴向荷载之间关系的拟合系数

岩样编号	拟合系数		R^2
	α	β	
CXPZ-1	0.311	0.049	0.956 0
CXPZ-2	0.260	0.041	0.982 7
CXPZ-3	0.356	0.054	0.942 9
CXPZ-4	0.417	0.063	0.929 6

（6）通过侧向约束膨胀试验得出了板岩膨胀本构模型，即在一定的应力和吸水条件下膨胀压力和膨胀应变之间的关系。

关于膨胀本构模型，国内外一些学者对其展开了研究。Huder 等（1970）对膨胀性泥灰岩进行了膨胀试验，得出了膨胀应变和膨胀压力的对数之比呈线性关系。随后 Grob（1983）采用如下公式表征了 Huder 等（1970）所提出的膨胀本构关系，即

$$\varepsilon_z = K\left(1-\frac{\lg\sigma}{\lg\sigma_0}\right) \tag{3-14}$$

式中：ε_z 为轴向膨胀应变；σ 为膨胀应力，σ_0 为最大膨胀应力；K 为 σ=0.1 MPa 时的轴向膨胀应变。

由 Grob（1983）根据 Huder 等（1970）的试验成果提出的膨胀本构关系在世界上得到了公认，但此关系存在以下两个缺陷：没考虑侧向约束，即表征的关系是一维的；通过分析可知膨胀应变与含水率和时间呈指数关系增长，而此本构关系只反映了膨胀应变和膨胀压力之间的关系。

Einstein（1979）和 Wittke 等（1979）提出的膨胀本构关系弥补了式（3-14）的不足，他们在 Huder 等（1970）的试验成果的基础上，提出了三维膨胀本构关系，假定侧向约束符合金尼克条件，即

$$\sigma_x = \sigma_y = \frac{\mu}{1-\mu}\sigma_z \tag{3-15}$$

则体积膨胀应变和体积膨胀应力之间的关系可以表示为

$$\varepsilon_{\rm v} = K\left[1-\frac{\lg\left(\dfrac{1-\mu}{1+\mu}\sigma_{\rm v}\right)}{\lg\left(\dfrac{1-\mu}{1+\mu}\sigma_{\rm v0}\right)}\right] \tag{3-16}$$

式中：$\varepsilon_{\rm v}$ 为体积膨胀应变；$\sigma_{\rm v}$ 为体积膨胀应力，$\sigma_{\rm v0}$ 为最大体积膨胀应力；μ 为岩石的泊松比；K 为系数。

国内部分学者也对此进行了研究。孙钧等（1986）在对复合膨胀渗水围岩支护系统的流变机理及其黏弹塑性效应的研究中，利用三维膨胀本构关系得出了以下结论：

$$\varepsilon_z = A\ln\frac{\sigma_0}{\sigma_z} \tag{3-17}$$

式中：ε_z 为轴向膨胀应变；σ_z 为轴向应力；A 为系数。

$$\ln\sigma_r = a + b\ln\sigma_z \tag{3-18}$$

式中：σ_r 为侧向膨胀应力，σ_z 为轴向应力；a、b 为拟合系数。

$$\varepsilon_{\rm v} = (1-2\mu_{\rm s})A\ln\frac{\sigma_0^3}{I_3} \tag{3-19}$$

式中：$\mu_{\rm s}$ 为膨胀泊松比，在实际应用中，可采用弹性泊松比；I_3 为第三应力不变量；$\varepsilon_{\rm v}$、σ_0 和 A 的意义同上。

Einstein（1979）和孙钧（1986）提出的膨胀本构关系虽然在一定程度上反映了三维关系，但均不是以三维膨胀试验为基础，而是根据一定的假设通过单轴膨胀试验推导得到的。杨庆等（1995）采用三轴膨胀试验仪对某膨胀岩进行了单轴和三轴膨胀试验，提

出了如下式所示的膨胀本构关系：

$$\varepsilon_{\mathrm{v}} = A + B\frac{\omega}{\sigma_{\mathrm{v}}} - C\ln\sigma_{\mathrm{v}} \tag{3-20}$$

式中：ω 为含水率；A、B、C 为与岩石本身特性有关的系数。

通过侧向约束膨胀试验得出了板岩侧向膨胀率随时间、含水率和轴向荷载的变化规律，但这只是单因素分析结果，板岩膨胀变形主要由含水率和应力状态（对于有侧向约束的情况下，应力状态主要取决于轴向荷载）决定。为了综合考虑含水率和轴向荷载对膨胀变形的影响，本章基于最小二乘法，采用 SPSS 软件中的 Regression 功能，根据侧向约束膨胀试验结果，对可能出现的 6 个本构方程进行拟合分析，求出拟合系数、残差平方和和估计标准差，拟合结果见表 3-12。

表 3-12　板岩膨胀本构方程拟合结果

序号	本构方程	拟合系数				残差平方和	估计标准差
		A	B	C	D		
1	$\varepsilon_{\mathrm{v}} = A - B(\omega_{\mathrm{s}} - \omega_{\mathrm{t}})^{C} \cdot \ln\sigma_{\mathrm{v}} - D\ln\sigma_{\mathrm{v}}$	0.439	0.362	0.114	0.068	2.8935	0.2945
2	$\varepsilon_{\mathrm{v}} = A - B(\omega_{\mathrm{s}} - \omega_{\mathrm{t}})^{C} \cdot \sigma_{\mathrm{v}} - D\ln\sigma_{\mathrm{v}}$	0.673	0.158	0.987	0.124	4.2424	0.4633
3	$\varepsilon_{\mathrm{v}} = A - B(\omega_{\mathrm{s}} - \omega_{\mathrm{t}})^{C} - D\ln\sigma_{\mathrm{v}}$	0.557	0.865	1.054	0.018	3.1459	0.3126
4	$\varepsilon_{\mathrm{v}} = A - B(\omega_{\mathrm{s}} - \omega_{\mathrm{t}})^{C} - D(\ln\sigma_{\mathrm{v}}) \cdot (\omega_{\mathrm{s}} - \omega_{\mathrm{t}})^{C}$	0.893	0.256	0.542	0.057	2.2254	0.2682
5	$\varepsilon_{\mathrm{v}} = A + B\dfrac{1}{(\omega_{\mathrm{s}} - \omega_{\mathrm{t}})^{C} \cdot \sigma_{\mathrm{v}}} - D\ln\sigma_{\mathrm{v}}$	0.612	1.146	0.563	0.026	1.132	0.1253
6	$\varepsilon_{\mathrm{v}} = A + B\dfrac{1}{(\omega_{\mathrm{s}} - \omega_{\mathrm{t}})^{C} \cdot \ln\sigma_{\mathrm{v}}} - D\ln\sigma_{\mathrm{v}}$	1.105	0.086	0.357	0.115	1.198	0.1367

说明：表中，ε_{v} 为板岩体积膨胀应变（三维）；σ_{v} 为体积膨胀应力（三维）；ω_{s} 为饱和含水率；ω_{t} 为板岩时刻的含水率；A、B、C、D 为拟合系数，与板岩的自身特性有关。

从表 3-12 可以看出，本构方程（5）的残差平方和与估计标准差均为最小，因此选取方程（5），即

$$\varepsilon_{\mathrm{v}} = 0.612 + 1.146\frac{1}{(\omega_{\mathrm{s}} - \omega_{\mathrm{t}})^{0.563} \cdot \sigma_{\mathrm{v}}} - 0.026\ln\sigma_{\mathrm{v}} \tag{3-21}$$

为板岩的膨胀本构方程。

从板岩的本构方程可以看出，板岩膨胀应变随膨胀应力的增大呈递减关系，而随含水率的增大呈递增关系，这也证实了上述试验的结论。关于本构关系中的 $-D\ln\sigma_{\mathrm{v}}$ 项（D 值相对较小），证实了上述试验板岩膨胀应变与膨胀应力呈负对数的这一结论。此本构方程考虑了含水率对膨胀应变的影响，且含水率呈动态变化（t 时刻的含水率），因此公式（3-21）能较好地反映实际工程问题，可以作为板岩的三维膨胀本构关系。

3. 体积不变条件下的膨胀压力试验

膨胀压力是指岩石试件浸水后，使试件保持原有体积所施加的最大压力。其试验方法类似于膨胀率试验，只是要求限制试件不出现变形而测量其相应的最大压力。通过体积不变条件下的膨胀压力试验，了解板岩在不同的浸水状态下膨胀压力的变化以及膨胀压力与含水率之间的关系。

岩石膨胀压力按下式计算：

$$P_s = \frac{P}{A} \tag{3-22}$$

式中：P_s 为膨胀压力，P 为轴向荷载；A 为试件截面积。

选取 6 组试样（编号分别为 PZYL-1，PZYL-2，PZYL-3，PZYL-4，PZYL-5，PZYL-6）进行膨胀压力的测试。表 3-13 所示的为体积不变条件下的膨胀压力试验的基本数据，表 3-14 所示的为膨胀压力随时间的变化情况。膨胀压力与时间之间的关系曲线如图 3-16 所示，膨胀压力与膨胀应变之间的关系曲线如图 3-17 所示。

表 3-13　体积不变条件下的膨胀压力试验的基本数据

试样编号	取样方向	试样尺寸		P_s/MPa	ε/%	P_0	C	n
		H/mm	D/mm					
PZYL-1	垂直层理面	25.1	49.2	0.144 5	1.423	0.223	0.511	0.546
PZYL-2	垂直层理面	24.9	49.2	0.138 9	1.356	0.296	0.576	0.331
PZYL-3	垂直层理面	24.5	49.2	0.134 5	1.284	0.244	0.638	0.482
PZYL-4	平行层理面	25.0	49.2	0.320 5	2.656	0.486	0.775	0.116
PZYL-5	平行层理面	24.3	49.2	0.281 6	2.238	0.414	0.986	0.225
PZYL-6	平行层理面	24.7	49.2	0.258 4	1.996	0.502	0.881	0.155

说明：C 为系数，n 为反应膨胀压力变化速率大小的系数

表 3-14　膨胀压力随时间的变化情况　（单位：MPa）

时间/h	PZYL-1	PZYL-2	PZYL-3	PZYL-4	PZYL-5	PZYL-6
0.1	0.002 1	0.001 2	0.002 4	0.005 2	0.004 6	0.003 9
0.2	0.004 1	0.003 9	0.004 8	0.008 5	0.006 3	0.005 2
0.3	0.006 8	0.005 7	0.007 2	0.012 4	0.009 8	0.008 3
0.4	0.009 3	0.007 9	0.009 2	0.035 9	0.025 8	0.022 4
0.5	0.015 6	0.009 8	0.016 8	0.048 8	0.036 1	0.031 9
0.6	0.030 1	0.020 5	0.036 1	0.072 2	0.055 2	0.067 5
0.7	0.065 5	0.044 8	0.059 2	0.091 4	0.080 8	0.088 3

续表

时间/h	PZYL-1	PZYL-2	PZYL-3	PZYL-4	PZYL-5	PZYL-6
0.8	0.091 1	0.062 9	0.080 3	0.112 3	0.102 8	0.098 3
0.9	0.095 6	0.081 3	0.091 2	0.120 8	0.119 3	0.101 1
1.0	0.100 2	0.091 2	0.099 6	0.129 1	0.122 7	0.105 3
1.5	0.108 6	0.103 3	0.102 5	0.138 4	0.130 9	0.110 8
2.0	0.110 7	0.108 8	0.109 1	0.145 7	0.140 1	0.118 3
2.5	0.128 6	0.119 2	0.115 8	0.152 4	0.149 3	0.124 9
3.0	0.129 9	0.122 3	0.118 6	0.165 8	0.158 2	0.130 2
3.5	0.131 5	0.125 2	0.119 5	0.173 2	0.163 1	0.138 8
4.0	0.132 4	0.127 3	0.120 8	0.184 3	0.172 5	0.143 9
4.5	0.133 8	0.128 6	0.121 9	0.198 6	0.185 4	0.158 3
5.0	0.134 1	0.132 5	0.125 1	0.206 5	0.192 4	0.165 8
6.0	0.136 5	0.132 9	0.125 9	0.227 2	0.213 9	0.172 4
7.0	0.136 8	0.133 4	0.126 8	0.250 4	0.225 5	0.183 3
8.0	0.137 1	0.134 1	0.127 3	0.276 8	0.232 3	0.190 9
9.0	0.137 9	0.134 8	0.128 8	0.280 3	0.249 4	0.211 3
10.0	0.138 8	0.135 6	0.129 1	0.298 9	0.260 2	0.223 6
15.0	0.139 6	0.136 2	0.130 1	0.314 4	0.275 6	0.240 5
20.0	0.141 2	0.136 7	0.132 2	0.315 7	0.277 1	0.250 1
30.0	0.142 4	0.137 2	0.133 4	0.317 2	0.278 7	0.253 6
40.0	0.143 4	0.137 8	0.134 3	0.319 8	0.280 3	0.255 5
50.0	0.144 6	0.139 2	0.135 1	0.321 2	0.283 1	0.256 8
60.0	0.145 3	0.139 9	0.136 5	0.322 1	0.285 9	0.259 3

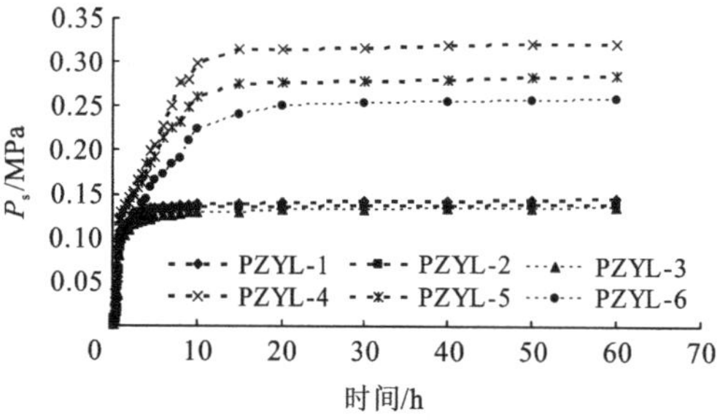

图 3-16　膨胀压力随时间的变化规律

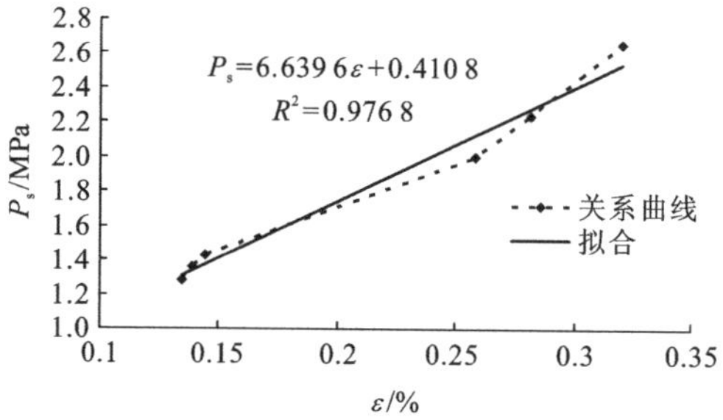

图 3-17　膨胀压力与膨胀应变的关系曲线

通过体积不变条件下的膨胀压力试验，可以得出以下规律：

（1）膨胀压力随时间的变化曲线在初期较陡，说明膨胀压力在初始阶段增长较快，随着时间的增长，一段时间以后膨胀压力趋于稳定。

（2）取样角度在一定程度上影响膨胀压力的大小。平行于层理方向的岩样膨胀压力大于垂直于层理方向的岩样膨胀压力，在平行于层理方向上，岩样的膨胀压力为 0.25～0.35 MPa，在垂直于层理方向上，岩样的膨胀压力为 0.1～0.15 MPa。

（3）膨胀压力随时间的变化规律用下式来拟合：

$$P_s = P_0(1 - Me^{-mt}) \tag{3-23}$$

式中：P_s 为膨胀压力；P_0 为最大膨胀压力；M 为系数，m 为反应膨胀压力变化速率大小的系数。

通过拟合，可以得出平行于层理方向的膨胀压力为 0.27～0.32 MPa，垂直于层理方向的膨胀压力为 0.13～0.16 MPa，平行于层理方向的岩样膨胀压力大于垂直于层理方向的岩样膨胀压力。

（4）由图 3-17 可以得出，膨胀压力和膨胀应变呈线性关系，关系为

$$\varepsilon = 6.6396P_s + 0.4108 \tag{3-24}$$

膨胀压力和膨胀应变之所以呈线性关系，是因为膨胀压力试验是在体积不变条件下进行的。

（5）根据含水率和时间的变化规律，即 $\omega_t = a(b - e^{-ct}) = \omega_s - Ae^{-Bt}$，联立公式（3-23），可以得出板岩膨胀压力和含水率之间的关系，即

$$P_s = P_0\left[1 - M\left(\frac{\omega_s - \omega_t}{A}\right)^{\frac{m}{B}}\right] \tag{3-25}$$

由式（3-25）可知，随着浸水时间的延长，板岩的含水率和膨胀压力呈指数增长，且增长的步调一致。膨胀压力随含水率的增长呈乘幂关系增长，最终趋于稳定值（最大膨胀压力 P_0）。

3.3.3　板岩膨胀机理

由板岩的膨胀性试验可知，板岩浸水后，板岩含水量、密度和含水率发生变化，板岩内部发生物理化学反应，致使板岩产生不同程度的膨胀变形，膨胀变形和膨胀压力与结构面和试样轴向的夹角有一定的关系，且随时间的变化呈指数增长。在试验初期，膨胀变形和膨胀压力增长较快，随着浸水时间的延长，增长速率逐渐减小，直至趋于稳定。且板岩膨胀变形和膨胀压力与含水率呈乘幂函数关系，表明随着时间的延长，板岩膨胀变形和膨胀压力与含水率的增长步调一致。

板岩之所以呈现这种现象，可以从微观的角度来解释：岩石膨胀特性是由黏土矿物（如蒙脱石、水云母和高岭石）造成的，黏土矿物的亲水能力决定了岩石的膨胀程度。在岩石含水量、密度和含水率等因素发生变化的情况下，板岩内部发生物理化学反应，导致板岩发生不同程度的膨胀变形。板岩浸水以后，随着时间的延长，由于水分子的渗透作用，水通过板岩节理裂隙进入岩样内部，节理、层理面附近的黏土矿物的含水率增加，造成结晶构架因吸水产生膨胀隆起，产生一定程度的膨胀应力和膨胀应变，且在初期这种现象较剧烈，膨胀应力和膨胀应变增长速率较大，随着浸水时间的增长，这种现象趋于平和，膨胀应力和膨胀应变增长速率减小，趋于平缓，达到一定值后趋于稳定。然而

岩块内部由于缺少联结通道，其黏土矿物与水很难发生反应，膨胀变形的程度较低。结构面与岩样轴向的夹角的不同造成板岩膨胀压力和膨胀变形的不同，是由于不同角度的结构面，其与水接触的黏土矿物的面积和数量会不同，导致试样在不同方向上产生不同程度的膨胀压力和膨胀变形。

3.4　板岩的崩解特性

岩石的崩解性是指岩石与水相互作用时失去黏结性，并变成完全丧失强度的松散物质的性能。这种现象是由水化过程中削弱了岩石内部的结构联结引起的，常见于由可溶盐和黏土质胶结的沉积岩地层中。

岩石耐崩解性指试样在遭受周期性干湿或冻融交替作用之后，表现出来的抵抗软化和崩解的能力。根据国际岩石力学学会建议的方法，用耐崩解性指数表示岩石抗崩解的能力。耐崩解性指数可以在实验室内通过对岩石试件进行烘干、浸水循环试验确定。对于极软的岩石及耐崩解性低的岩石，还应根据其崩解物的塑性指数、颗粒成分与用耐崩解性指数划分的岩石质量等级等进行综合考虑。

耐崩解性指数直接反映了岩石在浸水和温度变化的环境下抵抗风化作用的能力。耐崩解性试验是将经过烘干的试块（约重 500 g，且分成 10 块左右），放入一个带有筛孔的圆筒内，使该圆筒在水槽中以 20 r/min 的速度，连续旋转 10 min，然后将留在圆筒内的岩块取出再次烘干称量。如此反复进行两次后，按下式求得耐崩解性指数：

$$I_{d_2}=\frac{m_r}{m_s}\times 100\% \tag{3-26}$$

式中：I_{d_2} 为经两次循环试验而求得的耐崩解性指数，%，该指数在 0～100%变化；m_s 为试验前试块的烘干质量，g；m_r 为残留在圆筒内试块的烘干质量，g。

3.4.1　试验设备

本试验所需要的主要仪器设备如下：

（1）电烘箱、干燥器；

（2）电子天平（称量大于 2 000 g，感量 0.01 g）、温度计；

（3）耐崩解性试验仪：由动力装置、试验圆筒和水槽组成。①试验圆筒用筛孔直径为 2 mm 的铜丝布构成，长 100 mm，直径 140 mm，左右两边各一个。筛孔两端用带有盖子的刚性基盘固定，以便在使用过程中能保持原有形状。②水槽用有机玻璃制成，两个水槽的尺寸为 230 mm×170 mm×150 mm，水槽装有水平轴支撑并能自由旋转的试验圆筒。水槽内的水面到圆筒轴为 20 mm，圆筒基盘与水槽底之间有 40 mm 的自由间距。③动力装置由电动机、变速装置和齿轮组成。电动机的传动能使圆筒按 20 r/min 的速度旋转，10 min 内速度即可保持稳定。

3.4.2　试样制备

（1）在现场采取保持天然含水率的试样并密封；

（2）试样制成每块质量为 40～60 g 的浑圆形岩块，每组试验试样数量为 10 个。

3.4.3　试验方法

（1）将试样装入试验仪的圆柱筛筒内，在 105～110 ℃的温度下烘 24 h 后，在干燥器内冷却至室温。

（2）将装有试样的圆柱状筛筒放在水槽上，向水槽内注入清水，使水位在转动轴下约 20 mm，在 10 min 内圆筒旋转 200 次。而后将筛筒和残留的试样在 105～110 ℃的温度下烘 24 h，在干燥器内冷却至室温称量。取 2 mm、0.5 mm 和 0.25 mm 标准筛对崩解物进行筛分试验。

（3）重复（2）的程序，取粒径＞2 mm 的崩解物做下一次循环试验，求得第二循环后的筛筒和残留物的质量。

（4）按照（2）的程序进行 5 个循环。

（5）试验过程中，水温应保持在（20±2）℃范围内。

（6）试验结束后，应对残留试样和水的颜色及水中沉积物进行描述。

3.4.4　结果分析

为了真实地反映板岩的崩解特性，对沪昆铁路客运专线长昆湖南段第Ⅸ标段姚家隧道板岩地层进行取样，包括全风化、强风化、中等风化、微风化四种风化状态的板岩。全风化板岩呈紫红色，岩质极软，节理裂隙发育；强风化板岩呈青灰色、灰黑色，岩质较软，节理裂隙较发育；中等风化板岩呈灰绿色，变余砂质结构，板状构造，岩质较硬，岩石完整性较好；微风化板岩呈灰白色、灰褐色，板状构造，岩质坚硬。

本小节对不同风化程度（全风化、强风化、中等风化、微风化）的板岩岩样进行了耐崩解性试验，试验结果如表 3-15～表 3-18 所示。

表 3-15　全风化板岩耐崩解性试验成果

循环次数	耐崩解性指数 / %				残留试样描述
	>2 mm	0.5～2 mm	0.25～0.5 mm	<0.25 mm	
1	72.5	13.1	5.1	9.3	碎块状，大部分粒径 2～4 mm，小部分为碎粒状
2	44.8	26.5	10.5	18.2	小碎块状，粒径 1～2 mm，部分为碎粒状
3	20.6	43.4	13.7	22.3	碎粒状

表 3-16　强风化板岩耐崩解性试验成果

循环次数	耐崩解性指数 / %				残留试样描述
	>2 mm	0.5～2 mm	0.25～0.5 mm	<0.25 mm	
1	83.4	7.9	3.6	5.1	碎块状，大部分粒径 3～5 mm，小部分为碎粒状
2	58.3	24.5	7.8	9.4	碎块状，粒径 1～3 mm，部分为碎粒状
3	33.1	35.3	11.2	20.4	碎块状，粒径 0.5～1 mm，部分为碎粒状
4	23.2	39.4	14.8	22.6	碎粒状

表 3-17　中等风化板岩耐崩解性试验成果

循环次数	耐崩解性指数 / %				残留试样描述
	>2 mm	0.5～2 mm	0.25～0.5 mm	<0.25 mm	
1	86.8	5.3	4.2	3.7	碎块状，大部分粒径 4～6 mm，小部分为碎粒状
2	73.4	17.2	5.1	4.3	碎块状，粒径 3～4 mm，部分为碎粒状
3	52.4	26.7	7.2	13.7	碎块状，粒径 1～2 mm，部分为碎粒状
4	34.8	32.4	10.9	21.9	小碎块，粒径 0.5～1 mm
5	26.1	35.8	13.6	24.5	大部分为为碎粒状，粒径 0.25～1 mm

表 3-18　微风化板岩耐崩解性试验成果

循环次数	耐崩解性指数 / %				残留试样描述
	>2 mm	0.5～2 mm	0.25～0.5 mm	<0.25 mm	
1	94.2	3.1	1.4	1.3	碎块状，大部分粒径 5～7 mm，小部分为碎粒状
2	86.4	8.2	2.6	2.8	碎块状，粒径 4～5 mm，部分为碎粒状
3	70.5	14.4	5.8	9.3	碎块状，粒径 3～4 mm，部分为碎粒状
4	56.8	21.2	9.4	12.6	小碎块，粒径 1～2 mm
5	29.2	34.1	12.8	23.9	大部分为为碎粒状，粒径 0.5～1 mm

由表 3-15～表 3-18 可以看出：

（1）对于不同风化程度（全风化、强风化、中等风化、微风化）的板岩，经过多次干湿循环，粒径大于 2mm 的崩解物崩解稳定以后，可以得到无法崩解的物质，呈碎粒状，如石英、云母、角闪石等。

（2）在耐崩解性试验中，对各循环的崩解物进行颗粒分析，可以得出：随着干湿循环次数的增加，崩解物的颗粒级配会发生变化，粒径大于 2mm 的耐崩解指数会随着干湿循环次数的增加而减小，其他粒径区间（<0.25 mm、0.25～0.5 mm、0.5～2 mm）的耐崩解指数会随着干湿循环次数的增加而增大（图 3-18）。

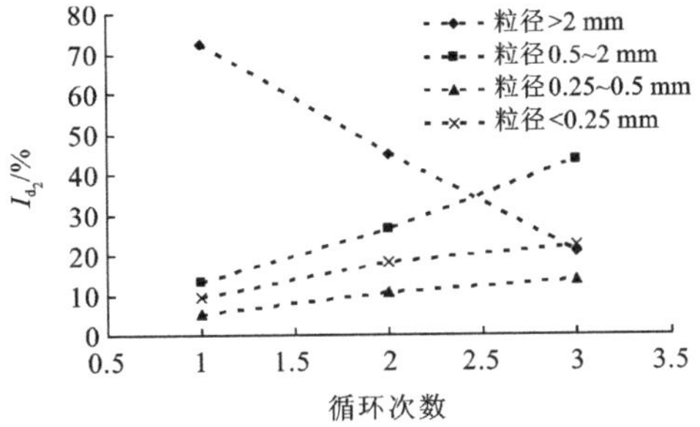

（a）全风化板岩

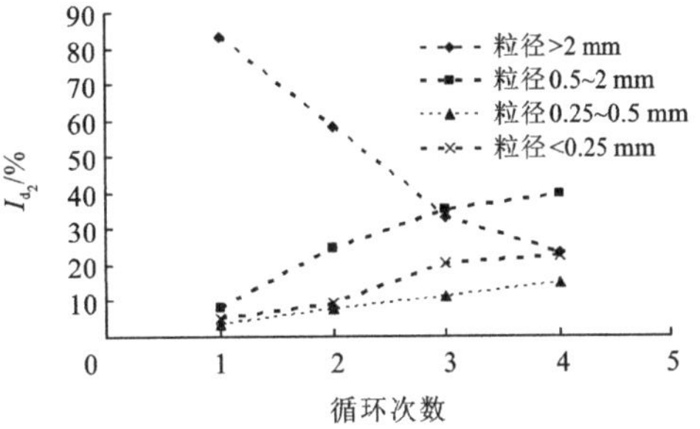

（b）强风化板岩

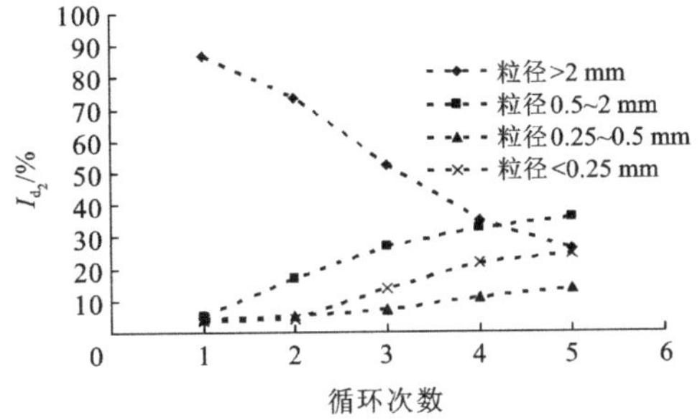

（c）中等风化板岩

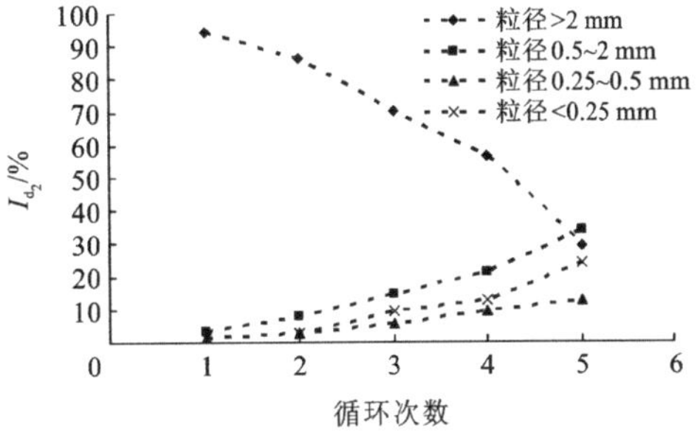

（d）微风化板岩

图 3-18　不同风化程度下耐崩解性指数与循环次数的关系曲线

（3）对于不同风化程度的板岩，当干湿循环次数增加时，粒径大于 2mm 的崩解物的耐崩解指数会减小，其他粒径区间（<0.25 mm、0.25～0.5 mm、0.5～2 mm）的耐崩解指数呈增大的趋势（图 3-19）。

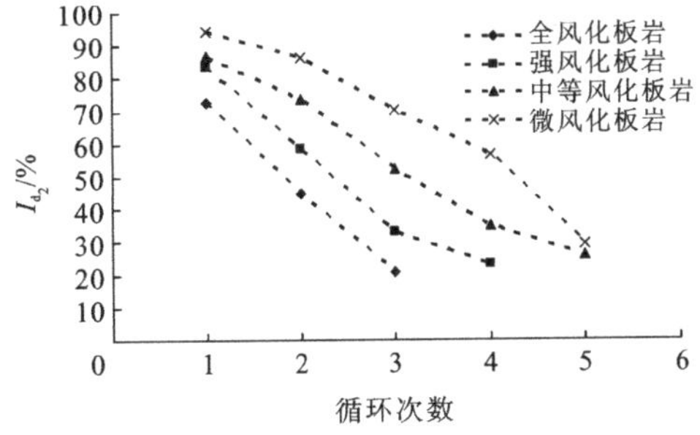

（a）粒径大于 2 mm

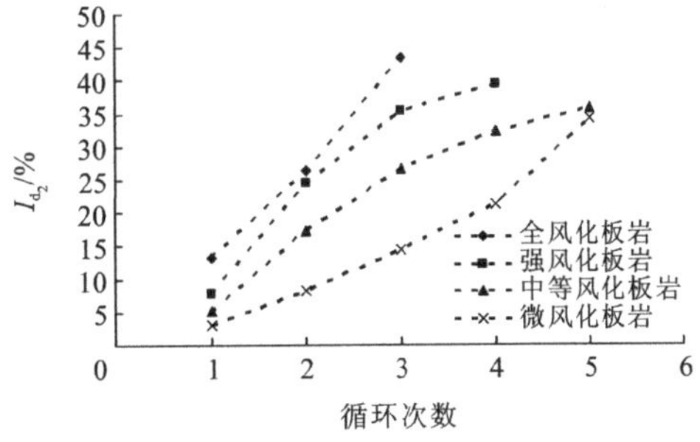

（b）粒径0.5~2 mm

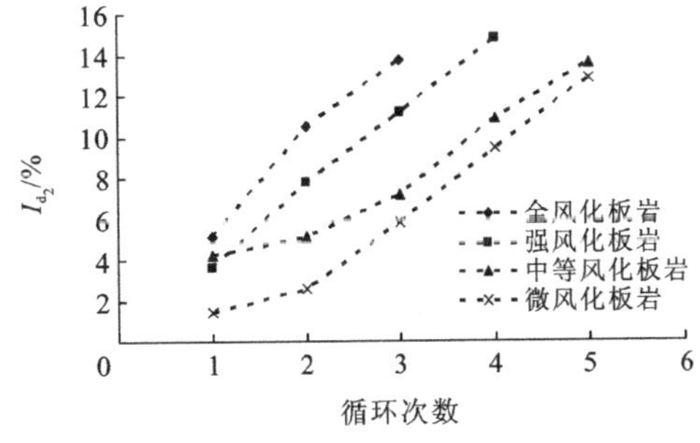

（c）粒径0.25~0.5 mm

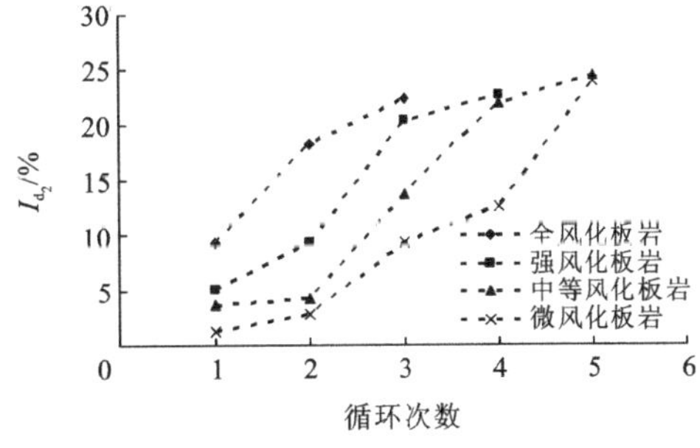

（d）粒径小于0.25 mm

图 3-19　不同颗粒级配下耐崩解性指数与循环次数的关系曲线

（4）风化程度在一定程度上决定板岩的耐崩解特性。通过耐崩解性试验，可以求得全风化板岩的耐崩解性指数 I_{d_2} 为 41.3%，强风化板岩的耐崩解性指数 I_{d_2} 为 52.8%，中等风化板岩的耐崩解性指数 I_{d_2} 为 67.1%，微风化板岩的耐崩解性指数 I_{d_2} 为 81.6%。换句话说，风化程度越高，岩石的耐崩解性指数越低。

3.4.5　板岩崩解机理

岩石的崩解性主要由岩石的内部结构与构造、矿物组成、填充胶结特征和风化程度等因素综合决定。

岩石的结构是指岩石内矿物颗粒的大小、形状、排列方式和颗粒间联结方式以及微结构面发育情况等反映在岩石构成上的特征。在 3.1 节中，对板岩的微观结构进行了分析，通过磨片和电子显微镜观察得知板岩的主要成分为绿泥石和伊利石等黏土类矿物，还含有云母、方解石、石英和长石等矿物。岩样内矿物呈现鳞片状变晶结构，绿泥石和云母类等片状矿物在岩石内部定向排列呈现明显的层理结构。其内部构造方式为变余层理构造和板劈理构造。矿物颗粒之间通过泥质胶结的方式连接，呈现出尖状、细粒状，部分泥质矿物经过变质重结晶形成绿泥石和云母类矿物，呈现条带状或长条状构造，条带平行排列形成密集的板劈理，板劈理与千枚层理、片理基本一致。

从板岩岩样的内部组成和结构构造来看，板岩的胶结成分、胶结类型和黏土类矿物的含量是影响其崩解性的内在因素。全风化、强风化板岩矿物颗粒的主要胶结方式是泥质胶结和孔隙充填式胶结，胶结物主要由亲水性较强的黏土矿物（如蒙脱石、高岭石、绿泥石和伊利石等）构成。当板岩与水相互作用时，水通过岩石的孔隙和裂隙渗入到岩石的内部，水与黏土矿物发生一系列的物理化学反应，层理间的黏结力降低，使岩石发生膨胀、软化和崩解。

板岩含有较多的可溶盐，胶结物内存在大量的 Mg^{2+}、Ca^{2+}、Na^{+}和 Cl^{-}等化学性质较活跃的离子，当水通过岩石的孔隙和裂隙进入岩石内部时，水与胶结物发生反应，这些离子溶解到水中，引起岩石内部结构的黏结力降低或失去黏结，进而使岩石完全丧失强度而发生崩解；这些化学性质活跃的离子继续存在于孔隙水中，与黏土矿物发生反应，进一步削弱岩石内部结构的黏结，加剧板岩的崩解。

综上所述，板岩的内部结构与构造、矿物组成、胶结成分及其类型、风化程度、地理气候条件等因素综合决定了其崩解特性，其中板岩的矿物成分、内部结构与构造和充填胶结特征等内部因素对其崩解性起着控制作用，地理气候条件等外部因素是引起板岩崩解的诱发条件。内部因素和外部因素的共同作用形成了板岩的崩解特性，并由于各因素的作用效力和作用时间的不同使板岩的崩解强弱程度不尽相同。

3.5　不同含水率条件下板岩的力学特性

在进行岩石吸水试验、膨胀试验和崩解试验的基础上，选取板岩试样进行不同时间的浸泡，获得不同含水率的试样，分别进行单轴和三轴压缩试验。同时将试样烘干处理，进行干燥状态下的单轴和三轴压缩试验。将不同含水率条件下的试验结果与干燥状态下的试验结果进行对比分析，研究地下水对板岩力学性质的影响规律。

3.5.1　板岩单轴压缩特性

通过单轴压缩试验获得不同含水率条件下的单轴抗压强度、弹性模量和泊松比等力学参数。首先对选取的试样进行不同时间的浸水，获得不同含水率的岩样，进行单轴压缩试验。试验结果见表 3-19。各岩样单轴压缩试验应力应变曲线见图 3-20～图 3-25。

表 3-19　不同含水率条件下板岩单轴压缩试验数据

试样编号	试样尺寸		α/（°）	ω/%	σ/MPa		E/Gpa		μ	破坏状态描述
	H/mm	D/mm			试验值	平均值	试验值	平均值		
DZW-1	100.12	49.53	90.0	0.66	31.32	33.48	19.38	21.58	0.25	发生剪切破坏
DZW-2	101.23	49.42	90.0	0.25	35.24		24.22		0.22	发生剪切破坏
DZW-3	99.89	49.25	90.0	0.38	33.88		21.15		0.24	发生剪切破坏
DZW-4	100.21	49.48	65.0	0.18	22.48	18.31	26.13	24.70	0.20	顺层面滑动
DZW-5	102.35	49.16	72.0	0.22	20.14		24.35		0.31	顺层面滑动
DZW-6	100.61	49.26	68.0	0.42	12.31		23.63		0.22	顺层面滑动

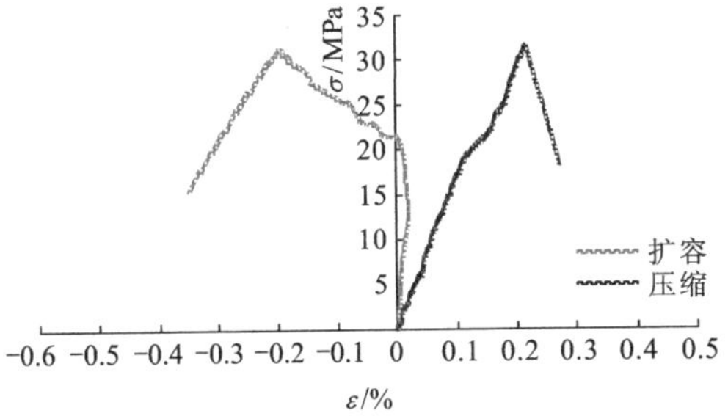

图 3-20　DZW-1 单轴压缩试验应力应变曲线

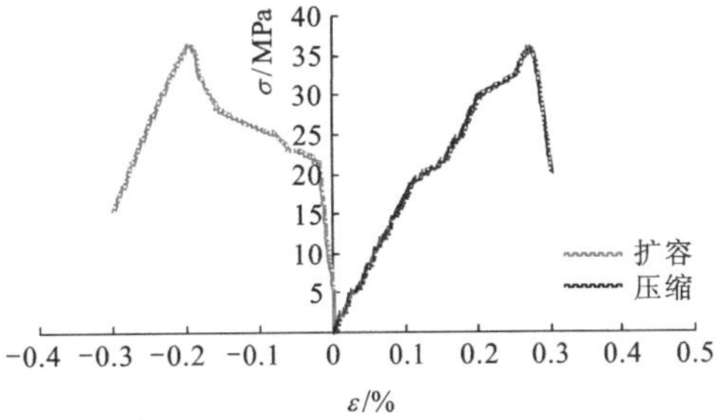

图 3-21　DZW-2 单轴压缩试验应力应变曲线

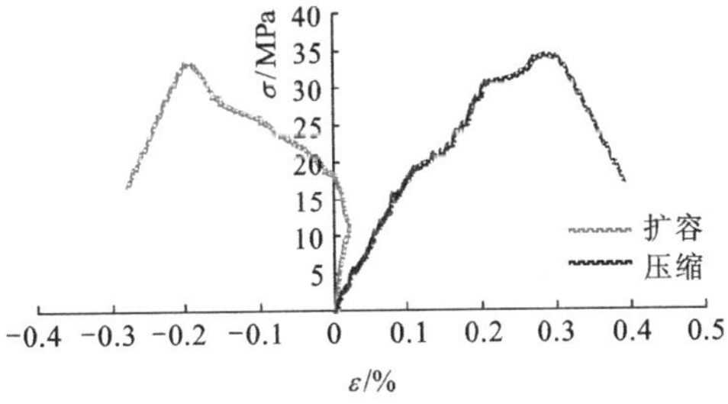

图 3-22　DZW-3 单轴压缩试验应力应变曲线

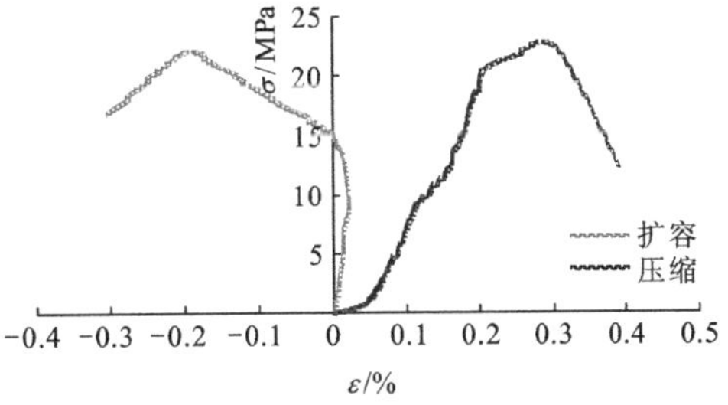

图 3-23　DZW-4 单轴压缩试验应力应变曲线

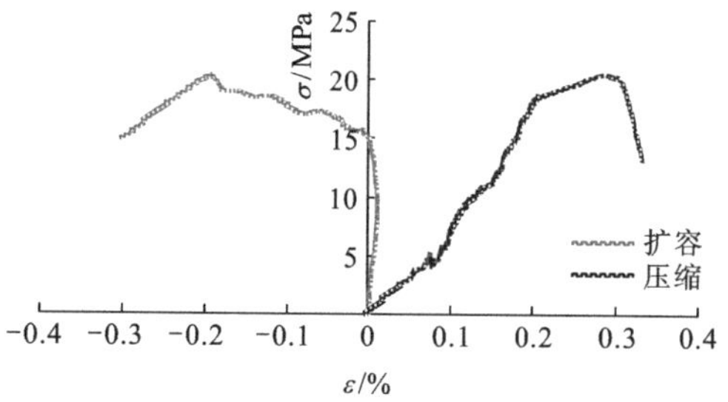

图 3-24 DZW-5 单轴压缩试验应力应变曲线

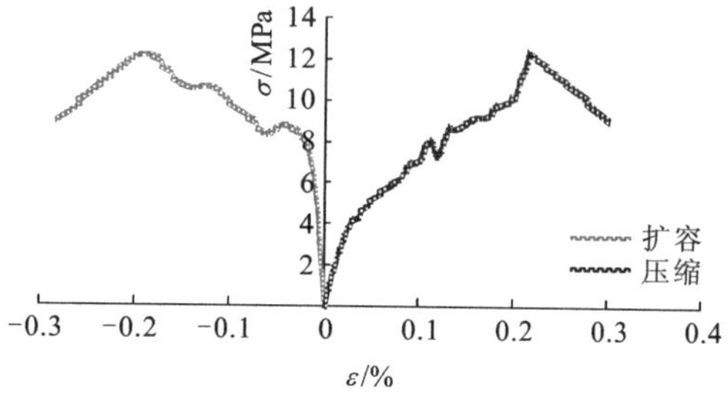

图 3-25 DZW-6 单轴压缩试验应力应变曲线

通过单轴压缩试验，可以得出以下结论：

（1）当板岩结构面的方向与试样轴向的夹角一致时，板岩浸水导致黏土矿物吸水膨胀，产生一定的膨胀应力和膨胀应变，致使板岩的单轴压缩强度有所降低（相对于天然状态下的强度）。从试验结果来看，在结构面与试样轴向的夹角为 90° 左右的情况下，板岩的单轴压缩强度由 59.78 MPa（平均值）降低至 33.48 MPa（平均值），降低了约 44%；在结构面以一定角度倾斜于试样轴向的情况下，板岩的单轴压缩强度由 24.17 MPa（平均值）降低至 18.31 MPa（平均值），降低了约 24%。由图 3-26 可以看出这种降低的程度。

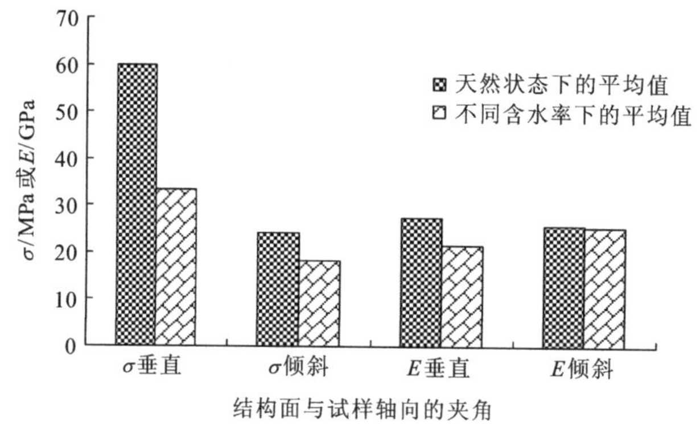

图 3-26 板岩单轴抗压强度和弹性模量在不同含水率条件下的对比

（2）由图 3-26 可以看出，弹性模量在不同状态下的变化规律与单轴压缩强度相似，在吸水的情况下有所降低。当结构面与试样轴向的夹角为 90° 左右（垂直）时，板岩的弹性模量由 27.51 GPa（平均值）降低至 21.58 GPa（平均值），降低幅度约 22%；当结构面以一定角度倾斜于试样轴向时，板岩的弹性模量由 25.88 GPa（平均值）降低至 24.70 GPa（平均值），降低幅度约 5%。

（3）板岩单轴抗压强度和弹性模量与含水率之间的关系可用图 3-27 和图 3-28 表征。

由图 3-27 和图 3-28 可以看出，板岩的单轴抗压强度和弹性模量随含水率的增加而减小，通过拟合可以得到不同情况下的板岩单轴抗压强度和弹性模量随含水率变化的关系式，见表 3-20。

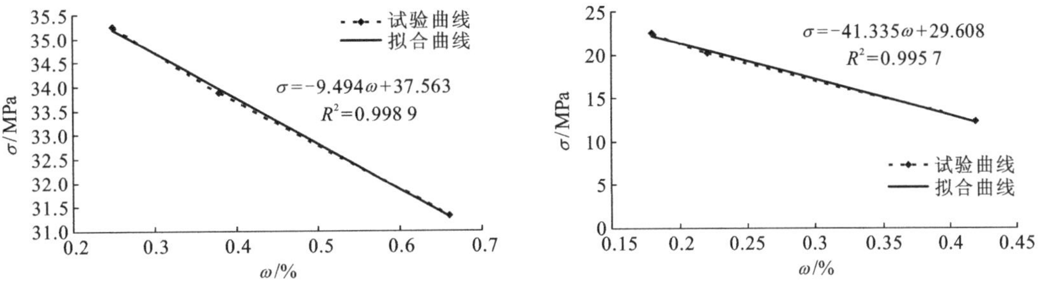

（a）结构面与试样轴向垂直时的情形　　（b）结构面以一定角度倾斜于试样轴向的情形

图 3-27　板岩单轴抗压强度与含水率的关系曲线

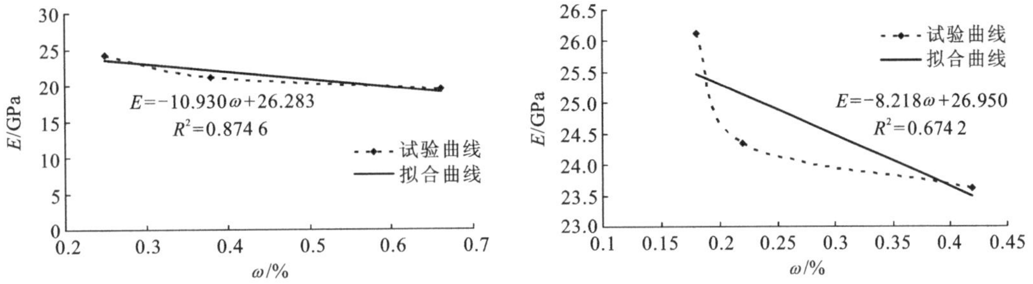

（a）结构面与试样轴向垂直时的情形　　（b）结构面以一定角度倾斜于试样轴向的情形

图 3-28　板岩弹性模量与含水率之间的关系曲线

表 3-20　板岩单轴抗压强度和弹性模量随含水率变化的关系式

类型	结构面方向与试样轴向的关系	关系式	R^2
单轴抗压强度和含水率的关系	垂直	$\sigma = -9.494\omega + 37.563$	0.998 9
	以一定角度倾斜	$\sigma = -41.335\omega + 29.608$	0.995 7
弹性模量和含水率的关系	垂直	$E = -10.930\omega + 26.283$	0.874 6
	以一定角度倾斜	$E = -8.218\omega + 26.950$	0.674 2

由表 3-20 可以看出，当拟合板岩弹性模量和含水率的关系（结构面以一定角度倾斜于试样轴向）时，相关系数 $R^2=0.6742$，拟合误差较大，这是由试验中人为操作引起的。板岩单轴抗压强度和弹性模量与含水率的关系可用下面的通式表示：

$$\sigma = -A\omega + B \quad (A>0, B>0) \tag{3-27}$$

$$E = -M\omega + N \quad (M>0, N>0) \tag{3-28}$$

式中：A、B、M、N 为与板岩自身特性有关的系数。

3.5.2　板岩三轴压缩特性

为了获得板岩在不同含水率条件下的三轴压缩规律，选取 4 组岩样，分别浸水 1 d、3 d、5 d、7 d，按照 3.2 节中的规定计算得出各组试样的天然含水率、自然含水率和饱和含水率。再将浸水的岩样分别进行围压为 5 MPa、10 MPa、15 MPa 的三轴压缩试验，得出各组板岩在不同围压下的应力应变曲线、三轴压缩强度、弹性模量和泊松比，除此之外还可以得出板岩三轴压缩强度、弹性模量、泊松比与含水率之间的关系。

1. 板岩试样吸水性试验成果

按照 3.3 节中的规定进行板岩吸水性试验，得到了各组试样的天然含水率、自然含水率和饱和含水率，试验成果见表 3-21。

表 3-21　板岩试样吸水性试验成果

试样编号	m_n / g	m_d / g	m_s / g	m_a / g	ω_n / %	ω_a / %	ω_s / %
SZHS-1	523.45	521.13	525.36	523.92	0.45	0.54	0.81
SZHS-2	555.68	552.95	557.25	555.75	0.49	0.51	0.78
SZHS-3	510.35	508.56	512.56	511.21	0.35	0.52	0.79
SZHS-4	591.25	588.84	593.56	591.64	0.41	0.48	0.80
SZHS-5	602.63	600.37	604.28	603.95	0.38	0.60	0.65
SZHS-6	525.38	524.08	527.53	526.15	0.25	0.39	0.66
SZHS-7	584.15	581.58	586.06	585.12	0.44	0.61	0.77
SZHS-8	564.26	562.62	565.85	565.08	0.29	0.44	0.57
SZHS-9	525.83	523.25	528.14	526.52	0.49	0.62	0.93
SZHS-10	613.37	611.08	614.62	613.65	0.37	0.42	0.58
SZHS-11	545.42	543.26	546.88	546.31	0.40	0.56	0.67
SZHS-12	588.53	586.37	590.24	589.25	0.37	0.49	0.66

2. 应力（σ_1-σ_3）应变曲线

将浸水后的试样分别进行围压为 5 MPa、10 MPa、15 MPa 的三轴压缩试验，不同围压下的应力应变曲线见图 3-29～图 3-31。

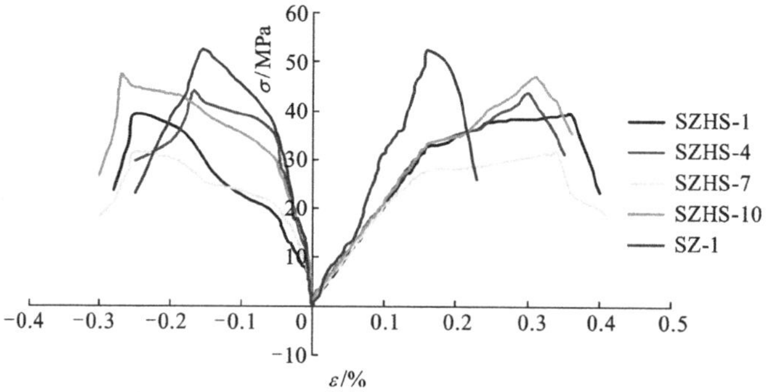

图 3-29　不同含水率的板岩在围压 5 MPa 时的三轴压缩应力应变曲线

3. 试验成果

经过整理，板岩在不同含水率条件下的三轴试验成果见表 3-22，第五组中的数据参照表 2-2。

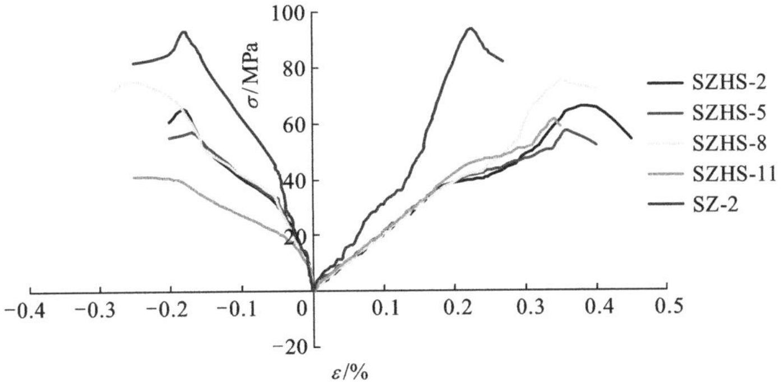

图 3-30　不同含水率的板岩在围压 10 MPa 时的三轴压缩应力应变曲线

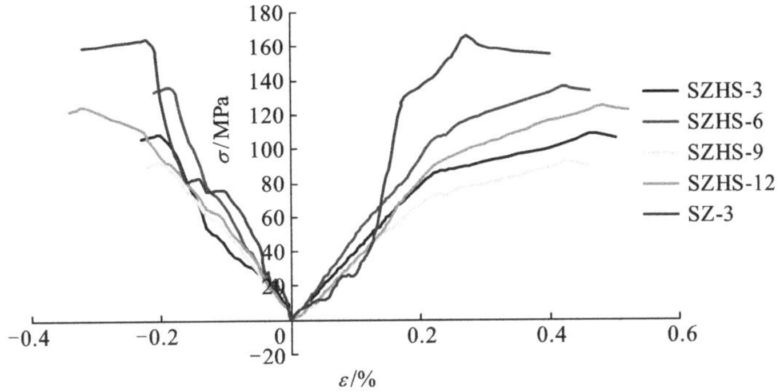

图 3-31　不同含水率的板岩在围压 15 MPa 时的三轴压缩应力应变曲线

表 3-22　板岩在不同含水率条件下的三轴试验成果

组号	试样编号	σ_3/ MPa	ω/%	σ_1/ MPa	E/Gpa	μ	破坏状态描述
第一组（浸水 1 d）	SZHS-1	5	0.54	39.25	25.45	0.324	沿结构面滑动
	SZHS-2	10	0.51	65.75	22.39	0.295	内部剪切破坏
	SZHS-3	15	0.52	108.82	23.83	0.315	内部剪切破坏
第二组（浸水 2 d）	SZHS-4	5	0.48	43.68	29.58	0.265	沿结构面滑动
	SZHS-5	10	0.60	57.36	18.24	0.212	内部剪切破坏
	SZHS-6	15	0.39	135.82	36.58	0.286	内部剪切破坏
第三组（浸水 3 d）	SZHS-7	5	0.61	31.55	20.18	0.293	沿结构面滑动
	SZHS-8	10	0.44	75.27	30.61	0.352	沿结构面滑动
	SZHS-9	15	0.62	92.53	21.17	0.237	内部剪切破坏
第四组（浸水 4 d）	SZHS-10	5	0.42	47.21	32.13	0.258	沿结构面滑动
	SZHS-11	10	0.56	61.56	21.07	0.226	内部剪切破坏
	SZHS-12	15	0.49	124.84	29.88	0.285	内部剪切破坏
第五组	SZ-1	5	0.35	52.43	35.23	0.163	沿结构面滑动
（天然状态，	SZ-2	10	0.24	93.51	39.28	0.221	沿结构面滑动
见表 2-2）	SZ-3	15	0.18	165.97	45.53	0.185	内部剪切破坏

4. 试验成果分析

通过分析不同含水率条件下的三轴压缩试验成果，得出以下结论。

（1）通过分析板岩在不同围压下的三轴压缩应力应变曲线可以得出：在相同的围压条件下，随着板岩含水率的增加，板岩的三轴压缩强度降低。相同围压时的三轴压缩强度和含水率之间关系曲线如图 3-32 所示。

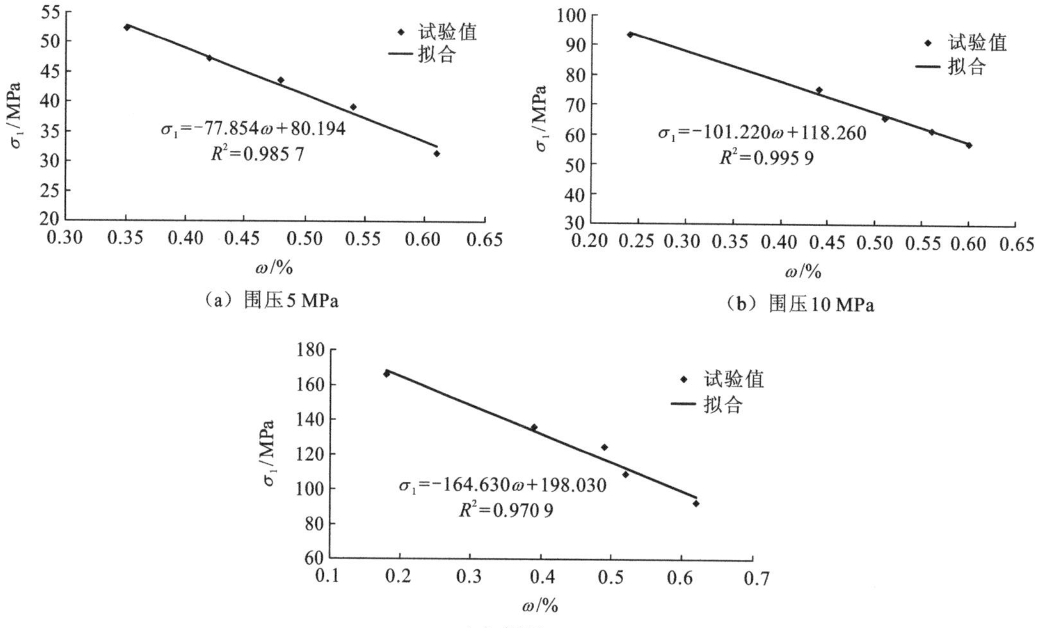

（a）围压 5 MPa　（b）围压 10 MPa　（c）围压 15 MPa

图 3-32　三轴压缩强度和含水率之间的关系曲线

通过拟合可以得出板岩三轴压缩强度和含水率之间的关系式，即

围压 5 MPa 时

$$\sigma_1=-77.854\omega+80.194,\quad R^2=0.985\,7 \tag{3-29}$$

围压 10 MPa 时

$$\sigma_1=-101.220\omega+118.260,\quad R^2=0.995\,9 \tag{3-30}$$

围压 15 MPa 时

$$\sigma_1=-164.630\omega+198.030,\quad R^2=0.970\,9 \tag{3-31}$$

通过式（3-29）～式（3-31）可以看出，各拟合公式的相关系数的平方均接近于 1，表明拟合效果较好，可作为不同围压下板岩三轴压缩强度和含水率之间的关系式。板岩三轴压缩强度和含水率之间的关系式可以用下面的通式来表示，即

$$\sigma_1=-A\omega+B\quad (A>0,B>0) \tag{3-32}$$

式中：A、B 为拟合系数，与板岩本身的性质相关。

（2）不同围压条件下弹性模量和含水率之间的关系曲线如图 3-33 所示，可以得出板岩弹性模量和含水率之间的关系。由图 3-33 可以看出，在相同围压下，随着含水率的增

加，板岩的弹性模量呈降低的趋势，通过拟合可以得出板岩的弹性模量和含水率之间呈对数函数关系，即

围压 5 MPa 时

$$E = -26.506\ln\omega + 8.572, \quad R^2 = 0.9520 \tag{3-33}$$

围压 10 MPa 时

$$E = -22.531\ln\omega + 8.239, \quad R^2 = 0.9334 \tag{3-34}$$

围压 15 MPa 时

$$E = -19.372\ln\omega + 13.956, \quad R^2 = 0.9019 \tag{3-35}$$

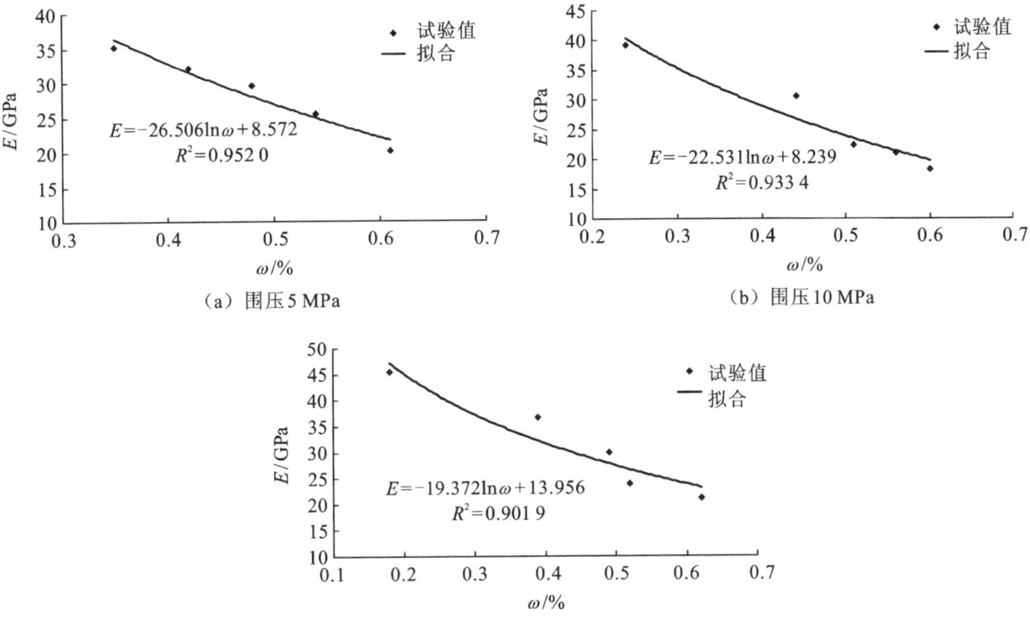

(a) 围压 5 MPa　(b) 围压 10 MPa　(c) 围压 15 MPa

图 3-33　弹性模量和含水率之间的关系曲线

通过式（3-33）～式（3-35）可以看出，各拟合公式的相关系数的平方均接近于 1，表明拟合效果较好，可以作为板岩弹性模量和含水率之间的关系式。板岩弹性模量和含水率之间的关系式可以用下面的通式表示，即

$$E = -M\ln\omega + N \quad (M > 0, N > 0) \tag{3-36}$$

式中：M、N 为拟合系数，与板岩本身的性质相关。

（3）板岩泊松比和含水率之间的关系曲线如图 3-34 所示。从图 3-34 可以看出，板岩泊松比和含水率之间呈三次函数关系，采用下式拟合泊松比随含水率变化的规律，即

围压 5 MPa 时

$$\mu = -3.7594\omega^3 + 2.0296\omega^2 + 1.2136\omega - 0.3460, \quad R^2 = 0.9313 \tag{3-37}$$

围压 10 MPa 时

$$\mu = 19.3250\omega^3 - 29.1470\omega^2 + 13.5950\omega - 1.6302, \quad R^2 = 0.9851 \tag{3-38}$$

围压 15 MPa 时

$$\mu = -4.9283\omega^3 + 4.3764\omega^2 - 0.7756\omega + 0.2118, \quad R^2 = 0.9439 \tag{3-39}$$

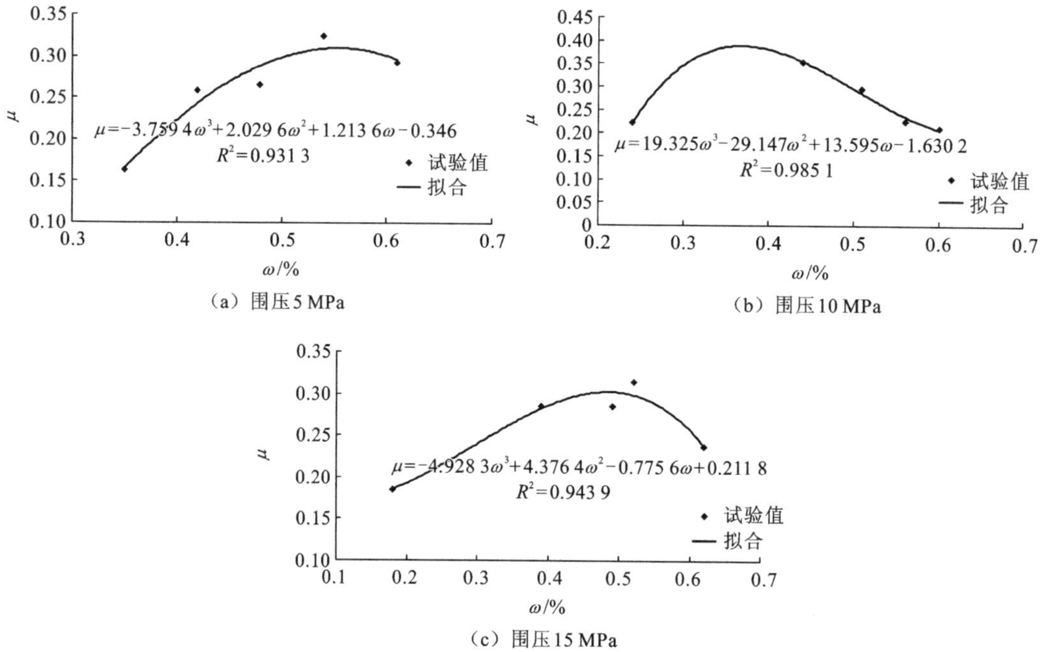

图 3-34　泊松比和含水率之间的关系曲线

通过式（3-37）～式（3-39）可以看出，各拟合公式的相关系数的平方接近于 1，表明拟合效果较好，可以作为不同围压下板岩泊松比和含水率之间的关系式。板岩泊松比和含水率之间的关系可以采用下面的通式表示，即

$$\mu = A\omega^3 + B\omega^2 + C\omega + D \tag{3-40}$$

式中：A、B、C、D 为拟合系数，与板岩本身的性质相关。

（4）根据板岩试样在不同围压条件下测得的三轴压缩强度和弹性模量的试验数据（不同浸水时间和天然状态），拟合三轴压缩强度和弹性模量之间的关系，拟合公式见表 3-23，拟合曲线见图 3-35。

表 3-23　三轴压缩强度和弹性模量之间的关系拟合公式

状态	拟合公式	相关系数的平方
浸水 1 d	$\sigma_1 = 0.0021E^2 - 0.3402E + 35.5060$	1
浸水 2 d	$\sigma_1 = 0.0115E^2 - 1.9943E + 94.6850$	1
浸水 3 d	$\sigma_1 = -0.0129E^2 + 1.6145E - 17.9360$	1
浸水 4 d	$\sigma_1 = 0.0117E^2 - 2.0457E + 102.5800$	1
天然状态	$\sigma_1 = -0.0001E^2 + 0.1144E + 29.5280$	1

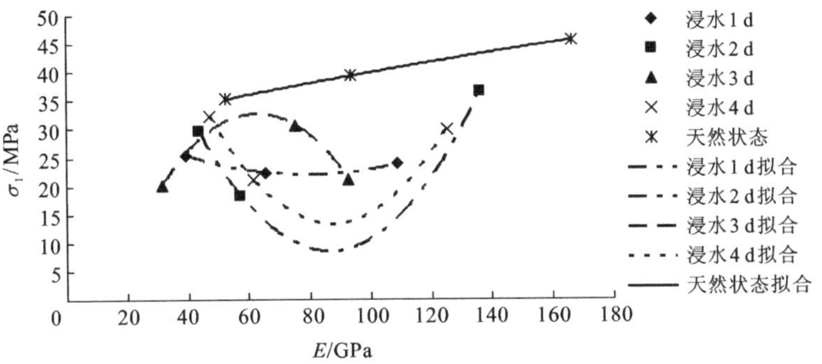

图 3-35 不同含水状态下板岩三轴压缩强度和弹性模量之间的关系曲线

由表 3-23 和图 3-35 可以看出，板岩三轴压缩强度和弹性模量具有很好的相关性，采用二次函数拟合三轴压缩强度和弹性模量之间的关系，其相关系数为 1，表明拟合效果很好，可以作为板岩三轴压缩强度和弹性模量之间的关系式。板岩板岩三轴压缩强度和弹性模量之间的关系可以采用下面的通式表示，即

$$\sigma_1 = AE^2 + BE + C \tag{3-41}$$

式中：A、B、C 为拟合系数，与板岩本身的性质相关。

由于本次试验具有一定的随机性，而且每种浸水状态下仅有三组岩样，岩样数量有限，因此式（3-41）能否作为板岩三轴压缩强度和弹性模量之间的关系式有待进一步验证。

（5）关于板岩在不同围压条件下的破坏状态，当围压较小（5 MPa、10 MPa）时，板岩的破坏形式以沿结构面滑动破坏为主，随着围压的增大，转化为内部剪切破坏。

3.6 板岩的水理机制

3.6.1 地下水在板岩中的物理状态

板岩中的水对板岩的物理力学性质有着很大的影响，因此，研究地下水在板岩的基本物理状态具有重要的意义。

水在软岩中的存在状态可能有水蒸气、固态水（如冰、化学结晶水等）、分子结合水、吸附水（薄膜水）、毛细管水和重力水（自由水）等（图 3-36）。分子结合水是在靠近岩粒周围 0.5 μm 厚度的受分子作用力半径范围内的强结合水。分子结合水本来是不可移动的，密度为 1.7～2.4 g/cm^3，比热为 0.5～0.8，冰点约为−78 ℃，无导电性，无溶解可溶性物质的能力，黏滞性、弹性和抗剪能力较强，可以作气态的形式移动，分子结合水的含量是随着软岩矿物的不同而不同。分子结合水只有在加热到 105～110 ℃时才能除去。吸附水或薄膜水也叫弱结合水，这种水位于强结合水以外，吸附在岩粒周围占水化膜的主要部分，相当于扩散层（扩散双电层，图 3-37）的位置，仍受着矿物表面吸引力的影响。弱结合水的厚度在 5 μm 以上，密度为 1.3～1.74 g/cm^3，靠近强结合水部分，水分子相互靠紧，但与强结合水相距越远，水分子之间的距离越大，呈分离状态。这就使弱结合水的分子有可能发生非常缓慢的流动，但它不受重力的影响，不能传递静水压力。毛细管水是由于水的表面张力作用而保持在软岩微孔隙中的水；重力水不受岩粒表面引力的影响，而是只受重力作用控制、能在软岩孔隙中自由移动的水。

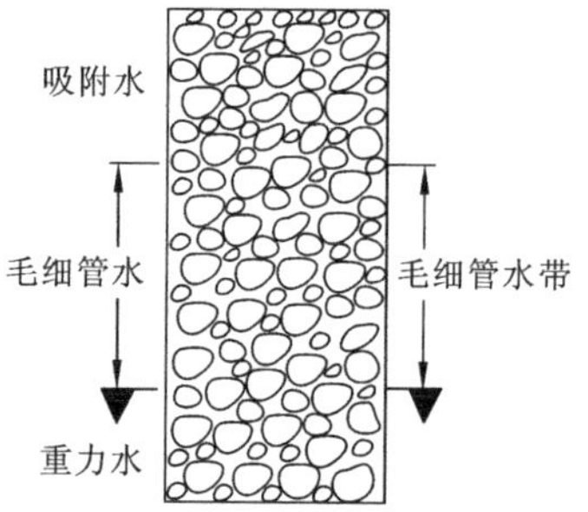

图 3-36　水在软岩中的存在形式（朱效嘉，1996）

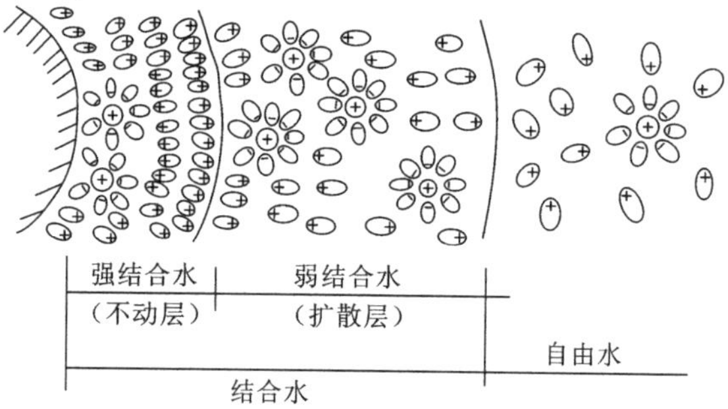

图 3-37　弱结合水的扩散双电层图（朱效嘉，1996）

板岩遇水之前，板岩中的水由强结合水、弱结合水和毛细管水组成。板岩在水的浸泡下，分子结合水的含量基本不变，吸附水或薄膜水在一定程度上有所增加，毛细管水的含量在水的浸泡下变化较大，随着浸泡时间的延长直至饱和状态，毛细管水的含量会大幅增加。在浸泡过程中，颗粒之间的黏结力大小在水的作用下发生变化，强、弱结合力变化不大，受主要影响的是毛细管力，毛细管力会随着浸泡时间的延长而降低，最后趋于稳定。毛细管力的降低表现在板岩的强度上为板岩强度降低，直至发生软化、崩解。

3.6.2　板岩软化机理

水对岩石强度的影响主要体现在水对岩石化学作用、物理作用及力学作用的影响。化学过程是不可逆的，主要体现在水对岩石中充填物的溶蚀和溶解、对铁的氧化、对碳酸盐岩的侵蚀和潜蚀；物理作用的过程一般是可逆的，如软岩浸水后内摩擦角降低，失水后又恢复；力学作用在介质的弹性范围内是可逆的，主要表现为静水压力的有效应力作用和动水压力的冲刷作用。在水与岩石相互作用的过程中，化学作用、物理作用和力学作用常常是不可分割的。

1. 物理作用

1）润滑作用

水的润滑作用主要表现为对结构面的润滑使其摩阻力降低，同时增加滑动面上的滑动力。地下水对板岩的润滑作用反映在力学上即为使板岩的内摩擦角减少。

2）软化和泥化作用

一方面表现在地下水对结构面及其填充物物理性状的改变上，板岩结构面中填充物随含水量的变化，发生由固态向塑态直至液态的弱化效应，使断层带及夹层物质产生泥化，从而极大地降低结构面的强度和变形性质；另一方面，地下水对板岩也存在软化作用，用软化系数（岩石饱和抗压强度与干抗压强度之比）来表示。岩石的软化性取决于其矿物成分及孔隙性。由以上分析可知，板岩中含有一定量的亲水矿物和大开孔隙，所以呈现一定的软化性。

关于软化系数 K_R，可用下面的公式表示，即

$$K_R = \frac{\sigma_{cw}}{\sigma_c} \tag{3-42}$$

式中：σ_{cw} 为岩石饱和抗压强度；σ_c 为岩石干抗压强度。

显然，K_R 越小，岩石软化性越强。一般认为，当 K_R >0.75 时，岩石的软化性弱，同时也说明岩石的抗冻性和抗风化能力强；当 K_R <0.75 时，岩石的软化性较强，工程地质性质较差。由以上分析可知，板岩的软化系数小于 0.75，说明板岩的具有一定的软化性。

水的软化作用可以根据静水压力产生的有效应力解释。根据莫尔-库仑准则，当板岩孔隙内作用水压力 u 时，有效正应力 $\sigma' = \sigma - u$ ，此时，板岩的抗剪强度可以表示为

$$\tau = (\sigma - u)\tan\varphi + c = \sigma\tan\varphi + (c - u\tan\varphi) \tag{3-43}$$

式（3-43）可以写为

$$\tau = \sigma\tan\varphi + c_w \tag{3-44}$$

式中：c_w 为地下水作用后岩石的黏聚力，且可以用下式表示

$$c_w = c - u\tan\varphi \tag{3-45}$$

根据莫尔-库仑准则，岩石在干燥状态下的单轴抗压强度可以用下式表示，即

$$\sigma_d = \frac{2c\cos\varphi}{1-\sin\varphi} \tag{3-46}$$

当板岩内存在水压力时，经推导，可以得出存在水压力时的单轴抗压强度，即

$$\sigma_w = \sigma_d - \frac{2u\sin\varphi}{1-\sin\varphi} \tag{3-47}$$

由式（3-45）和式（3-47）可以看出，当板岩内存在水压力时，黏聚力降低了 $u\tan\varphi$，单轴抗压强度降低了 $\frac{2u\sin\varphi}{1-\sin\varphi}$。

此时，软化系数 K_R 可用下式表示，即

$$K_R = \frac{\sigma_w}{\sigma_d} = 1 - \frac{u\tan\varphi}{c} \tag{3-48}$$

由式（3-48）可以看出，当水压力越大时，软化系数越小，岩石的软化性越强，工程性质越差。

2. 化学作用

1）水化作用

水渗透到板岩矿物结晶格架中或水分子附着到可溶性岩石的离子上，使板岩的结构发生微观或细观甚至宏观的改变，从而降低板岩的黏聚力。

2）水解作用

当存在地下水时，板岩中的阳离子与地下水发生水解作用，使地下水中的 H^+ 浓度增

加，从而增大了水的酸度，即

$$A^{+}+H_2O \rightarrow AOH+H^{+} \tag{3-49}$$

当板岩中的阴离子与地下水发生水解作用时，地下水中的OH^-浓度增加，从而增大了水的碱度，即

$$B^{-}+H_2O \rightarrow HB+OH^{-} \tag{3-50}$$

通过以上分析，水解作用一方面使地下水的 pH 发生变化，另一方面使板岩自身物质发生改变，从而影响板岩的力学性质。

3）离子交换作用

板岩含有部分蒙脱石、绿泥石、伊利石和高岭石等黏土矿物，这些黏土矿物的表面附着有胶体物质（离子或分子），附着于板岩矿物颗粒上的离子或分子和地下水发生交换作用。离子交换作用使得板岩内部结构和矿物成分发生改变，从而影响板岩的强度和变形性质。

3. 力学作用

地下水所产生的力学效应包括：地下水对板岩产生的渗流应力；水岩相互耦合作用产生的力学作用效应。

1）渗流应力

地下水的存在首先是减少了作用在板岩固相上的有效应力，从而降低了板岩的抗剪强度，即

$$\tau=(\sigma-u)\tan\varphi+c \tag{3-51}$$

由式（3-51）可知，随着水压力 u 的增大，板岩的抗剪强度降低。若孔隙水压力 u 增大达到 σ 的大小，此时如果板岩内含有软弱结构面，会出现非常危险的情况。

此外，对于处于地下水位以下的岩体还将产生渗流静水压力和渗流动水压力。其中动水压力为体积力，其大小为

$$F_{\mathrm{r}}=\rho_{\mathrm{w}}gJ \tag{3-52}$$

式中：F_{r} 为体积力；ρ_{w} 为地下水的密度；g 为重力加速度；J 为地下水的水力梯度。

2）水岩相互耦合作用的力学作用效应

地下水处产生渗流应力外，还可通过水、岩与应力耦合作用产生特殊的力学效应。这种效应是通过改变板岩的渗透性能，进而影响其力学性质。由于板岩的渗透性能发生改变，反过来会影响板岩内部的应力分布，从而影响板岩的强度和变形性质。

第4章 板岩的蠕变特性

岩石的力学性态不仅表现为弹性和塑性，而且具有与时间相关的性质，这种性质被称为岩石的流变性。岩石的流变性是指在外部条件不变的情况下，岩石的变形或应力随时间变化的现象，主要包括蠕变、松弛和弹性后效。蠕变是在常应力条件下，变形（应变）随时间增长而发展（增加）的现象；应力松弛是在常应变条件下，应力随时间增长而减小的现象；弹性后效是加载或卸载时，弹性应变滞后于应力的现象。

随着工程活动、地质作用或各种自然环境变化，岩石或经过一段时间的变形之后处于相对稳定阶段，变形趋于稳定值，或处于长期缓慢蠕变之中。一旦有新的工程扰动、新的地质力学作用、新的自然环境变化，这种相对平稳状态就会被打破，可能又要经过一定的快速变形，进入另一阶段稳定或缓慢蠕变之中；也可能发生物理力学机理上的根本改变，由小变形变为大变形，由静态过程变为动态过程。这种状态或过程转变的出现，主要是岩石内场量的改变和相互作用，使原来的岩石流变轨迹发生改变。岩石有时产生较大的变形，致使周围工程结构功能丧失，或岩石产生新的裂隙、裂纹，并逐渐扩展或快速发展，达到变形或运动状态急剧改变，以致工程岩体产生整体失稳。从细观和微观上，岩体中力场与环境场相互作用使岩石内部结构发生改变或改组，物理力学特性出现异常，导致出现各种宏观效应和现象。因此，以岩石为工程材料和工程环境而建造的工程，常常与岩石相互依存、相互作用和相持平衡。而岩石的流变性，又使这些工程受到岩石材料和岩石结构产生的随时间的变形、应力松弛、时效强度和流变损伤断裂等影响，造成工程结构与环境介质产生长期变形，可能由小变形发展到大变形，由静态、准静态转化为动态位移与运动，导致局部或整体破坏失稳。

在沪昆铁路客运专线长昆湖南段板岩地层隧道中，根据地应力测试结果，研究区水平地应力可达到6～10 MPa，铅直地应力可达到3～7 MPa，由此可见，地应力水平较高，在较高地应力持续作用下，板岩所呈现的变形和破坏规律与其他情况相比会有所不同，针对此情况，隧道采取的支护措施也会不同。因此，很有必要研究板岩的蠕变特性，研究成果对进一步充实岩体流变理论、促进岩体流变理论的工程应用、更有效地评价隧道岩体工程的长期稳定和运营安全均具有重要的理论价值和工程实际意义。

本章选取5组板岩进行蠕变试验，包括单轴蠕变试验、三轴蠕变试验及不同含水率条件下的三轴蠕变试验，通过对不同含水率和不同加载条件下的蠕变试验，分析板岩蠕变规律。在此基础上，建立板岩蠕变本构模型及确定蠕变参数，分析水对板岩蠕变特性的影响。

4.1 板岩蠕变特性试验

4.1.1 试验过程及方法

为了了解不同条件下板岩的蠕变特性，选取5组岩样分别进行单轴蠕变试验（1组）、三轴蠕变试验（1组）和不同含水率条件下的三轴蠕变试验（3组）。进行蠕变试验时，采用固定围压，轴向压力采用分级加载方式。根据地应力实测结果，研究区水平地应力的范围为6～10MPa，因此，蠕变试验中的围压分别取5MPa和10MPa，在同一围压试验时轴向差应力为10MPa、15MPa和20MPa。

在试验过程中，每级轴向压力加上以后，待蠕变达到稳定状态以后（一般2d左右），再施加第二级轴向压力。板岩试样RB-3蠕变试验压力加载曲线见图4-1。板岩蠕变试验试样基本情况及试验过程中压力施加情况见表4-1。

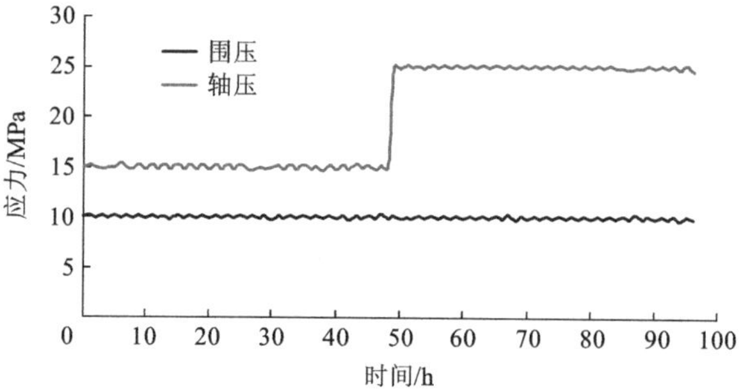

图4-1　板岩试样RB-3蠕变试验压力加载曲线

表4-1　板岩蠕变试验试样基本情况及试验过程中压力施加情况

试验组	岩样编号	岩样尺寸		围压/MPa	轴压/MPa		蠕变变形/mm	备注
		长度/mm	直径/mm		1	2		
第1组	RB-1	100.35	49.67	0	10	—	0.05	干燥状态
第2组	RB-2	101.21	49.24	5	15	—	0.08	
	RB-3	100.97	49.15	10	15	25	—	
第3组	RB-4	100.46	49.58	5	10	—	0.06	含水率为0.14%
	RB-5	101.24	49.35	10	15	—	—	含水率为0.20%
	RB-6	102.55	49.26	5	10	—	—	含水率为0.19%
	RB-7	100.68	49.88	10	15	—	—	含水率为0.28%
	RB-8	100.32	49.63	5	10	—	—	含水率为0.25%
	RB-9	101.17	49.36	10	15	—	0.15	含水率为0.36%

在进行单轴蠕变试验时，由于岩样的强度较低，只进行了一级加载，轴压为10MPa；在进行三轴蠕变试验时，岩样RB-3进行了二级加载，轴压分别为15MPa和25MPa，

其他岩样进行一级加载一段时间后就发生破坏，未进行二级加载。由于板岩浸水后强度会降低，在进行不同含水率条件下的蠕变试验时，也只进行了一级加载。

4.1.2　试验结果及分析

1. 蠕变试验应力应变曲线

板岩单轴蠕变试验全过程曲线和蠕变率曲线如图 4-2 所示，板岩三轴蠕变试验全过程曲线和蠕变率曲线如图 4-3～图 4-4 所示。

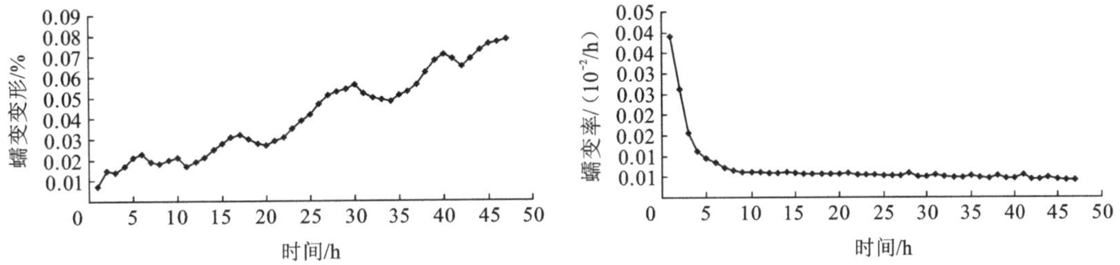

（a）RB-1单轴蠕变试验全过程曲线　　（b）RB-1蠕变率曲线

图 4-2　板岩试样 RB-1 单轴蠕变试验全过程曲线和蠕变率曲线

围压 0 MPa，轴压为 10 MPa

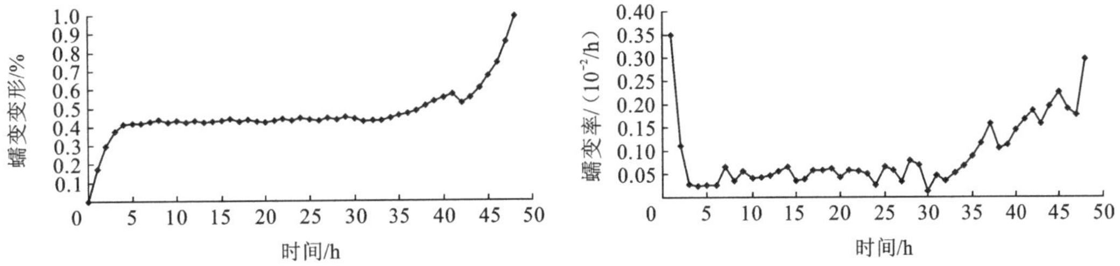

（a）RB-2三轴蠕变试验全过程曲线　　（b）RB-2蠕变率曲线

图 4-3　板岩试样 RB-2 三轴蠕变试验全过程曲线和蠕变率曲线

围压 5 MPa，轴压 15 MPa

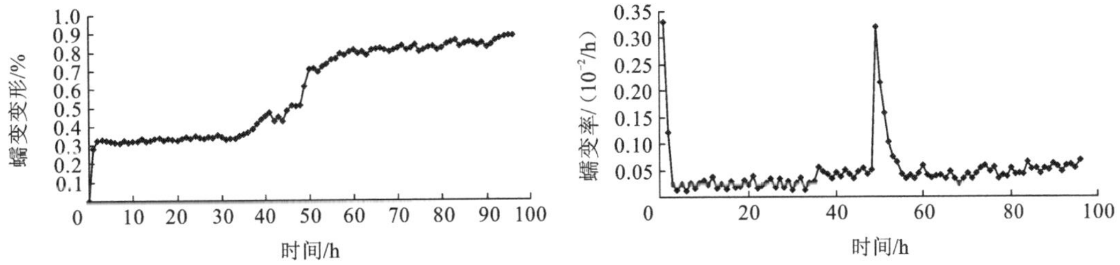

（a）RB-3三轴蠕变试验全过程曲线　　（b）RB-3蠕变率曲线

图 4-4　板岩试样 RB-3 三轴蠕变试验全过程曲线和蠕变率曲线

围压 10 MPa，轴压先后为 15 MPa，25 MPa

2. 蠕变基本规律

由板岩单轴、三轴蠕变试验全过程曲线和蠕变率曲线（图 4-2～图 4-4）可以得出板岩蠕变的基本规律。

（1）板岩的蠕变应变的范围为 0.1%～0.9%，总体上来说，比例很小。

（2）板岩的蠕变变形一般分为三个阶段：初始蠕变阶段、等速蠕变阶段和加速蠕变阶段，在不同的围压和轴压下，板岩进入等速蠕变阶段的时间不同，但一般在 5 h 以内均进入等速蠕变阶段。

（3）在相同围压下，随着应力差的增加，板岩的蠕变变形增加，蠕变率会发生突变，因此应力差的存在提升了板岩进入等速蠕变阶段的速度；而在相同应力差条件下，随着围压的增大，蠕变变形会减小，降低了板岩进入等速蠕变阶段的速度。

（4）板岩的蠕变率在初始蠕变阶段变化较大，进入等速蠕变阶段以后，蠕变率的变化趋于稳定。

（5）当围压和轴压不同时，板岩蠕变全过程曲线的形状及各阶段的持续时间不同。当围压为零（单轴）时，蠕变全过程曲线未呈现明显的初始蠕变、等速蠕变和加速蠕变三个阶段；当存在围压时，蠕变全过程曲线呈现明显的三阶段，且当围压为 5 MPa，轴压为 15 MPa 时，蠕变率在等速蠕变阶段趋于稳定后，在加速蠕变阶段呈现增大的趋势。

（6）为了研究围压对板岩蠕变特性的影响，绘制板岩在室温、轴压 15 MPa 和不同围压条件（5 MPa 和 10 MPa）下的蠕变应变和蠕变率随时间变化的曲线图，见图 4-5。

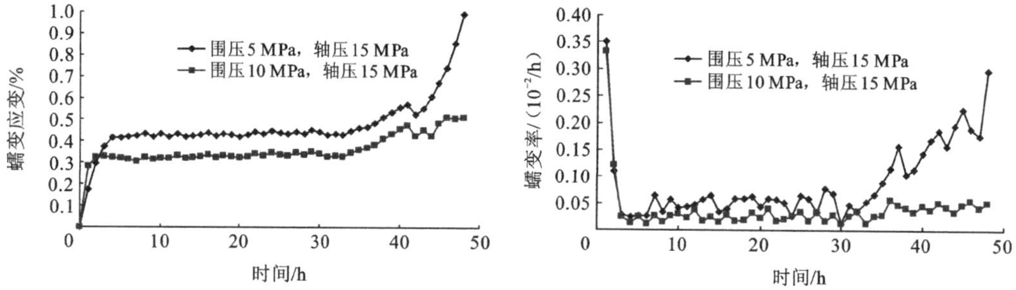

（a）轴压15 MPa时板岩蠕变应变随时间变化规律　（b）轴压15 MPa时板岩蠕变率随时间变化规律

图 4-5　轴压 15 MPa 时板岩蠕变应变和蠕变率随时间变化的曲线图

由图 4-5（a）可以看出，当轴压为定值时，随着围压的增大，板岩的初始蠕变的最大值会减小，蠕变应变也会减小；由图 4-5（b）可以看出，等速蠕变阶段的蠕变率随着围压的增大而减小。由此可见，围压的增大使得作用在板岩上的压应力增加，而应力差会减小，限制了蠕变变形的发展。

（7）为了研究轴压对板岩蠕变特性的影响，绘制板岩在室温、围压 10 MPa、不同轴压（15 MPa 和 25 MPa）下的蠕变应变和蠕变率随时间变化的曲线图，如图 4-6 所示。

由图 4-6 可以看出，当围压为定值时，随着轴压的增加，板岩初始蠕变的最大值增大，相应地蠕变率也随之增大，加快了板岩试样进入等速蠕变阶段的进程，且部分岩样以更快的速度进入加速蠕变阶段直至破坏。由此可知，轴压的增加加快了蠕变应变的进程。

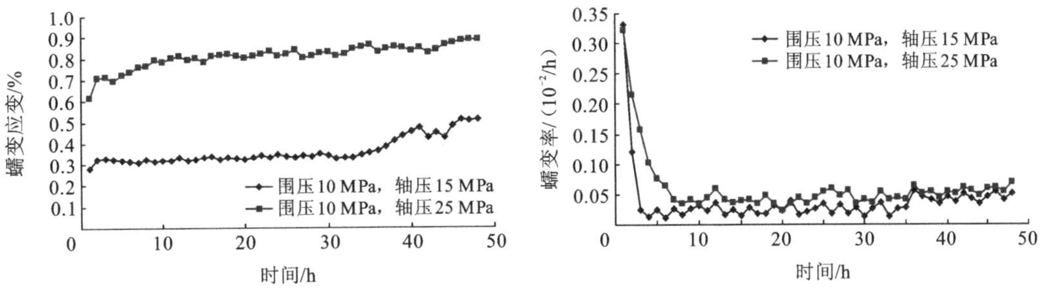

（a）轴压 10 MPa 时板岩蠕变应变随时间变化规律　　（b）轴压 10 MPa 时板岩蠕变率随时间变化规律

图 4-6　围压 10 MPa 时板岩蠕变应变和蠕变率随时间变化的曲线图

4.2　板岩蠕变本构模型

4.2.1　蠕变本构理论基础

研究板岩时效现象，是为了建立板岩的蠕变本构规律。研究岩石蠕变本构规律的方法通常有两种，即经验法和蠕变模型法。经验法是指通过对岩石蠕变试验资料的分析整理，利用曲线拟合法求得蠕变的经验本构方程；蠕变模型法是把岩石材料抽象为一系列简单的元件（如弹簧、阻尼器等）及其组合模型来模拟岩石的蠕变特性，建立其本构方程。采用蠕变模型法获得板岩的蠕变本构规律。

1. 理想物体的基本模型

（1）弹性元件。弹性元件由一个弹簧组成，如图 4-7 所示。其用来模拟理想的弹性体，其本构规律服从胡克定律，即

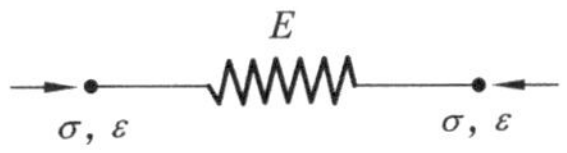

图 4-7　弹性元件示意图

$$\varepsilon = \frac{\sigma}{E} \tag{4-1}$$

从式（4-1）可知，弹性元件的应变是瞬时完成的，与时间无关。因此，理想的弹性物体无蠕变性。

（2）黏性元件。黏性元件由一个带孔活塞和充满黏性液体的圆筒组成，又称为阻尼器，如图 4-8（a）所示。其用来模拟理想的黏性体（牛顿体），其本构规律服从牛顿定律，即

$$\frac{d\varepsilon}{dt} = \frac{\sigma}{\eta} \tag{4-2}$$

分离变量后积分得

$$\varepsilon = \frac{\sigma_0}{\eta} t \tag{4-3}$$

式中：η 为动力黏滞系数，0.1 Pa·s；t 为时间，s；σ_0 为初始应力。

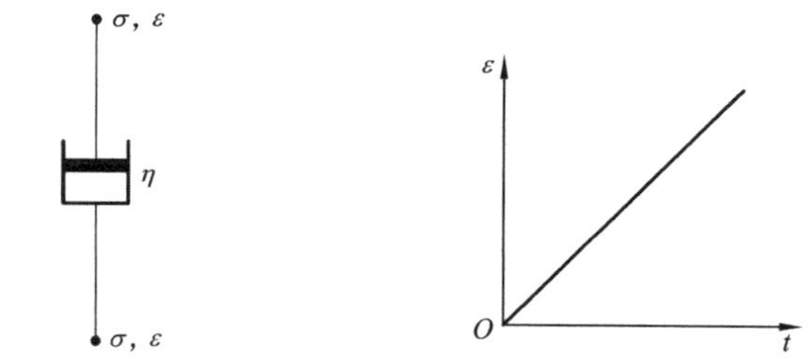

（a）黏性元件　　（b）黏性元件蠕变曲线

图 4-8　黏性元件及蠕变曲线

由式（4-3）可知，黏性体受力后变形随时间不断增长，如图 4-8（b）所示。因此，黏性物体具有蠕变性。

（3）塑性元件。塑性元件由摩擦片组成，如图 4-9（a）所示。其用来模拟完全塑性体（圣维南体），其本构规律服从库仑摩擦定律。塑性体受力后，当应力小于其屈服极限时，物体不产生变形；当应力一旦达到或超过屈服极限时，便开始持续不断地流动变形，如图 4-9（b）所示。

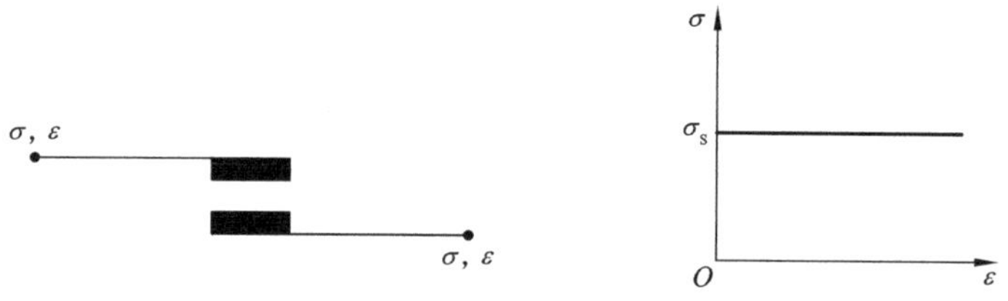

（a）塑性元件　　（b）塑性元件应力应变曲线

图 4-9　塑性元件及应力应变曲线

2. 组合模型

弹性元件、黏性元件和塑性元件等三种基本模型只能用来模拟某种理想物体（线弹性体、牛顿体和圣维南体）的变形性质。而岩石的变形性质是非常复杂的，要准确地描述岩石的变形性质，须利用以上三种基本模型的组合模型。

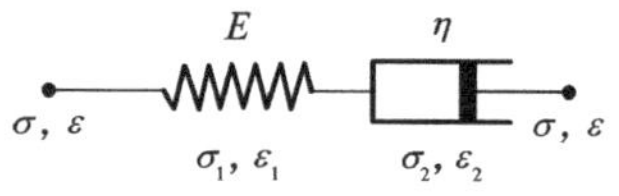

图 4-10　麦克斯韦模型示意图

（1）麦克斯韦（Maxwell）模型。麦克斯韦（Maxwell）模型由弹性元件和黏性元件串联而成，如图 4-10 所示。其常用来模拟软硬相见的岩体在垂直层面加载条件下的本构规律。模型的总应力 σ 和总应变 ε 分别为

$$\sigma=\sigma_1=\sigma_2 \tag{4-4}$$

$$\varepsilon=\varepsilon_1+\varepsilon_2 \tag{4-5}$$

对于弹性元件，有 $\varepsilon_1=\dfrac{\sigma}{E}$。微分后，得

$$\frac{\mathrm{d}\varepsilon_1}{\mathrm{d}t}=\frac{1}{E}\frac{\mathrm{d}\sigma}{\mathrm{d}t} \tag{4-6}$$

对于黏性元件，由式（4-2）得

$$\frac{d\varepsilon_2}{dt}=\frac{\sigma}{\eta} \tag{4-7}$$

将式（4-6）和式（4-7）代入式（4-5）得

$$\frac{d\varepsilon}{dt}=\frac{1}{E}\frac{d\sigma}{dt}+\frac{\sigma}{\eta} \tag{4-8}$$

若应力 σ 为常量，即 $\sigma=\sigma_0$ 时，有 $d\sigma_0/dt=0$，此时，式（4-8）可变为

$$\frac{d\varepsilon}{dt}=\frac{\sigma_0}{\eta} \tag{4-9}$$

积分，得

$$\varepsilon=\frac{\sigma_0}{\eta}t+C \tag{4-10}$$

由初始条件：t=0 时，瞬时应变 $\varepsilon=\varepsilon_0=\sigma_0/E$，得 $C=\sigma_0/E$。将其代入式（4-10），得到麦克斯韦模型的蠕变本构方程式

$$\varepsilon=\frac{\sigma_0}{\eta}t+\frac{\sigma_0}{E} \tag{4-11}$$

麦克斯韦模型的蠕变曲线如图 4-11 所示。

由式(4-11)和图 4-11 可知：应力保持一致时，麦克斯韦模型的变形由瞬时变形 σ_0/E 和蠕变变形组成。如果在某一时刻 t 卸去荷载，变形 σ_0/E 将立即恢复，且残留蠕变变形。

（2）开尔文（Kelvin）模型。开尔文模型由弹性元件和黏性元件并联而成，如图 4-12 所示。其常用来模拟软硬相间的层状岩体平行层面加荷时的本构规律。模型的总应力 σ 和总应变 ε 分别为

$$\varepsilon=\varepsilon_1=\varepsilon_2 \tag{4-12}$$

$$\sigma=\sigma_1+\sigma_2 \tag{4-13}$$

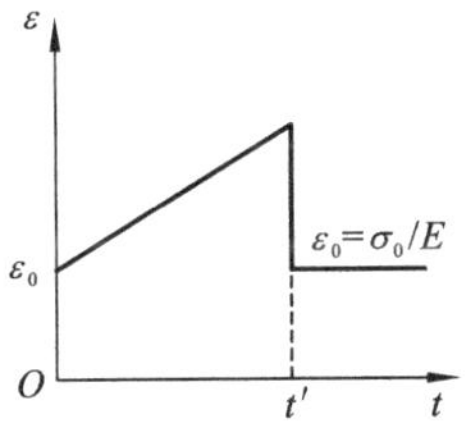

图 4-11　麦克斯韦模型的蠕变曲线图

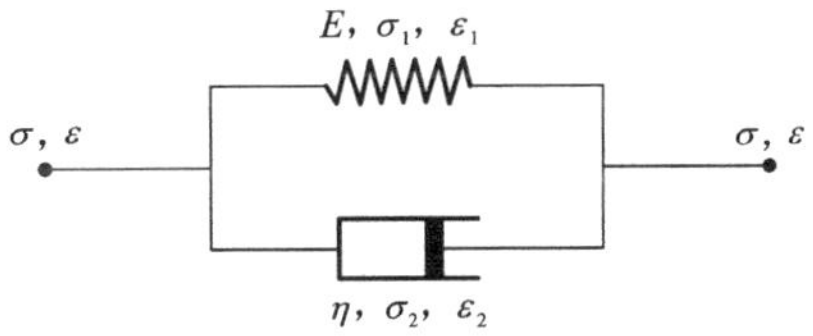

图 4-12　开尔文模型示意图

而 σ_1 和 σ_2 分别为

$$\sigma_1=E\varepsilon_1=E\varepsilon \tag{4-14}$$

$$\sigma_2=\eta\frac{d\varepsilon_2}{dt}=\eta\frac{d\varepsilon}{dt} \tag{4-15}$$

将式（4-14）和式（4-15）代入式（4-13），得

$$\sigma=E\varepsilon+\eta\frac{d\varepsilon}{dt} \tag{4-16}$$

若应力 σ 为常量，即 $\sigma=\sigma_0$ 时，由式（4-16）得

$$E\varepsilon+\eta\frac{\mathrm{d}\varepsilon}{\mathrm{d}t}=\sigma_0 \tag{4-17}$$

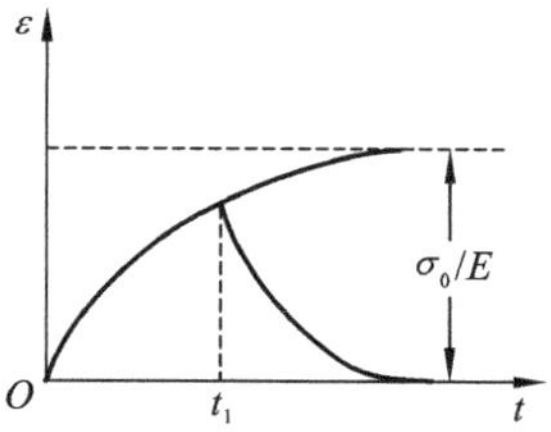

图 4-13　开尔文模型的蠕变曲线

解微分方程式（4-17），得到开尔文模型的蠕变本构方程为

$$\varepsilon=\frac{\sigma_0}{E}\left(1-\mathrm{e}^{-\frac{E}{\eta}t}\right) \tag{4-18}$$

开尔文模型的蠕变曲线如图 4-13 所示。由式（4-18）和图 4-13 可知，开尔文模型不具有瞬时变形。

除以上两种组合模型外，许多学者还提出了其他模型，常用的模型及其蠕变本构方程和蠕变曲线如表 4-2 所示。

表 4-2　岩石的常用蠕变模型及其蠕变本构方程和蠕变曲线

模型名称	模型	应用条件	蠕变本构方程	蠕变曲线	蠕变类型
伯格斯（Burgers）模型	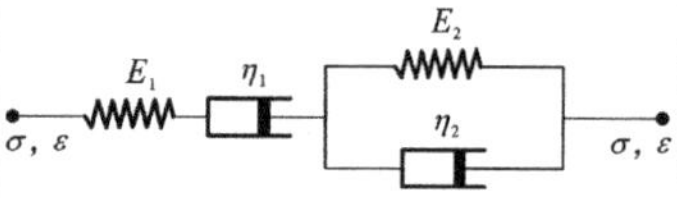	软黏土板岩、页岩、黏土岩、煤系岩石	$\varepsilon=\frac{\sigma_0}{E_1}+\frac{\sigma_0}{\eta_1}t+\frac{\sigma_0}{E_2}\left(1-\mathrm{e}^{\frac{-E_2}{\eta_2}t}\right)$	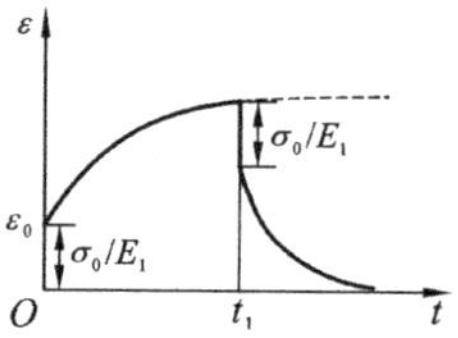	黏-弹
宾厄姆（Bingham）模型	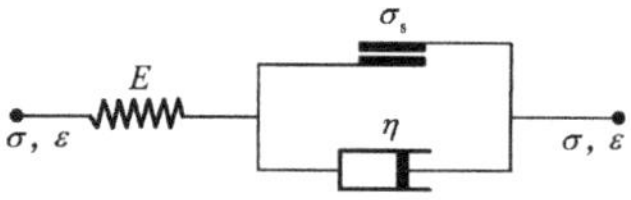	黏土、半坚硬岩石	$\varepsilon=\varepsilon_0+\frac{\sigma_0-\sigma_s}{\eta}t$	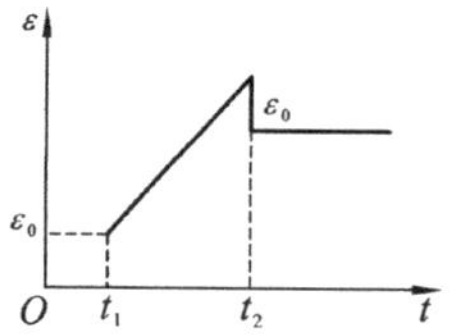	弹-黏-塑
鲍埃丁模型	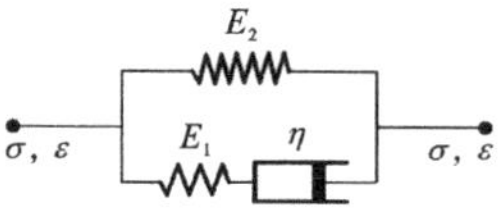	砂岩、页岩、喷出岩、石灰岩、黏土质板岩、砂质页岩	$\varepsilon=\frac{\sigma_0}{E_2}\left[1-\frac{E_1}{E_1+E_2}\cdot\mathrm{e}^{-\frac{E_1E_2}{(E_1+E_2)\eta}t}\right]$	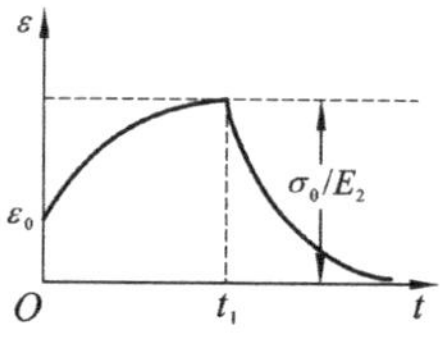	黏-弹
廖国华模型	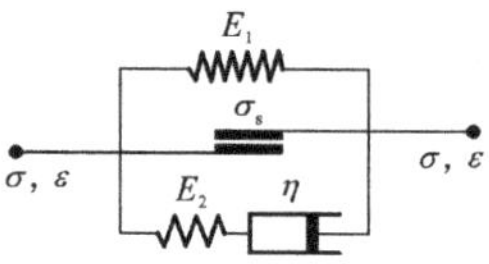	完整岩体	—	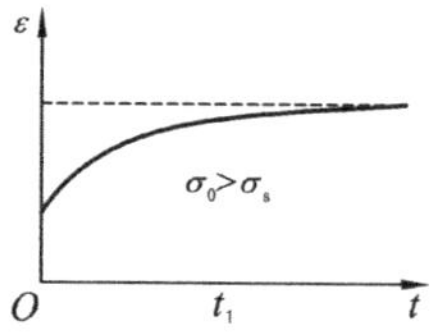	黏-弹

4.2.2 蠕变本构模型构建

1. 改进的伯格斯蠕变本构模型

通过以上分析可知，常用的蠕变模型（麦克斯韦模型、开尔文模型、伯格斯模型和宾厄姆模型等）具有各自的特点，适用于不同的情形。这些模型对于描述蠕变过程的某一特定阶段，具有很好的实用性，但是，对于描述岩石蠕变的全过程，这些模型具有一定的局限性，特别对于加速蠕变阶段，这些模型的局限性更明显。

实践证明伯格斯模型用来描述加速蠕变阶段以前的两个阶段，具有很好的精度。而伯格斯模型只考虑了岩石的黏-弹性，未考虑岩石的塑性，因此需要对伯格斯模型进行改进。采用由袁海平等（2006）提出的改进的伯格斯模型，结合经典的伯格斯模型和莫尔-库仑准则，建立能同时反映板岩黏弹塑性的蠕变模型，确定板岩的蠕变特性参数。

由表 4-2 可知，经典的伯格斯模型由麦克斯韦模型和开尔文模型串联而成，蠕变模型如图 4-14 所示。当受轴向应力 σ_0 作用时，轴向应变$\varepsilon(t)$可表示为

$$\varepsilon(t)=\frac{\sigma_0}{E_1}+\frac{\sigma_0}{\eta_1}t+\frac{\sigma_0}{E_2}\left(1-e^{\frac{-E_2}{\eta_2}t}\right) \tag{4-19}$$

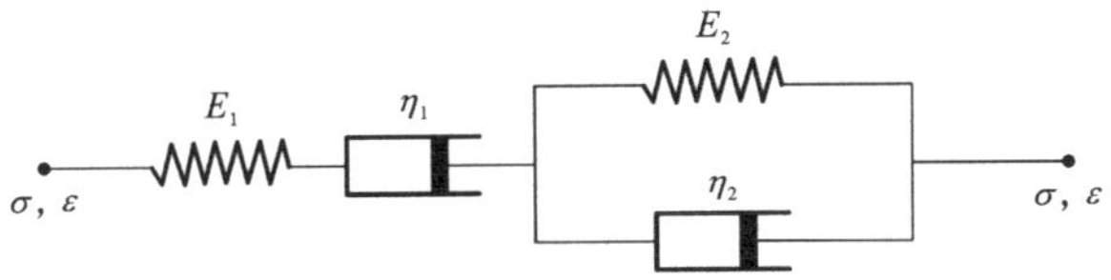

图 4-14　伯格斯模型示意图

将体积模量 K 引入式（4-19），可以将式（4-19）改写为

$$\varepsilon(t)=\frac{2\sigma}{9K}+\frac{\sigma}{3E_2}+\frac{\sigma}{3E_1}-\frac{\sigma}{3E_1}e^{-(G_1t/\eta_1)}+\frac{\sigma}{3\eta_2}t \tag{4-20}$$

式中：K 为试样的体积模量；E_1 和 E_2 为伯格斯模型的弹性模量；η_1 和 η_2 为决定伯格斯模型中延迟弹性速率和黏滞流动速率的系数。

结合莫尔-库仑准则，在经典的伯格斯模型的基础上，加入一种新的塑性元件，称为 M-C 元件。在该元件中，当应力 σ 未达到莫尔-库仑准则的屈服应力 σ_s 时，应变为零；当应力 σ 等于或大于屈服应力 σ_s 时，应变完全服从莫尔-库仑准则塑性流动规律。改进后的伯格斯模型由经典的伯格斯模型与 M-C 元件串联而成，如图 4-15 所示。改进后的伯格斯模型能反映黏弹塑性偏量特性和弹塑性体积行为，塑性特性由莫尔-库仑准则实现。

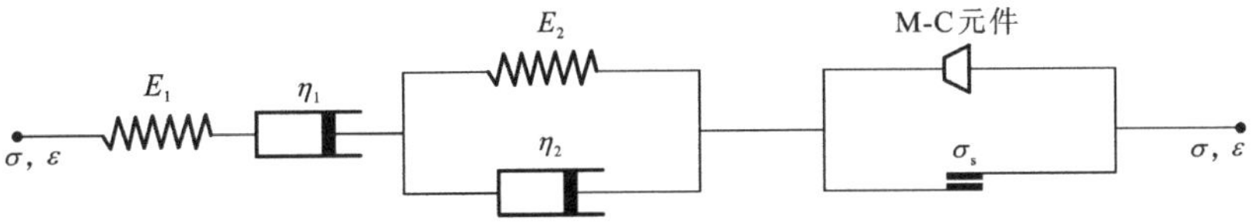

图 4-15　改进的伯格斯模型示意图

在改进的伯格斯模型中，分以下两种情况进行讨论：

（1）当$\sigma<\sigma_s$时，改进的伯格斯模型为经典的伯格斯模型（麦克斯韦模型和开尔文模型串联），其蠕变本构关系为式（4-19）或式（4-20）；

（2）当$\sigma\geqslant\sigma_s$时，改进的伯格斯模型偏量行为描述如下：

总应变率

$$\dot{e}_{ij}=\dot{e}_{ij}^{K}+\dot{e}_{ij}^{M}+\dot{e}_{ij}^{P} \tag{4-21}$$

开尔文体

$$S_{ij}=2\eta_1\dot{e}_{ij}^{K}+2E_1e_{ij}^{K} \tag{4-22}$$

麦克斯韦体

$$\dot{e}_{ij}^{M}=\frac{\dot{S}_{ij}}{2E_2}+\frac{S_{ij}}{2\eta_2} \tag{4-23}$$

M-C 元件

$$\dot{e}_{ij}^{P}=\lambda\frac{\partial g}{\partial\sigma_{ij}}-\frac{1}{3}\dot{e}_{\mathrm{vol}}^{P}\delta_{ij} \tag{4-24}$$

其中

$$\dot{e}_{\mathrm{vol}}^{P}=\lambda\left[\frac{\partial g}{\partial\sigma_{11}}+\frac{\partial g}{\partial\sigma_{22}}+\frac{\partial g}{\partial\sigma_{33}}\right] \tag{4-25}$$

体积行为通过下式确定，即

$$\dot{\sigma}_0=K\left(\dot{e}_{\mathrm{vol}}-\dot{e}_{\mathrm{vol}}^{P}\right) \tag{4-26}$$

莫尔-库仑准则屈服包络线包括剪切和拉伸两个准则，屈服准则为$f=0$，采用主轴应力空间公式可表示如下：

剪切屈服
$$f=\sigma_3N_\varphi-\sigma_1+2c\sqrt{N_\varphi} \tag{4-27}$$

拉伸屈服
$$f=\sigma_t-\sigma_1 \tag{4-28}$$

式中：c为黏聚力，φ为内摩擦角，σ_{t}为抗拉强度，$N_\varphi=(1+\sin\varphi)/(1-\sin\varphi)$，$\sigma_1$、$\sigma_3$为最大和最小主应力（拉为正，压为负）。

2. 改进的伯格斯模型参数的确定方法

改进的伯格斯模型参数包括式（4-20）所示的 5 个常量（K、E_1、E_2、η_1、η_2）和 M-C 元件自身的材料参数（黏聚力c、内摩擦角φ和抗拉强度σ_{t}），其中 M-C 元件自身的材料参数由材料常规试验获取。

为了确定改进的伯格斯模型参数，假设模型在σ作用下，各参数与时间无关，且服从式（4-20），因此当时间t足够长时，应变速率为定值，蠕变曲线为直线（稳定蠕变曲线的渐近线），此时，蠕变应变满足

$$\varepsilon_1(t)=\frac{2\sigma}{9K}+\frac{\sigma}{3E_2}+\frac{\sigma}{3E_1}+\frac{\sigma}{3\eta_2}t \tag{4-29}$$

令 D 为蠕变曲线与渐近线间的垂直距离，因此，根据几何关系，可得

$$\lg D=\lg\frac{\sigma}{3E_1}-\frac{E_1}{2.30259\eta_1}t \tag{4-30}$$

通过蠕变试验可以获取 σ、$\varepsilon(t)$ 和 t 等数据，在此基础上，根据式（4-30）可以获得一系列在 σ 应力状态下的 E_1 和 η_1，然后分别取各自的平均值，获得在该状态下的 E_1 和 η_1；同理通过式（4-29）可以求出 η_2。体积模量 K 通过试验测得的轴向应变 ε_1 和侧向应变 ε_2 求出，即

$$\frac{\Delta V}{V}=\varepsilon_1+2\varepsilon_2 \tag{4-31}$$

平均应力为 $\sigma/3$，因此，体积模量可表示为

$$K=\frac{\sigma}{3(\varepsilon_1+2\varepsilon_2)} \tag{4-32}$$

将所得的 K 值取平均值后，由式（4-20）求出 E_2 的平均值。

按照上述步骤建立板岩的蠕变本构模型，求出板岩试样的蠕变参数。

3. 板岩蠕变参数的确定

按照上述蠕变参数的确定方法，对板岩的蠕变曲线进行拟合，拟合结果见图 4-16 和图 4-17。

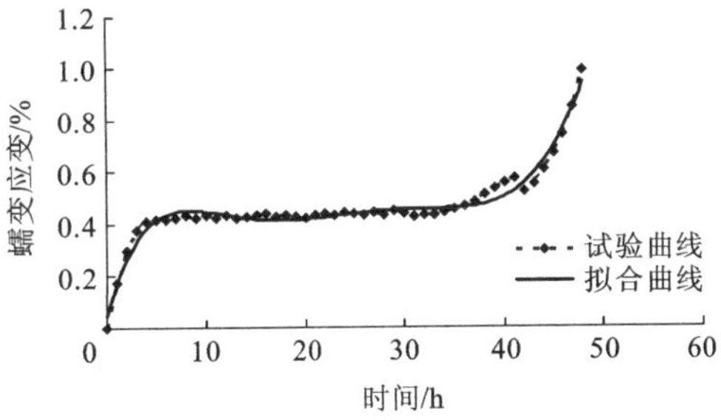

图 4-16　试样 RB-2 蠕变拟合曲线

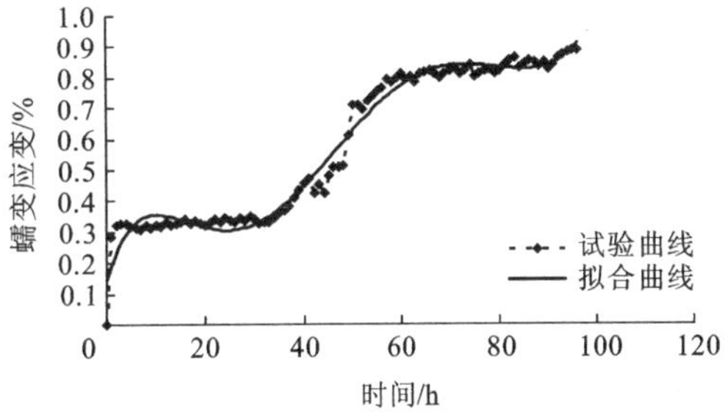

图 4-17　试样 RB-3 蠕变拟合曲线

根据本节中确定蠕变参数的方法，运用改进的伯格斯蠕变本构模型，求出板岩试样蠕变参数，见表 4-3。

表 4-3　板岩改进的伯格斯蠕变模型参数

试样编号	轴向应力 /MPa	E_1 / GPa	E_2 / GPa	η_1 /（GPa/h）	η_2 /（GPa/h）	K/GPa
RB-1	15	13.25	24.55	67.51	26.85	12.47
RB-2	15	15.12	35.67	112.56	55.28	9.23
	25	8.16	18.93	87.26	18.37	8.11
平均值		12.18	26.38	89.11	33.50	9.94

由表 4-3 可以看出，改进的伯格斯蠕变本构模型可以用来描述板岩蠕变的第一、第二和第三阶段，从拟合数据和试验数据的对比可知，拟合的精度较高，各参数的上下波动不大，具有很好的可靠性。但是，由于研究区岩样的不均匀性以及板岩试样数量的限制，上述参数的取值有待更进一步验证。

4.3 水对板岩蠕变特性的影响

板岩遇水时，其内部的黏土质矿物发生软化和泥化，如黏土矿物蒙脱石吸水膨胀后，降低了板岩内部骨架的结合力；而富含石英和其他硅酸盐的矿物遇水时，SiO_2 键因水化作用而削弱。这些作用致使板岩的蠕变特性受到影响，通过不同含水率条件下的蠕变试验研究水对板岩蠕变特性的影响。由于板岩遇水软化，使得板岩在同样的加载条件下更易发生蠕变变形，因此某些板岩试样在第一级加载后就发生了破坏。共选取了 6 个岩样进行不同含水率条件下 2 种应力状态（围压 5 MPa、轴压 10 MPa 和围压 10 MPa、轴压 15 MPa）的蠕变试验，各板岩试样的蠕变全过程曲线和蠕变率曲线见图 5-18～图 5-23。

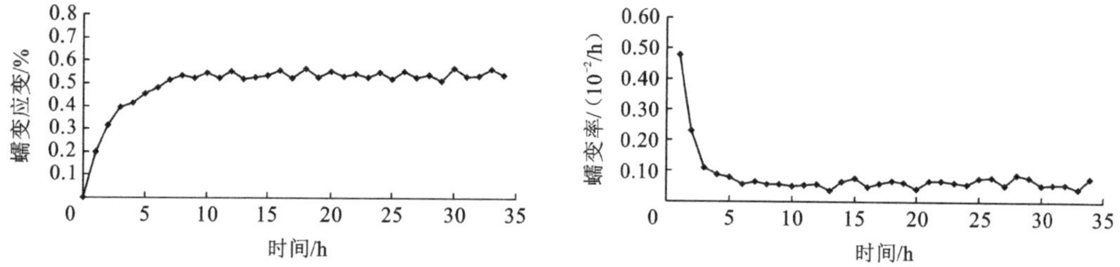

(a) RB-4蠕变全过程曲线　(b) RB-4蠕变率曲线

图 4-18　RB-4 蠕变全过程曲线和蠕变率曲线（围压 5 MPa，轴压 10 MPa）

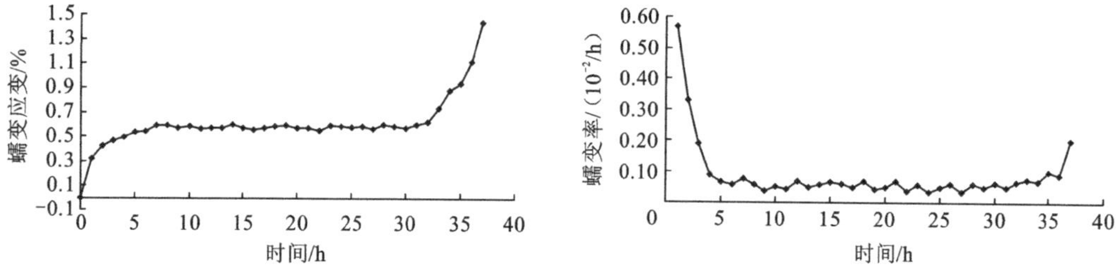

(a) RB-5蠕变全过程曲线　(b) RB-5蠕变率曲线

图 4-19　RB-5 蠕变全过程曲线和蠕变率曲线（围压 10 MPa，轴压 15 MPa）

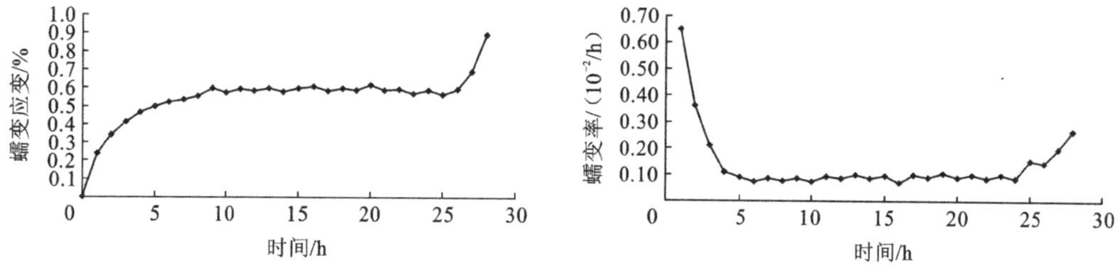

(a) RB-6蠕变全过程曲线　(b) RB-6蠕变率曲线

图 4-20　RB-6 蠕变全过程曲线和蠕变率曲线（围压 5 MPa，轴压 10 MPa）

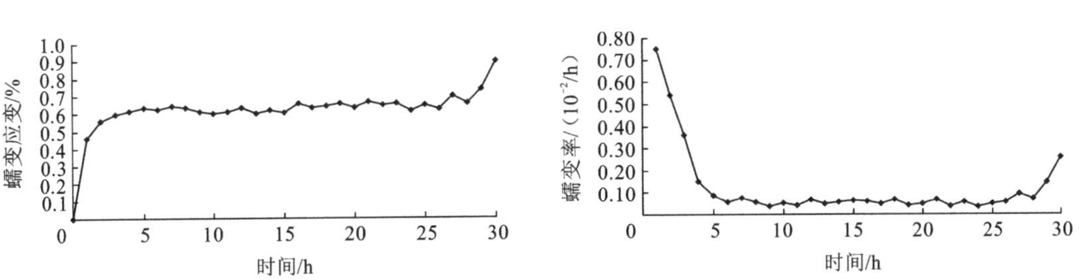

（a）RB-7蠕变全过程曲线　　（b）RB-7蠕变率曲线

图 4-21　RB-7 蠕变全过程曲线和蠕变率曲线（围压 10 MPa，轴压 15 MPa）

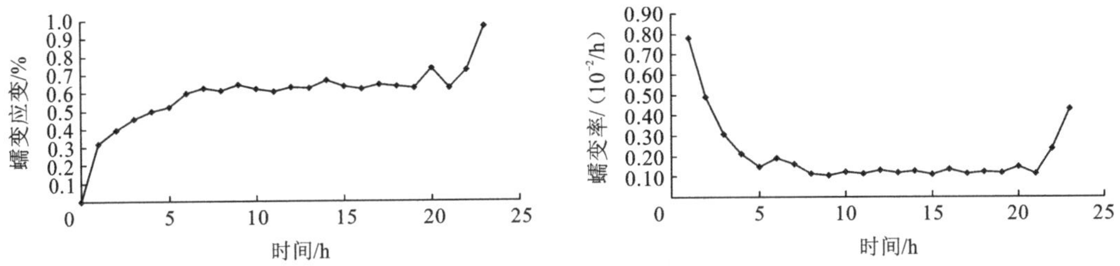

（a）RB-8蠕变全过程曲线　　（b）RB-8蠕变率曲线

图 4-22　RB-8 蠕变全过程曲线和蠕变率曲线（围压 5 MPa，轴压 10 MPa）

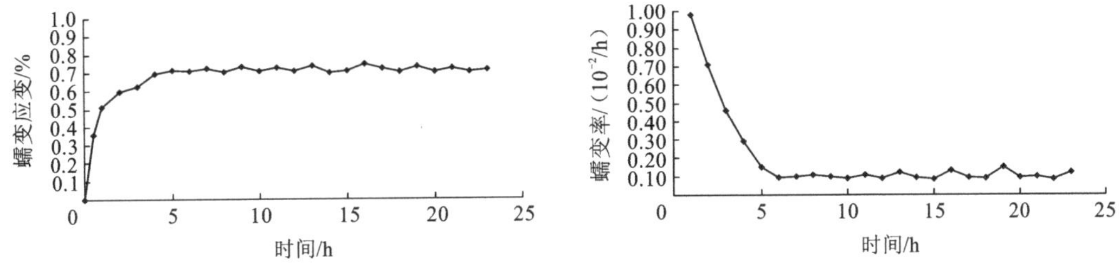

（a）RB-9蠕变全过程曲线　　（b）RB-9蠕变率曲线

图 4-23　RB-9 蠕变全过程曲线和蠕变率曲线（围压 10 MPa，轴压 15 MPa）

相同围压和轴压条件下不同含水率的板岩试样蠕变全过程曲线和蠕变率曲线如图 4-24 和图 4-25 所示。

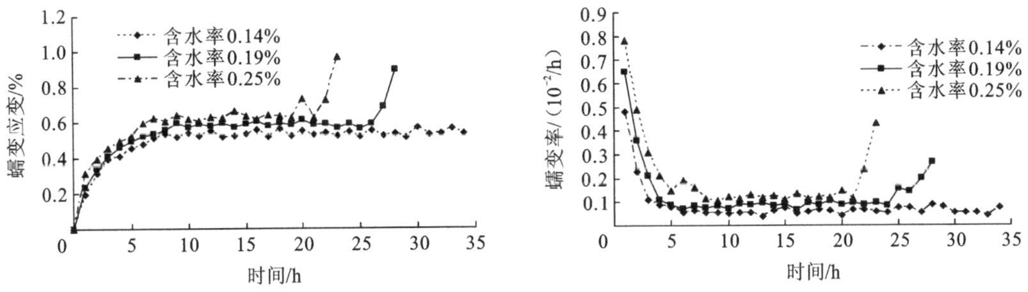

（a）不同含水率时板岩蠕变全过程曲线　　（b）不同含水率时板岩蠕变率曲线

图 4-24　围压 5 MPa 轴压 10 MPa 不同含水率时板岩蠕变全过程曲线和蠕变率曲线

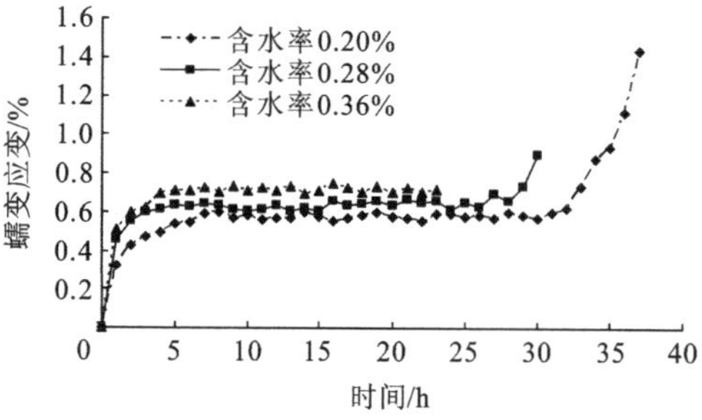

(a) 不同含水率时板岩蠕变全过程曲线

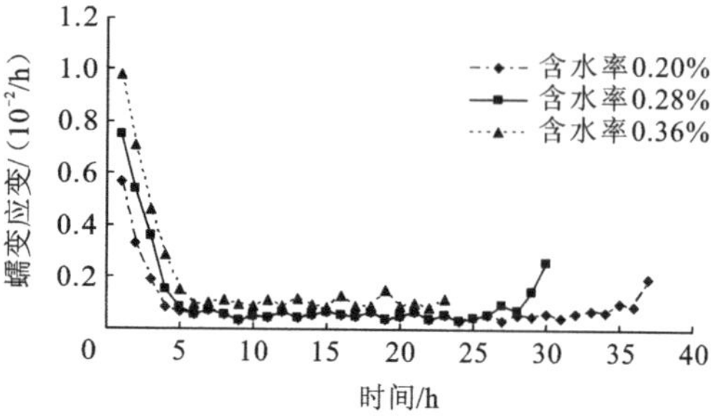

(b) 不同含水率时板岩蠕变率曲线

图 4-25 围压 10 MPa 轴压 15 MPa 不同含水率时板岩蠕变全过程曲线和蠕变率曲线

由图 4-24 和图 4-25 分析可知水对板岩蠕变特性的影响呈现如下特征。

（1）由图 4-24（a）和图 4-25（a）可知，在相同围压和轴压条件下，随着含水率的增加，板岩的蠕变变形增大，且进入等速蠕变阶段的进程加快，等速蠕变阶段的持续时间减短，最后进入加速蠕变阶段直至试样产生破坏；由图 4-24（b）和图 4-25（b）可知，在相同围压和轴压条件下，随着含水率的增加，稳态蠕变率增大，且到达稳态蠕变的时间减短。造成这种现象的原因是板岩含有云母、绿泥石、伊利石和蒙脱石等矿物，同时夹杂石英、长石等物质，板岩吸水后，其中的黏土矿物吸水后产生体积膨胀，使得板岩发生软化，致使板岩的内部结构和胶结方式发生改变，从而使板岩更易发生蠕变变形及更快进入等速、加速蠕变阶段直至发生破坏。

（2）当板岩含水率小于 0.19%时，板岩遇水后，水对板岩蠕变特性的影响体现在加快板岩蠕变变形的进程，并未出现加速蠕变阶段；当板岩含水率大于 0.19%时，在轴压和围压作用下，板岩很快进入加速蠕变阶段，产生较大的蠕变变形直至发生破坏。因此将 0.19%定为水对板岩蠕变特性影响的分界值，但由于本次试验具有一定的随机性且岩样数量有限，所以分界值 0.19%还有待更进一步验证。

第5章 板岩隧道围岩分级

隧道围岩分级是围岩稳定性评价的基础，可为隧道支护参数设计和施工工艺提供依据，正确有效的围岩分级不仅可以保证隧道施工的安全，也能节省大量的工程投资。板溪群板岩是一种区域浅变质岩，其原岩为泥岩、页岩或凝灰岩，发生区域变质作用后，板岩的强度较其原岩有所提高，在干燥状态下可将板岩归为硬岩；但板岩在富水环境下，由于板岩富含亲水性矿物，在水的作用下板岩会表现出软化、泥化现象，其强度会急剧下降（饱和单轴抗压强度会降至30 MPa以下），此时应将板岩归为软岩。板岩具有特殊的工程地质特性，在富水条件下修建此类隧道时，围岩分级易忽略板岩软化的影响，导致围岩分级与实际情况偏差较大，因此有必要针对富水板岩隧道建立合理的围岩分级标准，以期指导类似隧道工程的设计和施工。

目前，国内外学者对于围岩分级已做了大量研究，取得了大量成果，归纳起来，主要侧重围岩分级系统的建立和围岩分级修正等两个方面。在围岩分级系统的建立方面，Zarei等（2013）考虑岩石矿物组成、岩石类型、无侧限抗压强度、埋深4种因素建立了一种涌水隧道的围岩分级系统；王建军（2013）从半定量化的角度建立了高地应力区三叠系板岩隧道围岩分级预报体系；江勇顺等（2013）通过计算机编程技术建立了山区高速公路隧道围岩智能判识系统。在围岩分级修正方面，Mohammad等（2013）考虑了地震动力因素，对Q分级系统进行了修正；武建广等（2012）在现场工程实践和试验的基础上，对隧道围岩基本分级进行了修正，着重对软岩大变形隧道的围岩分级标准进行了探讨；余莉等（2015）通过增加最大主应力方向与洞轴线夹角指标，对高地应力区隧道围岩分级进行了修正。

综上所述，国内外关于隧道围岩分级系统的建立和围岩分级修正等两方面的研究成果丰硕，但针对富水板岩隧道这一类处于特殊条件下的围岩分级，多数成果考虑了饱和单轴抗压强度，而未考虑硬质板岩在饱水后强度急剧下降的影响。实际上，当板岩隧道围岩处于富水环境下时，由于水对板岩的软化作用尤为突出，围岩分级考虑软化系数的影响显得十分必要。本章以沪昆客运专线长昆湖南段油坊坪隧道为例，结合板溪群板岩的工程地质特性，考虑岩体软化系数、岩体完整性系数、地下水、主要结构面与洞轴交角4种主控因素，运用模糊理论对富水板岩隧道进行围岩分级，研究成果可为板岩隧道的设计和施工提供参考。

5.1 板岩隧道围岩分级方法概述

5.1.1 板岩的工程地质特性

研究区分布的板岩为板溪群板岩。板溪群是由我国著名地质学家王晓青先生创名，主要分布在湖南境内。板岩是板溪群最常见的一种岩石，是一种隐晶质、岩性致密、板状劈理发育的区域浅变质岩，板理面光滑，微显绢丝光泽，变余泥质、砂质结构，板状构造，原岩可能主要为泥岩、页岩或凝灰岩，主要由石英、长石、云母及黏土矿物等组成。在无水环境下，板岩单轴抗压强度可达到 100～200 MPa，但是一旦遇水，达到饱和状态，其物理力学性质就会发生改变，板理间的易溶性、膨胀性矿物与水发生物理和化学作用，导致板岩发生崩解、膨胀、软化，同时由于黏土矿物的存在，岩体泥化作用更加显著，导致岩体整体强度急剧下降。

5.1.2 分级指标确定

由于板溪群板岩具有特殊的工程地质特性，遇水后会发生软化、膨胀、崩解、泥化作用，在富水条件下进行隧道围岩分级时除考虑基本的影响因素之外，应着重考虑板岩泥化的影响。以沪昆客运专线长昆湖南段油坊坪隧道为例，根据板溪群板岩的工程地质特性及隧道所处的地质环境，将岩石软化系数、岩体完整性系数、地下水渗流量及主要结构面与洞轴交角作为富水板岩隧道围岩分级的主控因素。

1. 岩体软化系数

岩石软化系数（η）是指岩石试件的饱和抗压强度与干抗压强度的比值，是评价水对岩石软化程度的一个指标，与岩石的矿物组成、结构、构造、孔隙率、含水率等因素有关。现今大多围岩分级方法采用的是岩石单轴饱和抗压强度，而单轴饱和抗压强度关注的是岩石在饱和状态下的强度，而忽略了水对岩石的软化作用。事实上，富水板岩隧道围岩的泥化作用十分突出，因此，将岩体软化系数作为围岩分级的主控因素之一。

2. 岩体完整性系数

岩体完整性系数（K_v）是描述岩体完整程度的重要指标。油坊坪隧道围岩板理、裂隙发育，并且在 DK387+600—DK387+660 段通过木叶溪背斜核部，于 DK388+055 处通过断层 F_{510}，在地质构造作用的影响下，岩体破碎。因此，将岩体的完整性系数作为围岩分级的主控因素之一，用于反映研究区岩体的性质与地质构造对隧道围岩分级的双重作用。

3. 地下水

地下水是造成围岩失稳的重要因素之一，特别针对板岩隧道，地下水对围岩失稳的作用尤为明显。隧道开挖后，由于临空面的存在，地下水重新分布，产生动水压力。在边墙与掌子面处形成低水头区，围岩深部形成高水头区，地下水在水头差的影响下迅速向隧道迁移，从而影响隧道围岩的稳定。选取地下水渗流量 ω（L/（min·10m））来表征地下水动水压力对富水板岩隧道围岩分级的影响。

4. 主要结构面与洞轴交角

据邓谊明等（1987）调查统计显示，在大瑶山隧道施工过程中出现了 29 次塌方，其中 22 次与结构面有关，可见结构面对围岩失稳有着重要影响。由于结构面产状不同及其与洞轴线空间组合关系的不同，导致对隧道围岩稳定的影响程度亦不同。当结构面与洞轴呈平行时，即两者交角为 0° 时，当隧道开挖后，在地应力的作用下，岩体会被强行挤出，导致围岩失稳；当结构面与洞轴垂直时，即两者交角为 90° 时，围岩最稳定，对隧道的影响最小。将主要结构面与洞轴交角 θ（°）作为表征结构面对围岩分级的影响。

5.2　围岩分级方法

由于隧道工程所处的地质环境复杂多变，围岩是难以预测和控制的岩土地质体，这样的地质体不仅呈现各向异性、非均质、非连续等特点，在一定程度上还具有不确定性和模糊性，空间上体现为不同位置围岩的地质条件存在差异，时间上体现为同一地段不同时期的围岩在力学特性上表现不同，而且隧道工程的荷载类型和破坏模式存在很大的不确定性，隧道工程设计与施工信息也呈现出不充分性与模糊性等特征。鉴于隧道工程的不确定性和模糊性，致使隧道围岩分级在指标选择、级别确定等方面依赖于经验或定性评判，而模糊理论可以很好地处理围岩分级中的模糊信息，且可操作性和实用性较强，可以实现围岩分级定量化的跨越。因此，采用模糊理论对富水板岩隧道进行围岩分级。

5.2.1　选择评价指标

以沪昆客运专线长昆湖南段油坊坪隧道为例，通过对富水板岩隧道围岩分级的主控影响因素的分析，采用岩体软化系数、岩体完整性系数、地下水渗流量及主要结构面与洞轴交角 4 个因素建立富水板岩隧道围岩分级体系。参照《岩土工程勘察规范》（GB 50021—2001）、《工程岩体分级标准》（GB/T 50218—2014）及部分学者的研究成果（曹瑞琅 等，2013；周援衡 等，2011；刘学增 等，2011；吴相金 等，2007），将围岩分为五级。富水板岩隧道围岩分级的四个主控因素评判标准如表 5-1 所示。

表 5-1　围岩分级评判标准

主控因素	围岩级别				
	I	II	III	IV	V
岩石的软化系数 η	>0.75	0.75～0.60	0.60～0.45	0.45～0.40	<0.30
岩体的完整性系数 K_v	>0.75	0.75～0.55	0.55～0.35	0.35～0.15	<0.15
地下水渗流量 ω/（L/（min·10m））	<5	5～10	10～25	25～125	>125
主要结构面与洞轴交角 θ/（°）	90～60	60～50	50～40	40～30	30～0

5.2.2 建立隶属函数

目前，大部分学者采取正态函数建立各评价指标的隶属函数（刘志祥 等，2014；祁生文 等，2011；杨纶标 等，1992）。由于属于某一个围岩级别的隶属函数是一个区间函数，然而正态函数并非区间函数，因此采用岭形分布函数建立围岩分级的隶属函数。由于各评价指标的取值均大于 0，因此，需要对原始的岭形分布函数进行改进，进而建立富水板岩隧道围岩分级的隶属函数。改进后的岭形分布函数形式为

偏小型：

$$A(x)=\begin{cases}1 & x\leqslant a_1\\ \dfrac{1}{2}-\dfrac{1}{2}\sin\dfrac{\pi}{a_2-a_1}\left(x-\dfrac{a_1+a_2}{2}\right) & a_1\leqslant x\leqslant a_2\\ 0 & x>a_2\end{cases} \tag{5-1}$$

中间型：

$$A(x)=\begin{cases}0 & x\leqslant a_1\\ \dfrac{1}{2}+\dfrac{1}{2}\sin\dfrac{\pi}{a_2-a_1}\left(x-\dfrac{a_1+a_2}{2}\right) & a_1<x\leqslant a_2\\ 1 & a_2<x\leqslant a_3\\ \dfrac{1}{2}-\dfrac{1}{2}\sin\dfrac{\pi}{a_4-a_3}\left(x-\dfrac{a_3+a_4}{2}\right) & a_3<x\leqslant a_4\\ 0 & x>a_4\end{cases} \tag{5-2}$$

偏大型：

$$A(x)=\begin{cases}0 & x\leqslant a_1\\ \dfrac{1}{2}+\dfrac{1}{2}\sin\dfrac{\pi}{a_2-a_1}\left(x-\dfrac{a_1+a_2}{2}\right) & a_1<x\leqslant a_2\\ 1 & x>a_2\end{cases} \tag{5-3}$$

式中：$0\leqslant a_1<a_2<a_3<a_4$。

由于岭形函数的图像为对称式分布，因此在改进的岭形函数中应满足 $a_4-a_3=a_2-a_1$。当某影响因素的评判值处于表 5-1 所示的两个级别的界限值时，则该影响因素属于两个级别的隶属值，均为 0.5。因此，在表 5-1 的基础上对各个影响因素构造隶属函数时，应合理地选择隶属函数的参数，保证结果的合理性。根据表 5-1 的围岩分级指标的标准值及岭形函数本身的性质，选取隶属函数的参数，如表 5-2 所示。由上述隶属函数得到的函数图像如图 5-1～图 5-4 所示。

表 5-2　隶属函数参数取值

主控因素	函数参数	围岩级别				
		I	II	III	IV	V
岩石的软化系数 η	a_1	0.70	0.55	0.40	0.25	0.25
	a_2	0.80	0.65	0.50	0.35	0.35
	a_3	—	0.70	0.55	0.40	—
	a_4	—	0.80	0.65	0.50	—
岩体的完整性系数 K_v	a_1	0.7	0.5	0.3	0.1	0.1
	a_2	0.8	0.6	0.4	0.2	0.2
	a_3	—	0.7	0.5	0.3	—
	a_4	—	0.8	0.6	0.4	—
地下水渗流量 ω	a_1	3.5	3.5	8.5	23.5	123.5
	a_2	6.5	6.5	11.5	26.5	126.5
	a_3	—	8.5	23.5	123.5	—
	a_4	—	11.5	26.5	126.5	—
主要结构面与洞轴交角 θ	a_1	62.5	52.5	42.5	27.5	27.5
	a_2	67.5	57.5	47.5	32.5	32.5
	a_3	—	62.5	52.5	42.5	—
	a_4	—	67.5	57.5	47.5	—

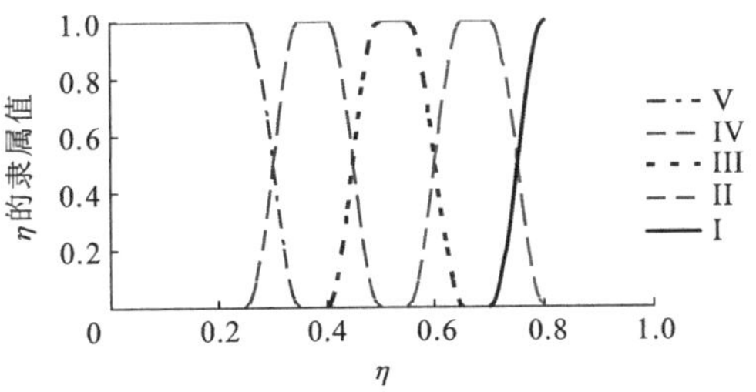

图 5-1　η 的隶属函数

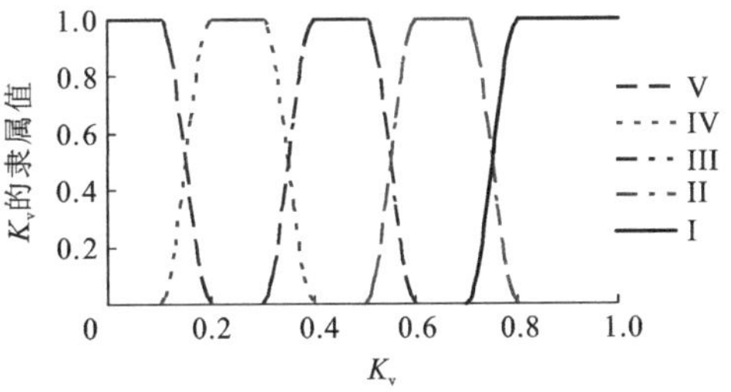

图 5-2　K_v 的隶属函数

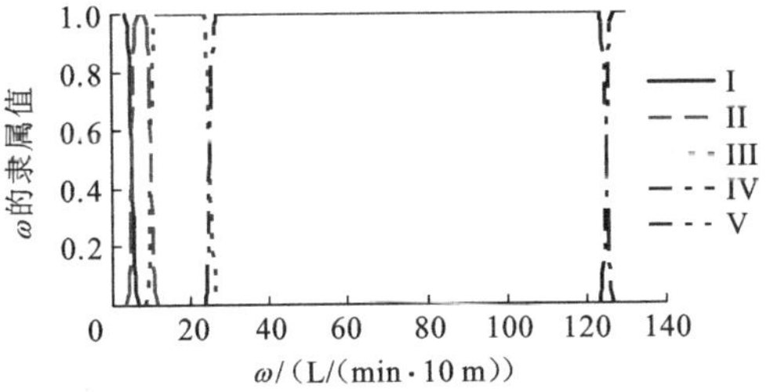

图 5-3　ω 的隶属函数

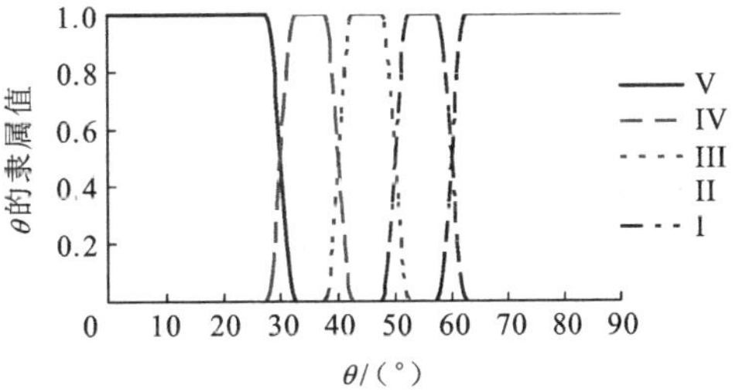

图 5-4　θ 的隶属函数

5.2.3 确定权重值

权重是模糊评价中一个重要的指标，目前大多采用专家经验法确定权重值，但这种方法主观性较强。在实际工程中，为了更好地符合客观实际，提出了一系列方法，如层次分析法（analytic hierarchy process，AHP）、灰色关联分析法、变异系数法、二元相对比较法等。采用层次分析法确定权重值，层次分析法基于将解决的问题分解为若干个互不相同的组成因素，并根据组成因素的隶属关系和关联关系的不同，把各组因素归为不同的层次，从而形成多层次的分析结构模型。

层次结构模型一般分为目标层、准则层、方案层。目标层为围岩分级，准则层为影响围岩分级的四个因素，方案层则对应着围岩的 5 个级别：I、II、III、IV、V。根据以上关系，得出围岩分级的层次结构模型，如图 5-5 所示。

为了便于各影响因素的比较，1—9 标度法将用于比较同一因素相对于上一层的重要性，判断矩阵元素 a_{ij} 的标度法如图 5-6 所示。

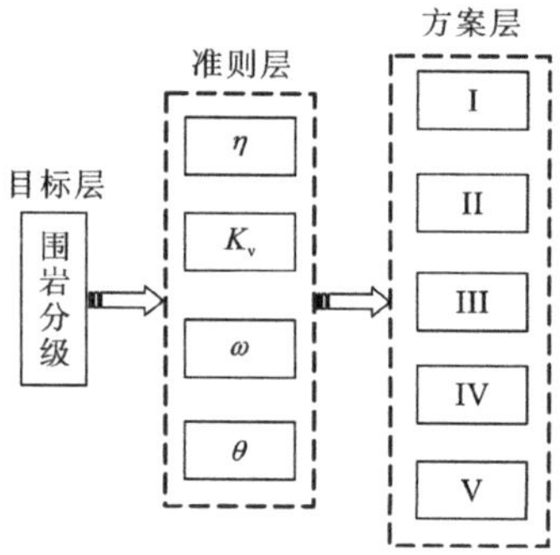

图 5-5　围岩分级层次结构模型图

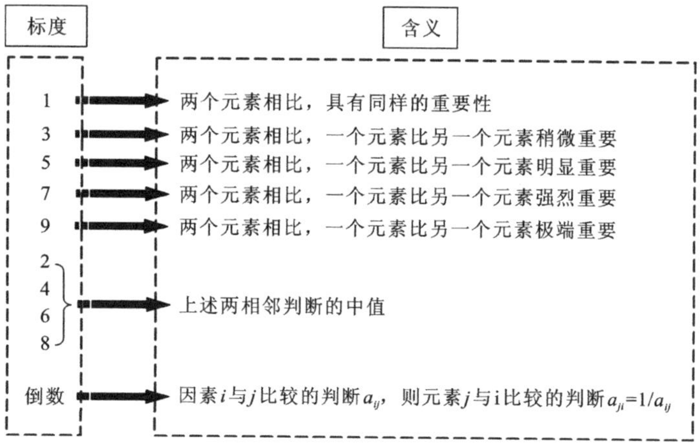

图 5-6　1—9 标度法

在分析围岩分级及其影响因素的关系后，针对各因素对围岩分级的影响程度两两进行比较，比较结果如表 5-3 所示。

表 5-3　比较矩阵 A

影响因素	η	K_v	ω	θ
η	1	3	2	7
K_v	1/3	1	1/3	3
ω	1/2	3	1	4
θ	1/7	1/3	1/4	1

方根法是一种简化近似求解矩阵特征向量和最大特征根的方法，在表 5-3 的基础上，采用方根法计算最大特征根，计算得出权重向量为

$$W=[0.4895,\ 0.1461,\ 0.3009,\ 0.0635]^{\mathrm{T}} \tag{5-4}$$

当判断矩阵 $\boldsymbol{A}$ 的元素满足 $a_{ij}\cdot a_{jk}=a_{ik}$ 时，则称矩阵 $\boldsymbol{A}$ 为一致性矩阵。由于影响某一判断的因素众多，在构造判断矩阵时，无法完全达到高度一致性，但是应保证基本一致性，此时则需对判断矩阵进行一致性检验。检验方法为

$$\text{C.I.}=\frac{\lambda_{\max}-n}{n-1} \tag{5-5}$$

式中：C.I.为一致性指标；$\lambda_{\max}$ 为最大特征根；n 为判断矩阵阶数。平均随机一致性指标 R.I.通过查表 5-4 得到。

表 5-4　平均随机一致性指标 R.I.

n	R.I	n	R.I
1	0	6	1.24
2	0	7	1.32
3	0.58	8	1.41
4	0.90	9	1.45
5	1.12		

一致性比例 C.R.按式（5-6）计算：

$$\text{C.R.}=\frac{\text{C.I.}}{\text{R.I.}} \tag{5-6}$$

当 C.R.<0.1 时，一般认为判断矩阵的一致性在认可范围之内。否则，应对判断矩阵进行适当的修正。

由式（5-4）～式（5-6），计算出 $\text{C.R.}=0.03<0.1$，通过一致性检验。

5.2.4　模糊综合评判

将围岩划分的 5 个等级分别用 $\boldsymbol{X}[i]$表示，$i=1$，2，3，4，5，分别表示 I、II、III、VI、V 级围岩，形成围岩分级矩阵。按照最大隶属原则，矩阵计算结果的最大值代表相应的围岩级别。由模糊理论得到，围岩分级矩阵为

$$\boldsymbol{X}[i]=\begin{bmatrix} r_{11} & r_{12} & r_{13} & r_{14} \\ r_{21} & r_{22} & r_{23} & r_{24} \\ r_{31} & r_{32} & r_{33} & r_{34} \\ r_{41} & r_{42} & r_{43} & r_{44} \\ r_{51} & r_{52} & r_{53} & r_{54} \end{bmatrix}\begin{bmatrix} w_1 \\ w_2 \\ w_3 \\ w_4 \end{bmatrix} \tag{5-7}$$

将式（5-4）带入式（5-7），得到围岩分级计算结果为

$$\boldsymbol{X}=[x_1,x_2,x_3,x_4,x_5] \tag{5-8}$$

根据最大隶属度原则，确定围岩级别。

5.3 应用实例

5.3.1 油坊坪隧道概况

油坊坪隧道位于湖南省怀化市芷江侗族自治县，为沪昆客运专线长昆湖南段CKTJ-IX标段的工程难点，隧道修建历时一年多。隧道全长900.76m，为3.0‰的单面下坡，最大埋深127.4m。隧道穿越板溪群砂质板岩和泥质板岩，变余砂质、泥质结构，板状构造，矿物组成主要为长石、石英、云母及黏土矿物等，风化裂隙发育，岩体破碎，易出现大变形、塌方。隧道DK388+055处发育一断层F_{510}，与洞轴以55°角相交，断层走向为230°～245°，倾角46°～50°，延伸约20m，宽度约1m，断距约5m，其地质剖面图如图5-7所示；受断层影响，断层附近岩体完整性差，呈碎裂结构，且断层附近岩体富水性较好，是地下水的富集地带，在水的催化作用下，围岩的力学强度会急剧下降。

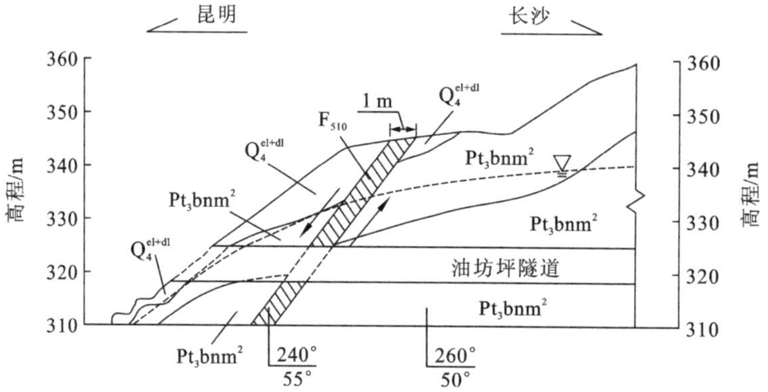

图5-7 断层F_{510}地质剖面示意图

5.3.2 油坊坪隧道围岩分级

为验证方法的合理性，将其应用于油坊坪隧道围岩分级之中。隧道各段围岩的物理力学指标，如表5-5所示。

表5-5 油坊坪隧道各段围岩的物理力学指标

序号	起止里程		长度/m	单轴饱和抗压强度/MPa	单轴干抗压强度/MPa	η	K_v	ω/（L/（min·10m））	θ/(°)
1	DK387+330	DK387+600	270	36	82	0.44	0.6	5.65×10^5	66
2	DK387+600	DK387+660	60	35	83	0.42	0.4	8.47×10^5	79
3	DK387+660	DK387+850	190	27	85	0.32	0.6	4.24×10^5	65
4	DK387+850	DK387+990	140	23	86	0.27	0.4	4.24×10^5	50
5	DK387+990	DK388+075	85	15	81	0.19	0.2	2.47×10^6	10

首先，以岩体软化系数、岩体完整性系数、地下水、主要结构面和洞轴交角为评价指标，建立各评价指标的隶属函数，并将各指标的隶属函数转化为对应的隶属度，通过式（5-4）计算出权重值并将其代入式（5-7），得出围岩分级结果，根据最大隶属度原则确定围岩级别。其次，以岩体单轴饱和抗压强度、岩体完整性系数、地下水、主要结构面和洞轴交角为评价指标，根据上述方法确定围岩级别。最后，将上述分别考虑岩体软化系数和岩体单轴饱和抗压强度得出的围岩级别与现场评定的围岩分级结果进行对比，如表 5-6 所示。

表 5-6　油坊坪隧道围岩分级结果

序号	起止里程		围岩分级计算结果	围岩级别	备注	现场情况
1	DK387+330	DK387+600	***X***=[0.063 5，0.146 1，0.169 1，0.320 4，0.300 9]	IV	考虑软化系数	III
			X=[0.063 5，0.635 6，0，0，0.300 9]	II	考虑单轴饱和抗压强度	
2	DK387+600	DK387+660	***X***=[0.063 5，0，0.192 8，0.442 8，0.300 9]	IV	考虑软化系数	IV
			X=[0.063 5，0.489 5，0.146 1，0，0.300 9]	II	考虑单轴饱和抗压强度	
3	DK387+660	DK387+850	***X***=[0.063 5，0.158 1，0.475 5，0，0.300 9]	III	考虑软化系数	III
			X=[0.063 5，0.146 1，0.489 5，0，0.300 9]	III	考虑单轴饱和抗压强度	
4	DK387+850	DK387+990	***X***=[0，0.031 8，0.177 9，0.046 7，0.743 7]	V	考虑软化系数	IV
			X=[0，0.031 8，0.667 5，0，0.300 9]	III	考虑单轴饱和抗压强度	
5	DK387+990	DK388+075	***X***=[0，0，0，0.146 1，0.853 9]	V	考虑软化系数	V
			X=[0，0，0，0.390 9，0.364 4]	IV	考虑单轴饱和抗压强度	

由表 5-6 可知，考虑岩体软化系数得到的围岩级别与现场实际情况较为接近，虽然部分地段的判断与实际情况存在偏差，但总体情况较好，存在偏差的原因是通过室内试验得到的围岩物理力学参数不能真实反映岩体的力学作用条件，导致通过模糊理论计算得到的围岩级别与现场实际情况存在偏差；考虑岩体单轴饱和抗压强度得出的围岩级别与实际情况的吻合度较差，计算结果不能真实反映现场实际的围岩级别。综上所述，与考虑单轴饱和抗压强度的富水板岩隧道围岩分级方法相比，引入软化系数的围岩分级方法更能真实评价富水板岩隧道的实际围岩级别，具有较强的实用性。

第6章 板岩隧道施工期围岩力学特性数值模拟

沪昆客运专线长昆湖南段第IX标段中隧道的开挖断面积约140 m^2，净空面积约120 m^2，属特大断面隧道。据勘察资料，隧道以板岩地层为主，其地层岩性和地质构造见第1章。根据上述对板岩水理特性和力学性质的分析，可知板岩具有与其他岩石不同的性质，尤其在特大断面隧道的施工中，包括开挖、支护等，这些施工活动会对板岩的变形和力学特征产生很大的影响。

本章在板岩水理和力学特性研究的基础上，采用数值模拟方法对板岩隧道施工期围岩力学效应进行分析，研究板岩隧道施工期围岩的应力状况和变形规律。

6.1 板岩隧道开挖与支护数值模拟

6.1.1 黏弹塑性有限元模拟基本理论

岩体不仅为一般材料，更重要的是一种地质结构体，它具有非均质、非连续、非线性以及复杂的加卸载条件和边界条件，使得岩土工程问题通常无法用解析方法简单地求解。因而，数值方法具有广泛的适用性，它不仅能模拟岩体的复杂力学与结构特性，也可分析各种边值问题和施工过程，并对工程进行预测与预报。

本章运用数值模拟对板岩隧道围岩施工期力学效应进行研究，对板岩及其加固结构随时间的各种变化全过程进行模拟分析，确定板岩及支护结构在任一施工阶段任一部位的变形场、应力场和稳定性与安全度，为优化设计方案、施工方式与方法及超前预测提供依据。

1. 黏弹塑性有限单元法基本方程

1）岩体黏弹塑性本构模型

在任意一足够小的Δt_n时段内应力增量可写为

$$\{\Delta\sigma\}_n = [D]\{\Delta\varepsilon^e\}_n \tag{6-1}$$

式中：$\{\Delta\sigma\}_n$为Δt_n时段内的应力增量；$\{\Delta\varepsilon^e\}_n$为$\Delta t_n$时段内的弹性应变增量。

对于黏弹性岩体，由流变理论有

$$\left\{\Delta\varepsilon^{\mathrm{e}}\right\}_n=\left\{\Delta\varepsilon\right\}_n-\left\{\Delta\varepsilon^{\mathrm{ve}}\right\}_n-\left\{\Delta\varepsilon^{\mathrm{vp}}\right\}_n \tag{6-2}$$

式中：$\left\{\Delta\varepsilon\right\}_n$ 为岩体在 Δt_n 时段内的全应变增量；$\left\{\Delta\varepsilon^{\mathrm{ve}}\right\}_n$ 为岩体在 Δt_n 时段内的黏弹性应变增量；$\left\{\Delta\varepsilon^{\mathrm{vp}}\right\}_n$ 为岩体在 Δt_n 时段内的黏塑性应变增量。

将式（6-2）代入式（6-1），可得到岩体黏弹塑性增量本构关系为

$$\left\{\Delta\sigma\right\}_n=\left[D\right]\left(\left\{\Delta\varepsilon\right\}_n-\left\{\Delta\varepsilon^{\mathrm{ve}}\right\}_n-\left\{\Delta\varepsilon^{\mathrm{vp}}\right\}_n\right) \tag{6-3}$$

2）岩体黏弹塑性有限元分析方程

（1）基本方程。在任一时刻，根据虚功原理可导出分析系统的增量平衡方程为

$$\sum\int_v\left[B\right]_n^{\mathrm{T}}\left\{\Delta\sigma\right\}_n\mathrm{d}v-\left\{\Delta R\right\}_n=0 \tag{6-4}$$

式中：$\left[B\right]_n$、$\left\{\Delta R\right\}_n$ 分别为 Δt_n 时段内的几何矩阵和外载荷增量矩阵。

将式（6-3）代入增量平衡方程式（6-4）中，可得到岩体黏弹塑性有限元分析方程为

$$\left[K\right]\left\{\Delta U\right\}_n=\left\{\Delta R\right\}_n+\left\{\Delta f^{\mathrm{ve}}\right\}_n+\left\{\Delta f^{\mathrm{vp}}\right\}_n \tag{6-5}$$

式中：$\left[K\right]$ 为总体刚度矩阵；$\left\{\Delta f^{\mathrm{ve}}\right\}_n$ 为由黏弹性应变增量引起的附加力；$\left\{\Delta f^{\mathrm{vp}}\right\}_n$ 为由黏塑性应变增量引起的附加力；它们的计算公式分别为

$$\left[K\right]=\sum\int_v\left[B\right]_n^{\mathrm{T}}\left[D\right]\left[B\right]_n\mathrm{d}v \tag{6-6}$$

$$\left\{\Delta f^{\mathrm{ve}}\right\}_n=\sum\int_v\left[B\right]_n^{\mathrm{T}}\left[D\right]\left\{\Delta\varepsilon^{\mathrm{ve}}\right\}_n\mathrm{d}v \tag{6-7}$$

$$\left\{\Delta f^{\mathrm{vp}}\right\}_n=\sum\int_v\left[B\right]_n^{\mathrm{T}}\left[D\right]\left\{\Delta\varepsilon^{\mathrm{vp}}\right\}_n\mathrm{d}v \tag{6-8}$$

式（6-6）～式（6-8）中的求和分别表示对所有单元、仅黏弹性单元和仅处于黏塑性状态的单元求和。

（2）黏性应变增量。在计算式（6-7）和式（6-8）之前，需先算出黏弹性应变增量 $\left\{\Delta\varepsilon^{\mathrm{ve}}\right\}_n$ 及黏塑性应变增量 $\left\{\Delta\varepsilon^{\mathrm{vp}}\right\}_n$。采用时间积分的一般公式可得

$$\left\{\Delta\varepsilon^{\mathrm{ve}}\right\}_n=\Delta t_n\left[\left(1-\Theta\right)\right]\left\{\dot{\varepsilon}^{\mathrm{ve}}\right\}_{n-1}+\Theta\left\{\dot{\varepsilon}^{\mathrm{ve}}\right\}_n \tag{6-9}$$

$$\left\{\Delta\varepsilon^{\mathrm{vp}}\right\}_n=\Delta t_n\left[\left(1-\Theta\right)\right]\left\{\dot{\varepsilon}^{\mathrm{vp}}\right\}_{n-1}+\Theta\left\{\dot{\varepsilon}^{\mathrm{vp}}\right\}_n \tag{6-10}$$

式中：Θ 为时间积分因子，当 $\Theta=0$ 时为显示法，$\Theta=1$ 时为全隐式法，$\Theta=1/2$ 时为隐式梯形法或半隐式法，其中后两种方法具有无条件稳定的特点。有限元分析可采用一般积分格式，计算中可根据需要选择 Θ 值，以获取不同时间积分法的解答；而 $\left\{\dot{\varepsilon}^{\mathrm{ve}}\right\}_{n-1}$ 和 $\left\{\dot{\varepsilon}^{\mathrm{vp}}\right\}_{n-1}$ 分别为 t_{n-1} 时刻的黏弹性应变率与黏塑性应变率，$\left\{\dot{\varepsilon}^{\mathrm{ve}}\right\}_n$ 和 $\left\{\dot{\varepsilon}^{\mathrm{vp}}\right\}_n$ 分别为 $t_n=t_{n-1}+\Delta t_n$ 时刻的黏弹性应变率和黏塑性应变率，它们均由分析时采用的流变模型确定。

3）时间步长

（1）时间步长的经验公式。隐式法和半隐式法为无条件稳定，但时间步长过大时，虽有稳定解，而解的误差随步长增加而增大。因此，在分析中，为保证计算精度，参考Zienkiewicz等（1974）、Owen等（1980）、Gioda（1981）等的研究成果，时间步长的采取采用如下计算公式

$$\Delta t'_{n+1}=k\Delta t_n,\quad \Delta t''_{n+1}\leqslant \tau\left[\frac{\bar{\varepsilon}_{n+1}}{\dot{\bar{\varepsilon}}_{n+1}}\right]_{\min}^{1/2},\quad \Delta t_{n+1}\leqslant \min\left\{\Delta t'_{n+1},\Delta t''_{n+1}\right\} \tag{6-11}$$

式中：倍数因子 k 和时间因子 τ 的取值为

$$k=1.5,\quad 0.1\leqslant\tau\leqslant 0.15 \tag{6-12}$$

式中：$\bar{\varepsilon}_{n+1}$、$\dot{\bar{\varepsilon}}_{n+1}$ 分别为 t_{n+1} 时刻的有效应变及有效应变率。

（2）时间步长的解析公式。对于显式时间积分法和 $f(F)=F$ 的线性函数，根据黏塑性流动法则的具体形式，推导求解时间步长。

对于任意一处于黏塑性状态的单元，忽略其黏弹性应变，以全量形式表示

$$\{\sigma\}_n=[D]\left(\{\varepsilon\}_n-\{\varepsilon^{\mathrm{vp}}\}_n\right) \tag{6-13}$$

$$[k]\{\delta\}_n^{\mathrm{e}}=\{R\}_n^{\mathrm{e}}+\{f^{\mathrm{vp}}\}_n^{\mathrm{e}} \tag{6-14}$$

式中：$[k]$、$\{\delta\}_n^{\mathrm{e}}$、$\{R\}_n^{\mathrm{e}}$、$\{f^{\mathrm{vp}}\}_n^{\mathrm{e}}$ 分别为 t_n 时刻单元 e 的刚度矩阵、节点位移列阵、外荷载列阵和黏塑性等效节点力列阵。

式（6-13）和式（6-14）分别对时间 t 求导得

$$\{\dot{\sigma}\}_n=[D][B]_n\{\dot{\delta}\}_n^{\mathrm{e}}-[D]\{\dot{\varepsilon}^{\mathrm{vp}}\}_n \tag{6-15}$$

$$[k]\{\dot{\delta}\}_n^{\mathrm{e}}=\{\dot{R}\}_n^{\mathrm{e}}+\{\dot{f}^{\mathrm{vp}}\}_n^{\mathrm{e}} \tag{6-16}$$

从式（6-15）和式（6-16）中消去 $\{\dot{\delta}\}_n^{\mathrm{e}}$ 得

$$\{\dot{\sigma}\}_n=[D][B]_n[k]^{-1}\left(\{\dot{R}\}_n^{\mathrm{e}}+\{\dot{f}^{\mathrm{vp}}\}_n^{\mathrm{e}}\right)-[D]\{\dot{\varepsilon}^{\mathrm{vp}}\}_n \tag{6-17}$$

由于 $\{\dot{R}\}_n^{\mathrm{e}}$ 是时间 t 的函数，$\{\dot{f}^{\mathrm{vp}}\}_n^{\mathrm{e}}$、$\{\dot{\varepsilon}^{\mathrm{vp}}\}_n$ 是时间 t、应力 $\{\sigma\}$ 和应力速率 $\{\dot{\sigma}\}$ 的函数，则式（6-17）可化简为一阶非线性偏微分方程组，求解上式数值解的一般稳定条件，可对时间步长给出如下限制。

对于莫尔-库仑材料

$$\Delta t_{\max}\leqslant\frac{\eta_2(1+\mu)(1-2\mu)F_0}{\left(1-2\mu+\sin^2\phi\right)E} \tag{6-18}$$

式中：F_0 为塑性势函数最大值。

对于德鲁克-普拉格（Drucker-Prager）屈服准则

$$\begin{cases}\Delta t'_{\max} \leqslant \dfrac{4(1+\mu)\eta_2 F_0}{3EF}\sqrt{3J_2} \\ \Delta t''_{\max} \leqslant \dfrac{\eta_2(1+\mu)(1-2\mu)(3-\sin\phi)^2 F_0}{E\left[\dfrac{3}{4}(1-2\mu)(3-\sin\phi)^2+6(1+\mu)\sin^2\phi\right]} \\ \Delta t_{\max} \leqslant \min\left(\Delta t'_{\max}, \Delta t''_{\max}\right)\end{cases} \tag{6-19}$$

式中：F 为塑性势函数；J_2 为第二偏应力不变张量。

4）围岩稳定性分析的收敛准则

围岩在某时段后，若满足

$$\left|\sum_{\text{所有高斯点}} \bar{\dot{\varepsilon}}_n - \sum_{\text{所有高斯点}} \bar{\dot{\varepsilon}}_{n-1}\right| \leqslant \text{epsa} \tag{6-20}$$

则认为在第 n 个时步终了时已满足稳定条件。

式（6-20）中 epsa 为预先给出的控制误差。围岩在某时段后，若满足式（6-20），应变率趋于零或趋于常数。对后一种情况（$\dot{\varepsilon}=$常数），根据其常应变率的量值可推算围岩失稳（出现加速变形）的时间或达到服务年限时围岩的最大位移，根据这些信息可进行适时支护，预测事故的发生。

5）有限元程序设计

根据有限元分析的基本理论以及以上给出的分析模式，可借用求解弹塑性问题的一般方法，进行相应的程序设计。在程序设计中，对时间积分可采用一般格式或半隐法和全隐法；对塑性模型提供线性和二次型屈服函数多种形式；在计算方法上，可采用各种非线性增量求解技术，将黏弹、黏塑性刚度矩阵修正项转换为等效节点力的形式，使其具备常刚度法的优点，提高计算效率；在分析功能上，可兼顾线弹性、弹塑性、黏弹、黏塑和黏弹塑性分析模块，并考虑分步开挖及支护施工步骤的模拟。每个施工步骤（如开挖、衬砌支护等）所经历的时间与整个变形过程所经历的时间相比是非常小的，因此，在分析中，认为施工步骤均在固定时间瞬时完成，且在每两个施工步骤之间采用蠕变分析，亦即每次开挖释放荷载或支护预应力向量按断面约束及施工情况在瞬时一次加载，而后进入蠕变分析。除第一个施工步骤在 $t=0$ 时瞬时完成外，以后其他施工步骤均在预先规定的任意一时刻或在计算中选择最有利的时刻进行。此后，又进入蠕变分析，直到达到系统稳定或处于稳定蠕变阶段或满足工程要求为止。黏弹塑性有限元分析流程如图 6-1 所示。

2. 岩体屈服准则和流动法则

1）屈服准则

在 ANSYS 程序中，选用德鲁克-普拉格（Drucker-Prager，DP）材料，DP 材料是一种适用于模拟混凝土、岩石和土的材料。DP 材料选项使用卓柯-普拉格准则，卓柯-普拉格准则是一种考虑静水压力影响的强度准则，是米塞斯（Mises）条件的推广。

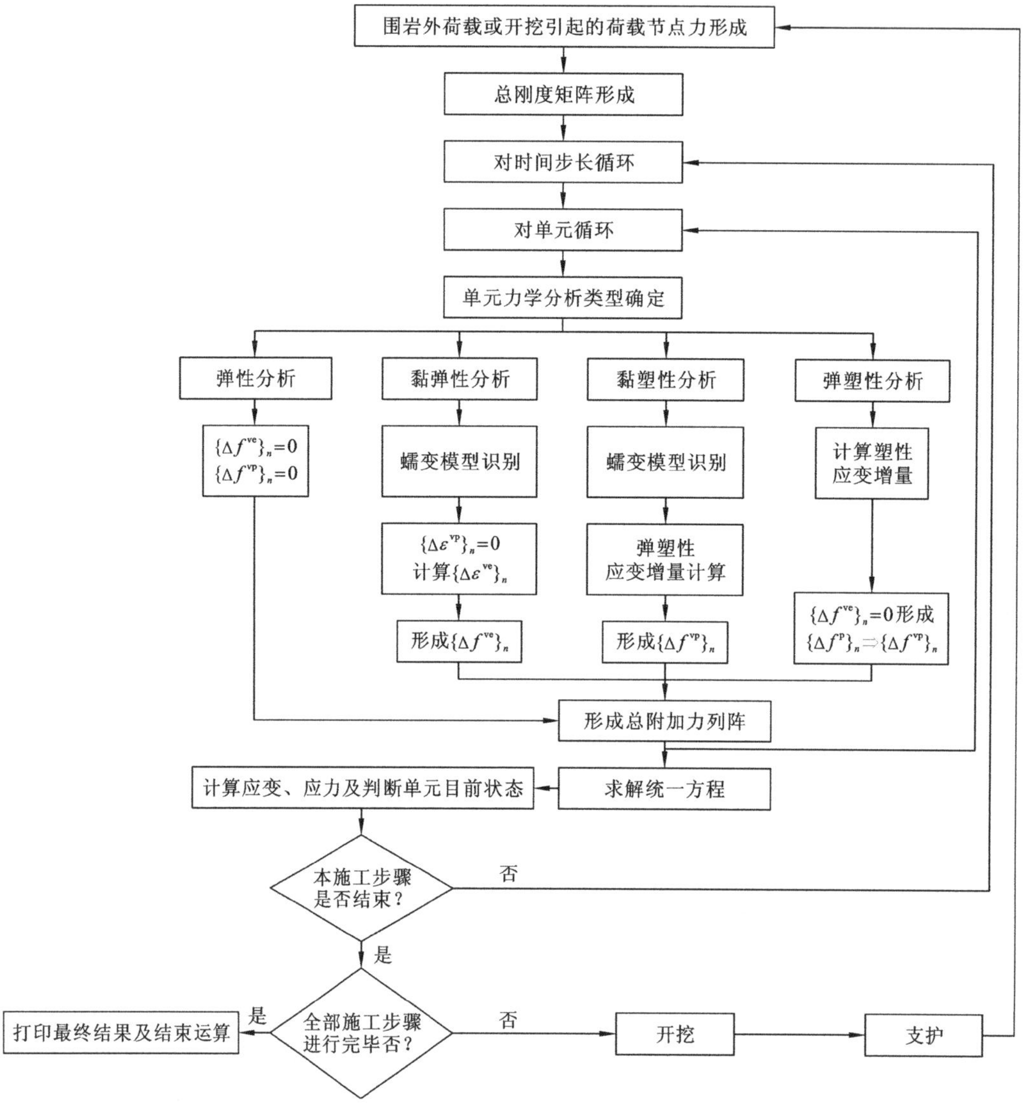

图 6-1 黏弹塑性有限元分析流程图

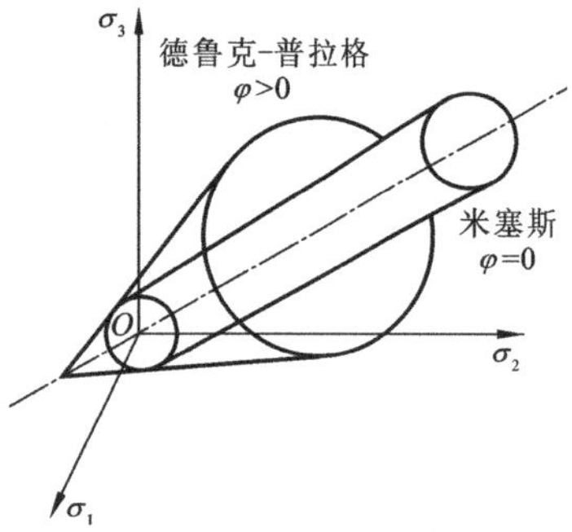

图 6-2 主应力空间中德鲁克-普拉格屈服准则

德鲁克-普拉格屈服准则（图 6-2）的函数形式为

$$f=\alpha I_1+\sqrt{J_2}-K=0 \tag{6-21}$$

式中：$I_1=\sigma_1+\sigma_2+\sigma_3$；$\alpha$ 和 K 均为正的材料常数，它们与黏聚力 c 和和内摩擦角 φ 的关系取决于圆锥面与六棱锥之间的相互关系。

在应力空间中，若德鲁克-普拉格屈服准则的屈服面是一个莫尔-库仑六边形锥体的外接圆锥，则

$$\alpha=\frac{2\sin\varphi}{\sqrt{3}(3-\sin\varphi)},\quad K=\frac{6c\cos\varphi}{\sqrt{3}(3-\sin\varphi)} \tag{6-22}$$

若德鲁克-普拉格屈服准则的屈服面是一个莫尔-库仑六边形锥体的内切圆锥，则

$$\alpha=\frac{2\sin\varphi}{\sqrt{3}(3+\sin\varphi)},\quad K=\frac{6c\cos\varphi}{\sqrt{3}(3+\sin\varphi)} \tag{6-23}$$

2）流动法则

根据流动法则建立弹塑性材料的本构关系，所谓流动法则，就是塑性应变增量与应力偏量之间的关系。

对于弹塑性材料

$$\left\{\mathrm{d}\varepsilon^{\mathrm{p}}\right\}=\mathrm{d}\lambda\frac{\partial g}{\partial\{\sigma\}} \tag{6-24}$$

式中：$g=g(\{\boldsymbol{\sigma}\})$ 是塑性势函数，$\mathrm{d}\lambda$ 是非负的标量比例系数，随荷载加载过程及点的位置而变化，在同一荷载和同一点位置处，对各个方向而言是常数。$\mathrm{d}\lambda$ 可用下式表示

$$\{\mathrm{d}\lambda\}=\frac{1}{A}\left(\frac{\partial f}{\partial\{\sigma\}}\right)^{\mathrm{T}}\{\mathrm{d}\sigma\}=-\frac{1}{A}\frac{\partial f}{\partial H}\mathrm{d}H \tag{6-25}$$

当 $H=W_{\mathrm{P}}$ 时

$$A=\frac{\partial f}{\partial W_{\mathrm{P}}}\{\sigma\}^{\mathrm{T}}\frac{\partial f}{\partial\{\sigma\}}$$

当 $H=\varepsilon^{\mathrm{p}}$ 时

$$A=\frac{\partial f}{\partial\varepsilon^{\mathrm{p}}}\sqrt{\left(\frac{\partial f}{\partial\{\sigma\}}\right)^{\mathrm{T}}\frac{\partial f}{\partial\{\sigma\}}}$$

当 $H=\theta^{\mathrm{p}}$ 时

$$A=\frac{\partial f}{\partial\theta^{\mathrm{p}}}I^{\mathrm{T}}\frac{\partial f}{\partial\{\sigma\}}$$

式中：A 为强化参数 H 的函数，H 为强化参数，f 为屈服条件函数。

若塑性势函数为材料的屈服函数，则式（6-24）转化为

$$\left\{\mathrm{d}\varepsilon^{\mathrm{p}}\right\}=\mathrm{d}\lambda\frac{\partial f}{\partial\{\sigma\}} \tag{6-26}$$

式（6-26）就是关联流动法则。此时，塑性势面就等同于屈服面。目前在岩土工程非线性分析中，大多采用的是相关联的流动法则。

3. 隧道施工过程的模拟

岩体变形过程中发生各种施工活动，包括开挖、喷射混凝土，锚喷支护和衬砌等。当这些施工活动与变形持续时间相比很短时，可在变形分析过程中某一冻结时间进行模拟；而当施工作业所需时间较长时，应将施工所引起的力学和结构效应按实际持续时间逐渐加入控制方程中。这种情况下，需在施工作业的时间内，每个时步均应对总体方程进行增量荷载和刚度矩阵的改变。在进行有限元分析前，确定离散化网格时，应充分考虑施工建造过程的各种变化，使得在数值分析过程中能适时适量施加增量荷载，逐步改变研究体系结构，较有效地模拟隧道的施工过程。

1）开挖模拟方法

对隧道围岩在某时刻或某若干时步内因开挖导致沿开挖边界各点产生应力释放，由此而引起的力学效应可采用“反转应力释放法”来模拟。在 t 时刻进行开挖时，可由开挖边界所有临空单元中的应力计算等效节点力，当采用直接积分方法时，形成释放荷载的等效节点力为

$$\left\{R_{jm}\right\}=\sum_{i=1}^{N}\int_{V_i}\left[B\right]_i^{\mathrm{T}}\left\{\sigma\left(t\right)\right\}\mathrm{d}V \tag{6-27}$$

式中，$\left\{R_{jm}\right\}$ 为在 t 时刻（某次）开挖释放荷载的等效节点力列阵，初次开挖时按初始地应力场计算，其后各开挖步由当前应力状态计算；N 为开挖边界临空单元的总数目；V_i 为第 i 个临空单元的体积；$\left[B\right]_i^{\mathrm{T}}$ 为第 i 个单元的几何矩阵的转置；$\left\{\sigma\left(t\right)\right\}$ 为时间 t 时将要开挖的单元的应力值。

将 $\left\{R_{jm}\right\}$ 作为有限元控制方程的外荷载，同时，采用平面有限元法模拟开挖效应时，考虑掌子面空间效应的影响。在平面有限元分析模拟空间效应时，开挖瞬时，认为开挖荷载只释放了一部分。随着掌子面的不断推进，仍有一部分的开挖释放荷载要逐渐释放。当紧跟掌子面采用喷射混凝土或锚喷支护时，在支护施作后，支护将承受其中的部分释放荷载。在有限元模拟分析时，采用荷载释放系数来控制支护在不同阶段、距掌子面距离的远近对有限元方程施加适当荷载。分析断面距掌子面距离与荷载释放系数的一般估计值见表 6-1（王芝银 等，2008）。

表 6-1　掌子面距量测断面距离 s 与释放系数 α 的关系

	s					
	0	0.25D	0.5D	1.0D	1.5D	2.0D
α	0.25～0.65	0.65～0.80	0.80～0.90	0.90～0.95	0.95～0.97	0.97～1.00

D 为洞径

模拟开挖除考虑释放荷载外，还将有限元网格中挖去的单元“死”掉，使单元的弹性模量趋近于零值。然后组建新的刚度方程，计算由开挖引起的应力、应变和位移增量，与相应的开挖前的各物理量叠加得到开挖后的应力、应变和位移。

模拟分步开挖过程的有限元方程可写为

$$\left(\left[K_0\right]-\left[K_{rj}\right]\right)\left\{\Delta U_j\right\}=\left\{\Delta R_{jm}\right\}+\left\{\Delta R_{jn}\right\}\quad\left(j=1,2,\cdots,M\right) \tag{6-28}$$

式中：M 为分步开挖施工的总步数；$\left[K_0\right]$为 t 时刻开挖前工程岩体系统的总刚度矩阵；$\left[K_{rj}\right]$为分步开挖过程中第 j 次开挖单元和拆除支护结构单元的刚度矩阵；其值为挖去的岩土体单元和拆除支护结构单元的刚度矩阵总和；$\left\{\Delta R_{jm}\right\}$是在 t 时刻（某次）开挖释放荷载的等效节点力 R_{jm} 的增量值，是本步分析围岩释放的荷载值，在开挖瞬时，$\left\{\Delta R_{jm}\right\}=\alpha R_{jm}$，$\alpha$ 是模拟空间效应的释放系数；$\left\{\Delta R_{jn}\right\}$是施工过程中其他外力或各种附加力（包括流变、塑性迭代等）形成的结点增量荷载矩阵；$\left\{\Delta U_j\right\}$是 t 时刻外部作用包括施工产生的结点增量位移矩阵。

2）喷射混凝土和衬砌支护模拟

对于锚喷、喷射混凝土和二次衬砌等支护施工，将相应的有限元网格单元激活，对相应的单元赋予支护结构的弹性模量参与计算，并施加前一步开挖未释放、实际工程由本次施作支护应该承担的荷载及新增单元的自重荷载。因此，支护施工包含两个部分，即整体刚度的改变和新增单元自重荷载的增加。

模拟支护分步施工过程中某步 t 时刻的有限元方程可写为

$$\left(\left[K_0\right]+\left[K_{pj}\right]\right)\left\{\Delta U_j\right\}=\left\{\Delta R'_{jm}\right\}+\left\{\Delta R_{jn}\right\} \tag{6-29}$$

式中：$\left\{\Delta R'_{jm}\right\}$ 为 t 时刻（某次）支护前一步开挖施工形成的 $\left\{R_{jm}\right\}$ 在本步释放的增量值以及本施工步新增单元自重等的等效节点力；$\left[K_{pj}\right]$ 为分步施工中第 j 次支护结构单元刚度矩阵，其值为本次设置支护结构单元刚度的总和。

喷射混凝土或锚喷支护通常是紧跟掌子面进行施工，因此可以把它与围岩作为一体来考虑，采用梁单元或薄层单元来模拟。采用梁单元的优点是可以得出喷层的轴力、剪力和弯矩，并根据各截面的内力计算出喷层外边缘的应力，以此对喷层所处的状态进行判断。对于很薄的喷层，考虑实际喷层主要受轴向压力作用的特点，可近似地用轴力杆单元模拟。

3）增加荷载的模拟

分步开挖施工中有时仅有外荷载或未释放完的开挖荷载增量需要模拟分析，此时，可在本步计算或本时步的荷载项增加增量荷载即可，分析方程为

$$\left[K_0\right]\left\{\Delta U_j\right\}=\left\{\Delta R'_{jm}\right\}+\left\{\Delta R_{jn}\right\} \tag{6-30}$$

式中：$\left\{\Delta R'_{jm}\right\}$ 是本步计算时前一步开挖施工形成的 $\left\{R_{jm}\right\}$ 在本步释放的增量值以及本计算步或时步新增荷载的等效节点力。

6.1.2　ANSYS 模拟隧道开挖过程实现

1. 施工过程模拟

对隧道工程进行结构分析时，不仅要关注修建后隧道结构和围岩的稳定性，而且还要关注每个施工阶段中围岩和尚未完成的结构的变形和受力情况。根据新奥法的基本思想，隧道开挖后，围岩从变形到破坏有一个时间历程，包括掌子面向前推进围岩应力逐步释放的时间效应和围岩介质的流变效应，如能适时地构筑支护结构，使围岩与支护结构共同形成坚固的承载环，就能保证整个结构系统的稳定。因此，要想真实地模拟隧道开挖与支护的整个施工作业流程，不仅要考虑围岩介质的复杂性态，施工作业方式，包括分部开挖步序，支护结构形式和施作时机，而且要考虑开挖面推进过程中的空间效应，为此必须建立空间模型，并考虑时间因素的影响，可采用适当简化的模型，以尽量逼近真实原型。

2. 初始地应力模拟

在 ANSYS 中，有两种方法可用来模拟初始地应力。一种方法是只考虑岩体的自重应力，忽略其构造应力，在分析的第一步，首先计算岩体的自重应力场。这种方法计算简单方便，只需给出岩体的各项参数即可计算。不足之处在于计算出的应力场与实际应力场有偏差，而且岩体在自重作用下还产生了初始位移，在继续分析后续施工工序时，得到的位移结果是累加了的初始位移的结果，而现实中初始位移早就结束，对隧洞的开挖不产生影响，因此在以后的每个施工阶段分析位移场时，需减去初始位移场。另一种方法是在进行结构分析时，ANSYS 中可以使用输入文件将初始应力指定为一种载荷，因此当具有实测的初始地应力资料时，可将初始地应力写成初始应力载荷文件，然后读入 ANSYS 作为载荷条件，就可直接进行第一步的开挖计算。所得应力场和位移场就是开挖后的实际应力场和位移场，无须进行加减。

3. 开挖与支护过程模拟

在 ANSYS 中，可以用杀死和激活单元来模拟材料的消去和添加，利用 ANSYS 这种单元的生死功能，便可以简单有效地模拟隧道的开挖和支护过程。

ANSYS 中，所谓单元的“生和死”，是指分析过程中模型中的某些单元可以变得存在或消亡。对于死的单元，程序将通过用一个很小的因子（使用命令 ESTIF 来设置，此因子的缺省值为 1.0×10^{-6}）乘以单元的刚度，在荷载矢量中，和这些“死”单元相联系的单元荷载也被设置为 0。对于“死”单元，质量、阻尼、比热和其他的类似影响也被设置为 0，单元的应变也被设置为 0。隧道开挖时，可直接选择将被开挖掉的单元，然后将其杀死（ekill），即可实现开挖的模拟。

施作支护时，可首先将相应支护部分在开挖时被杀死的单元激活（ealive），然后改变其材料性质属性。当单元被重新激活时，它的刚度、质量和单元荷载等返回原始值，但是没有应变记录。以实常数形式定义的初始应变，则不受单元生死选项的影响。不使用大变形效应时，单元将在原始位置被激活，打开大变形效应时，为了和当前的节点位置相匹配，单元的形状被改变。在一些情况下，单元的生死状态可以根据 ANSYS 的计算结果来决定，如应力、应变等。利用这一功能，在模拟过程中根据计算结果，可以将超过许用应力或许用应变的单元杀死，以此来模拟围岩或结构的破坏。

ANSYS 单元生死功能在杀死或激活单元时，对单元的内在属性，如应力、位移等，作了有效的处理。因此使用单元的生死功能来模拟隧道的开挖和支护，比单纯使用“空单元”模拟开挖和改变材料号来模拟支护更为准确，结果更为可靠。

4. 连续开挖模拟

ANSYS 程序中的载荷步（load step）功能可以实现不同工况间的连续计算，用来模拟隧道的连续施工过程。首先建立整体有限元模型，包括将来要杀死或激活的部分，模拟的过程中不需重新划分网格。在一个载荷步计算结束后，可直接进行下道工序的施工；然后“杀死”（开挖）或激活（支护）单元，改变虚拟支撑力等，并求解计算。如此继续直到施工结束。需要注意的是，整个连续计算过程应在求解器中完成。若在每一载荷步求解完成后进入通用后处理器，以便及时察看每一工序的计算结果，应在开始计算之前设置重启动选项，避免破坏分析的连续性。

6.1.3　应用实例

数值模拟的精度取决于两个方面：一是对研究区地质情况的了解程度，包括地层岩性、地质构造、不良地质现象和水文地质等；二是对岩土体物理力学性质的研究深度，包括岩土体在复杂环境下的物理性质、水理性质、热学性质、变形性质和强度性质等。第 3～5 章对板岩的一定应力状态下的水理特性和物理力学特性进行了深入的研究，保证了数值模拟的精度。

本小节选取沪昆客运专线长昆湖南段第Ⅸ标段姚家隧道为研究对象，该隧道以板岩地层为主，包括凝灰质板岩和砂质板岩。隧道总长 6 995 m，板岩地层的长度为 6 090 m，占总长度的 87%，因此选取姚家隧道研究板岩隧道施工期围岩力学效应具有很强的代表性。

1. 工程概况

拟建沪昆铁路客运专线长昆湖南段姚家隧道位于湖南省芷江县土桥乡，隧道进口位于黄家垄村，途经毛家冲、张家冲、白栗树、毛家垄和黄栗坳等村，出口位于范家冲村，起讫里程为：DK380+115～DK387+070，全长 6995 m，隧道最大埋深约 247 m。

研究区地貌单元属受长期剥蚀切割作用的低山地区，沿线地形起伏较大，地形陡峻，坡度一般为 20°～35°，陡的可达 70° 以上，相对高差约 304 m。地表植被较茂密，地表多为林地、荒坡和冲沟，局部地段为种植用地。隧道含 2 个斜井，施工时隧道共有 5 个工作面。进出口地段均为山坡，进口处地面自然坡度 45°，出口处地面自然坡度 50°。姚家隧道进口、出口、1 号斜井和 2 号斜井洞口见图 6-3～图 6-6。

图 6-3　姚家隧道进口

图 6-4　姚家隧道出口

图 6-5　姚家隧道 1 号斜井洞口

图 6-6　姚家隧道 2 号斜井洞口

1）地层岩性

根据区域地质资料、地质调绘结果和钻探揭露，研究区除局部地段地表覆盖层为第四系全新统坡洪积层（Q_4^{dl+pl}）外，其余大部分地段基岩出露，基岩为元古界板溪群马底驿组（P_{tbnm}^3）岩层，其岩性特征分述见表 6-2。

表 6-2　岩性特征表

时代				成因	岩性特征	厚度/m
系	统	组	段			
第四系	全新统	—	—	Q_4^{dl+pl}	粉质黏土：黄褐色，软塑-硬塑，夹少量细角砾土，局部地段上部见少量植物根茎	1～5
第四系	全新统	—	—	Q_4^{dl+pl}	细角砾土：灰褐色，稍密-中密，稍湿，呈棱角状，角砾含量在 60%～70%，夹少量黏土，粒径在 10～20 mm	1～4
第四系	全新统	—	—	Q_4^{dl+pl}	粗角砾土：灰褐色，稍密，稍湿，呈棱角状，角砾含量在 65%，夹少量黏土，粒径在 20～50 mm	1～3
第四系	全新统	—	—	Q_4^{dl+pl}	碎石土：灰褐色，稍密，稍湿，呈棱角状，碎石含量在 65%，粒径在 60～85 mm	1～2
元古界	板溪群	五强溪	一段	P_{tbnm}^1	含砾砂岩：灰色，主要由长石、石英等矿物组成，含少量砾石，砾石含 25%，成分以灰岩及板岩为主，块状结构	41.6
元古界	板溪群	五强溪	一段	P_{tbnm}^1	砂质板岩：灰褐色，主要由砂质矿物变余形成，变余砂质结构	3～35
元古界	板溪群	马底驿	三段	P_{tbnm}^3	板岩：褐黄色，中等风化，主要由黏土矿物、砂质矿物变余形成，板状构造，节理裂隙发育，岩体破碎，产状 48° ∠71°	8
元古界	板溪群	马底驿	三段	P_{tbnm}^3	砂质板岩：灰白、青灰色，变余砂质结构，板状构造，强风化层岩体破碎、岩质极软，中等风化层岩体破碎～较完整，岩质较硬，节理裂隙发育～较发育，产状 78° ～359° ∠6° ～72°	>300
元古界	板溪群	马底驿	三段	P_{tbnm}^3	凝灰质板岩：灰褐、灰黑、灰绿色，板状构造，强风化层岩体破碎、岩质极软，中等风化层岩体破碎～较完整，岩质较硬，节理裂隙发育～较发育，产状 20° ～317° ∠6° ～72°	>300
元古界	板溪群	马底驿	三段	P_{tbnm}^3	凝灰岩：灰绿色，中等风化，凝灰结构，块状构造，晶屑以石英、长石及少量暗色矿物组成，玻屑含量 3～10%，玻璃质。岩石坚硬，厚层～巨厚层状	35～60
元古界	板溪群	马底驿	三段	P_{tbnm}^3	白云岩：灰、灰白色，主要由碳酸盐类矿物组成，岩体表面较多溶孔，溶蚀现象明显，强风化岩体较破碎，中等风化岩体较完整。岩质坚硬，节理裂隙发育～较发育，产状 71° ∠48°	50～100

2）地质构造

姚家隧道位于木叶溪复式背斜北端，木叶溪复式背斜位于新晃到芷江一带，轴线呈北北东 50°～60°，研究区出露地层核部及两翼均为板溪群马底驿组三段。岩层倾角在 50°以上，形成陡立的线状褶曲，与此同时，在木叶溪复式背斜的北部，分水坳压扭性断裂以 20°夹角穿越线路。

分水坳压扭性断裂与隧道相交于里程 DK380+970～DK381+020，走向北北东，倾向南东，产状 158°∠65°，断层破碎带的宽度为 6～50 m，常见强烈挤压、破碎和片理化。该处经物探证实，低阻异常。

3）水文地质

研究区内地表水系不发育，主要地表水水体为山间沟谷里的流水。沟谷流水主要受大气降水补给和基岩裂隙水向外排泄补给，水量随季节变化较大。

地下水根据地下水赋存条件、含水介质及水力特征，可将研究区地下水分为以下类型。

（1）第四系松散岩类孔隙潜水。主要赋存于土石界面以上及山坡地带坡洪积层中，该层透水性较好，主要由大气降水补给，雨季含水较丰富，旱季相对较贫乏，季节性变幅明显。经短途运移，排泄地形低洼处，总体水量较贫乏。

（2）元古界基岩裂隙水。露岩性为凝灰质板岩、砂质板岩、板岩和白云岩，近地表段风化裂隙发育，以微张细小裂隙为主，透水性和含水性一般，富水性较差，接受大气降雨和第四系松散岩类孔隙水下渗补给，水量较贫乏，季节性变化明显，顺坡向沟谷洼地、溪沟排泄。

（3）岩溶水。分布于岩溶裂隙中，岩溶裂隙以较小张开为主，透水性和含水性一般，富水一般，接受大气降雨和第四系松散岩类孔隙水下渗补给，水量一般，主要顺岩石裂隙排泄。

（4）断裂构造带中的构造裂隙水。隧道区发育的断裂破碎带，断裂平面上延伸较长，切割错动地层，长期接受大气降水和地下水的下渗补给，含水量较丰富。破碎带内岩石胶结较好，裂隙宽度较小，使其富水性和透水性不均匀。研究区内大部钻孔均遇见地下水，在钻孔内测得地下水稳定水位埋深介于 0.40～90.00 m，标高介于 345.15～520.40 m，地下水位变幅在 0.5～1.5 m。

2. 计算范围和边界条件

隧道设计净跨度为 14.62 m，净高度为 8.80 m。一般认为，隧道开挖引起的围岩分布应力范围为 6 倍的洞室半径，在该范围以外，不受开挖的影响。因此，将计算范围定为 6 倍的洞室半径。据此，数值模拟的地层范围为：隧道中心线至左、右边界的距离各取 60 m，得出模型的宽度为 120 m；下边界到洞底的距离取 30 m，隧道埋深的取值因不同的地形地貌而不同。

边界条件的选择对计算结果有较大的影响，因此选择正确的边界条件显得非常重要。在的计算模型中，模型的上表面取自由边界，不施加约束；对模型的左、右表面施加 X 方向的约束；对模型的下表面施加完全约束。

3. 计算假定

采用二维平面应变模型非线性方法进行模拟。根据隧道围岩特征，数值模拟采用德鲁克-普拉格屈服准则。考虑各种因素的影响，所采取的计算假定如下：

（1）初始应力场只考虑自重应力（因为研究区属低地应力区，构造应力强度较低）;

（2）初期支护只考虑锚杆、钢拱架和喷射混凝土的共同作用;

（3）初期支护完成后释放 70%，至二次衬砌完成后全部释放;

（4）忽略防水板，认为喷射混凝土和二次衬砌直接接触。

4. 计算参数的选取

根据前期勘察报告、第 2～4 章试验结论及隧道设计方案，计算参数的选取见表 6-3 和表 6-4。

表 6-3　支护结构参数（III 级围岩）

围岩类别	喷射混凝土厚度/mm		钢筋网（拱墙）		锚杆（拱墙）			二次衬砌厚度/mm	
	拱墙	仰拱	网格间距/cm	直径/mm	长度/m	直径/mm	间距环×纵/m	拱墙	仰拱
III	120	0	25×25	6	3	22	1.2×1.5	400	500

表 6-4　有限元计算参数（III 级围岩）

材料名称	参数值
C25 喷射混凝土	$E=28$ GPa，$\mu=0.2$，$\gamma=23.5\text{kN/m}^3$
钢筋网	$E=210$ GPa，$D=0.6$cm
锚杆	$E=200$ GPa，$D=2.2$cm，$L=300$cm
C35 二次衬砌	$E=31.5$ GPa，$\mu=0.2$，$\gamma=24\text{kN/m}^3$
围岩（板岩）	$E=46.55$ GPa，$\mu=0.19$，$\gamma=27.50\text{KN/m}^3$，$c=2.07$ MPa，$\phi=53°$

5. 计算模型的建立

本小节选取姚家隧道里程 DK384+080 处为分析研究的对象，此处隧道埋深约为 100 m，为凝灰质板岩。第 3～5 章所研究的板岩试样也在里程 DK384+080 附近采取，因此选取此断面进行数值模拟具有一定的代表性。

在建模过程中，围岩、隧道顶部围岩加固区（加固范围只有边墙和拱顶，仰拱范围没有）采用平面二维 4 节点等参单元（plan42），初期支护采用平面梁单元（beam3），网格密度依据从外边界围岩到隧道结构由疏到密的原则（element edge length 为 0.5）选取。隧道衬砌结构与围岩接触部位采用细密单元。经过有限元网格划分共生成 2 250 个应变等参元和 2 170 个节点。有限元计算模型和单元网格划分情况如图 6-7 和图 6-8 所示。

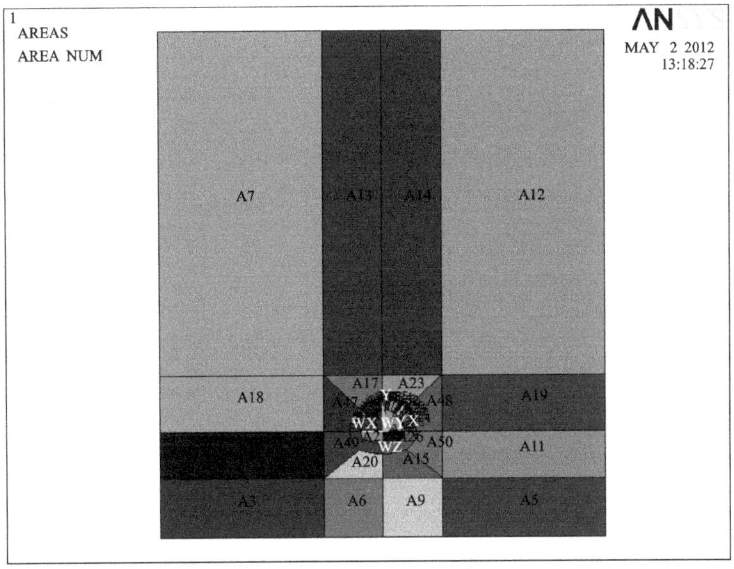

图 6-7　有限元计算模型

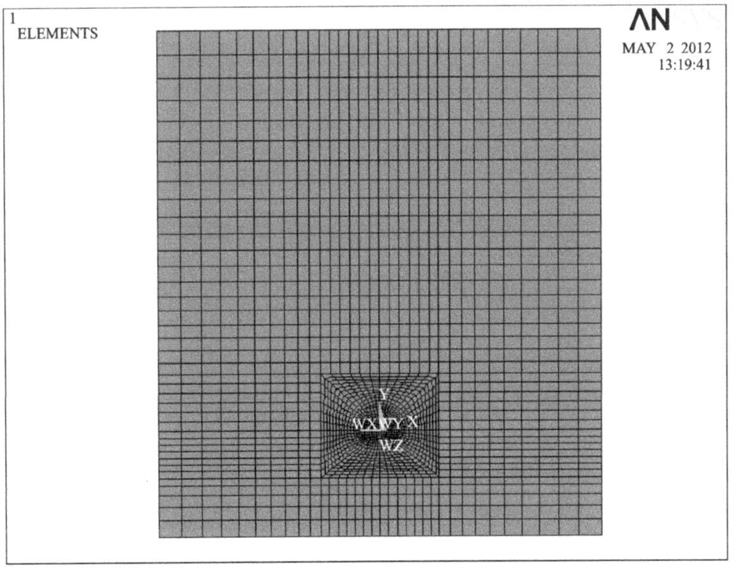

图 6-8　单元网格划分图

6. 伯格斯黏弹塑性模型参数在 ANSYS 中的实现

第 4 章通过蠕变试验和理论计算得出了板岩的伯格斯本构模型参数（表 4-3），但在 ANSYS 软件的分析计算过程中，无法直接输入这些参数，需要将这些参数转化为剪切模量的 prony 级数形式（胡曼，2011；汪凡，2009；郭大智 等，2001）。

首先将弹性模量转化为剪切模量，转化公式为

$$G_1 = \frac{E_1}{2(1+\mu)} \tag{6-31}$$

$$G_2=\frac{E_2}{2(1+\mu)} \tag{6-32}$$

伯格斯本构模型的畸变部分本构方程为

$$s_{ij}+p_1\dot{s}_{ij}+p_2\dot{s}_{ij}=q_1\dot{e}_{ij}+q_2\ddot{e}_{ij} \tag{6-33}$$

式中：$p_1=\frac{\eta_1}{G_1}+\frac{\eta_1+\eta_2}{G_2}$；$p_2=\frac{\eta_1\eta_2}{G_1G_2}$；$q_1=2\eta_1$；$q_2=\frac{2\eta_1\eta_2}{G_2}$。

对式（6-33）两边做拉普拉斯积分变换，得

$$\left(1+p_1s+p_2s^2\right)\bar{\sigma}(s)=\left(q_1s+q_2s^2\right)\bar{\varepsilon}(s) \tag{6-34}$$

为了得到松弛模量，令 $\varepsilon=\varepsilon_0H(t)$，将 $\bar{\varepsilon}(s)=\varepsilon_0/s$ 代入式（6-34），得

$$\bar{\sigma}=\frac{q_1s+q_2s^2}{\left(1+p_1s+p_2s^2\right)s}\varepsilon_0 \tag{6-35}$$

而 $\bar{\sigma}=\bar{Y}(s)\varepsilon_0$，与式（6-35）对比可知

$$\bar{Y}(s)=\frac{q_1s+q_2s^2}{\left(1+p_1s+p_2s^2\right)s} \tag{6-36}$$

即为松弛函数的拉普拉斯积分变换式。

对式（6-36）进行拉普拉斯积分反变换，则可获得松弛变量：

$$Y(t)=\frac{2G_1}{\alpha-\beta}\left[\left(\frac{G_2}{\eta_2}-\beta\right)\mathrm{e}^{-\beta t}-\left(\frac{G_2}{\eta_2}-\alpha\right)\mathrm{e}^{-\alpha t}\right] \tag{6-37}$$

式中：$\alpha=\frac{p_1+\sqrt{p_1^2-4p_2}}{2p_2}$；$\beta=\frac{p_1-\sqrt{p_1^2-4p_2}}{2p_2}$。

根据郭大智等（2001）的研究成果，剪切模量为松弛变量的 1/2，即

$$\begin{aligned}G(t)=0.5Y(t)&=\frac{G_1}{\alpha-\beta}\left[\left(\frac{G_2}{\eta_2}-\beta\right)\mathrm{e}^{-\beta t}-\left(\frac{G_2}{\eta_2}-\alpha\right)\mathrm{e}^{-\alpha t}\right]\\&=G_\infty+G_0\left(g_1\mathrm{e}^{-\frac{t}{\tau_1}}+g_2\mathrm{e}^{-\frac{t}{\tau_2}}\right)\end{aligned} \tag{6-38}$$

式中：$G_\infty=0$；$G_0=G_1$；$g_1=\frac{1}{\alpha-\beta}\left(\frac{G_2}{\eta_2}-\beta\right)$；$g_2=\frac{-1}{\alpha-\beta}\left(\frac{G_2}{\eta_2}-\alpha\right)$；$\tau_1=\frac{1}{\beta}$；$\tau_2=\frac{1}{\alpha}$。

g_1、g_2、τ_1和τ_2为伯格斯本构模型在 ANSYS 软件中要输入的 prony 级数参数。将表 5-3 中的模型参数代入g_1、g_2、τ_1和τ_2的计算公式中，得出了 prony 级数参数，见表 6-5。

表 6-5　伯格斯本构模型在 ANSYS 软件中要输入的 prony 级数参数

伯格斯本构模型参数				prony 级数参数			
E_1/GPa	E_2/GPa	η_1/（GPa/h）	η_2/（GPa/h）	g_1	g_2	τ_1	τ_2
12.18	26.38	89.11	33.50	0.629 6	0.370 4	26.487 3	1.986 9

将求得的g_1、g_2、τ_1和τ_2输入至 ANSYS 材料本构模型中，输入方式见图 6-9。

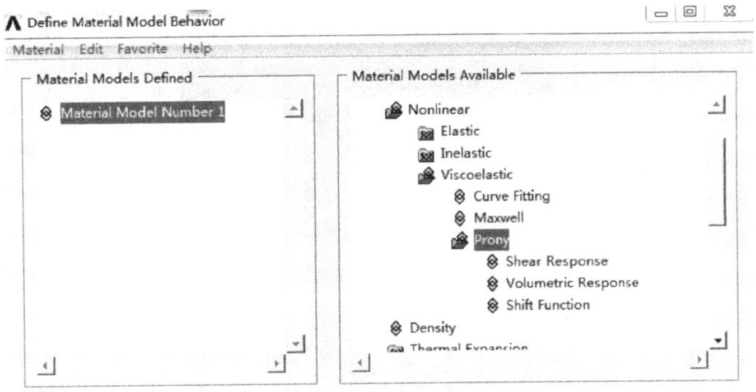

图 6-9　伯格斯本构模型在 ANSYS 软件中的输入方式

7. 计算步骤

根据隧道设计方案，本次数值模拟采用台阶法开挖，每个循环为 5 m，上、下台阶的距离也为 5 m，计算步骤如下。

步骤 1：首先根据初始条件形成岩体自重应力场，ANSYS 软件根据自重应力场生成岩体有效应力场；

步骤 2：开挖上台阶，设置锚杆、初期支护；

步骤 3：开挖下台阶，设置锚杆、初期支护；

步骤 4：在开挖及支护完成后继续进行稳定计算直至达到稳定状态，调整应力和应变直至得出计算结果。

8. 数值模拟结果及分析

1）初始应力场及初始位移

隧道开挖前，在重力荷载和边界约束的条件下，x、y 方向的位移等直线图如图 6-10 和图 6-11 所示。

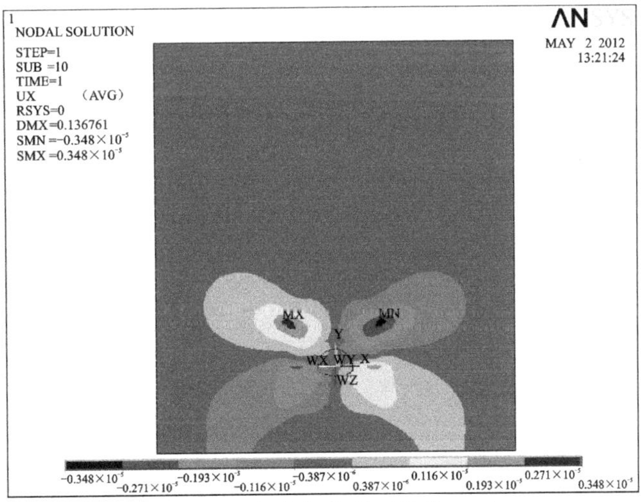

图 6-10　x 方向位移图（单位：m）

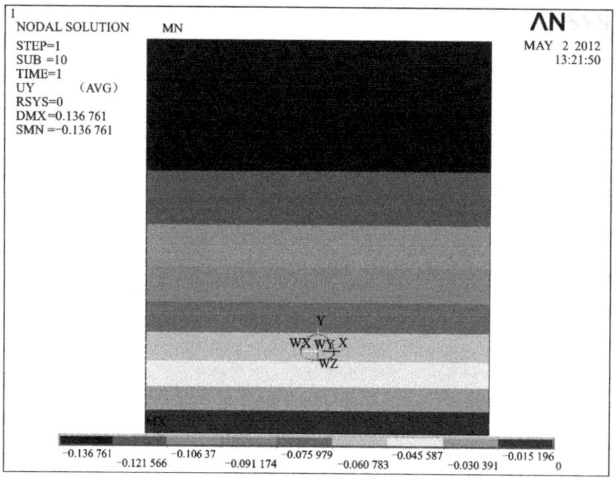

图 6-11 y 方向位移图（单位：m）

主应力等直线图如图 6-12～图 6-14 所示。

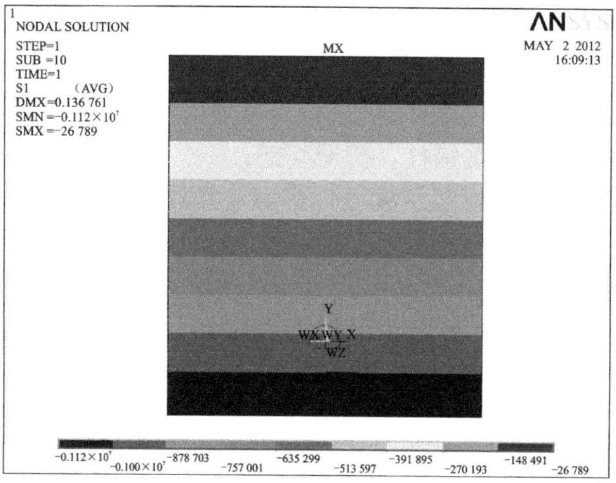

图 6-12 σ_1 应力场（单位：Pa）

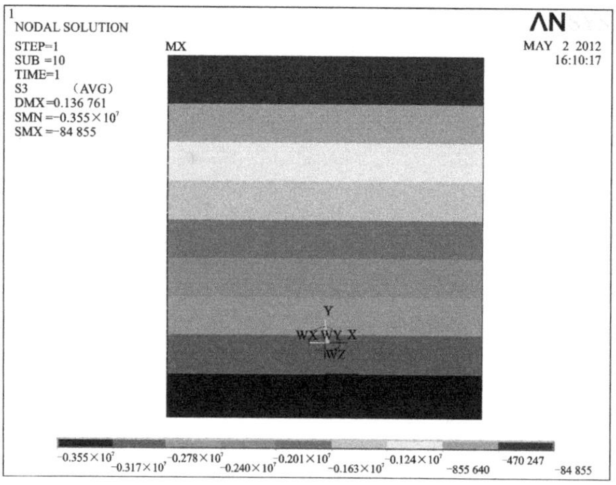

图 6-13 σ_2 应力场（单位：Pa）

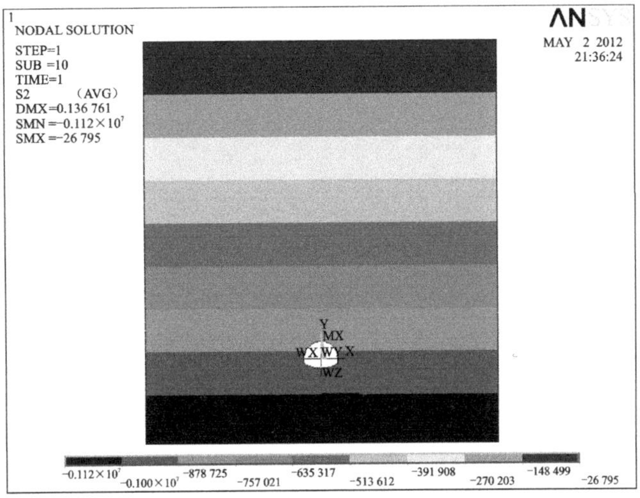

图 6-14　σ_3 应力场（单位：Pa）

由图 6-10 和图 6-11 可知，隧道开挖前，x 方向上的位移很小；y 方向上的位移，从地表处的 136.7 mm 逐渐减小至 15.2 mm。由 σ_1、σ_3 主应力图可知，应力的变化从上而下逐渐变大，最大值为 1.12 MPa。

2）上台阶开挖过程中的位移和应力分析

对隧道上台阶进行开挖，通过对隧道上台阶开挖的模拟，分析开挖后隧道围岩的位移和应力。隧道上台阶开挖后的位移和应力云图如图 6-15～图 6-21 所示。

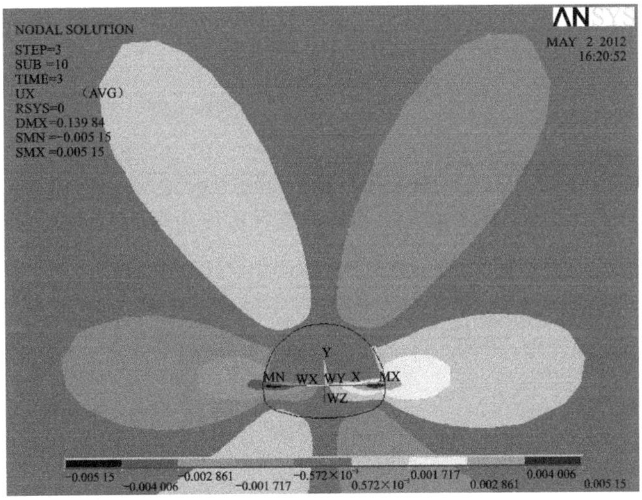

图 6-15　上台阶开挖后 x 方向位移图

由图 6-15～图 6-21 可知，隧道开挖后，由于受围岩应力重分布的影响，围岩的拱顶沉降值、两侧边墙张开度和台阶下表面两侧拱脚处的水平位移较大，同时围岩的应力分布在拱顶形成一个“V”型槽。在隧道的上半洞室，水平方向位移最大值为 5.15 mm，出现位置为拱脚部分，其位移呈向外扩张的趋势。隧道围岩的竖向位移大多发生在洞室的底部和顶部，隧道底部呈向上反弹的趋势。上台阶开挖后的拱顶下沉的最大值为 21.5 mm。

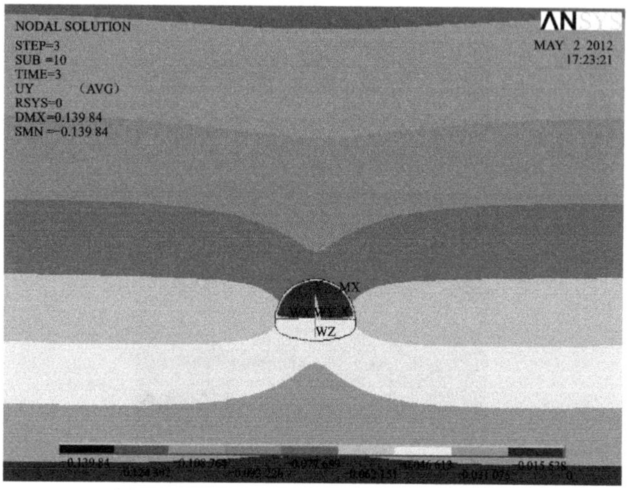

图 6-16　上台阶开挖后 y 方向位移图

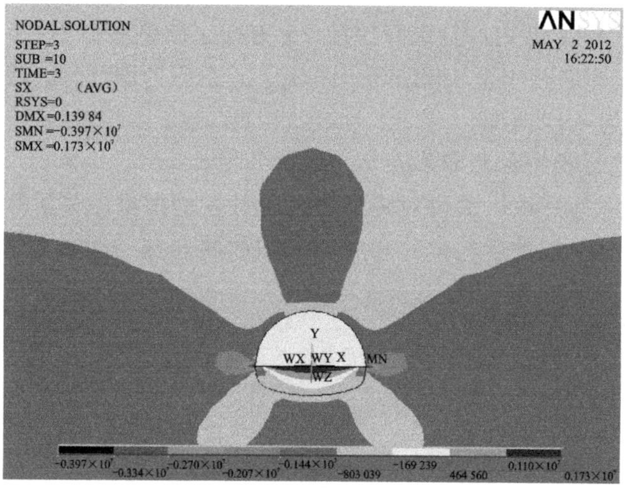

图 6-17　上台阶开挖后 σ_x 应力场

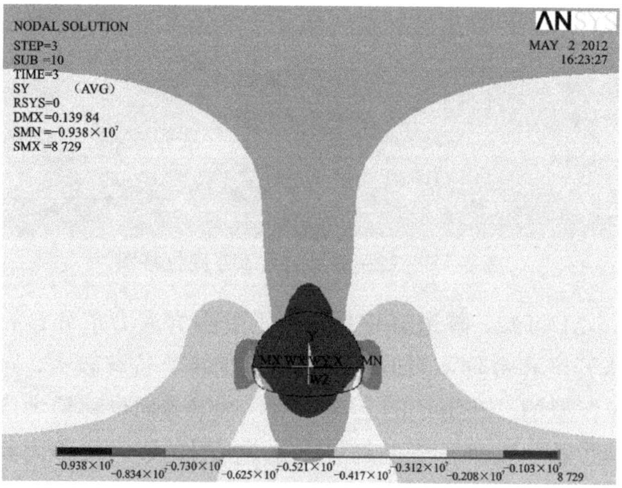

图 6-18　上台阶开挖后 σ_y 应力场

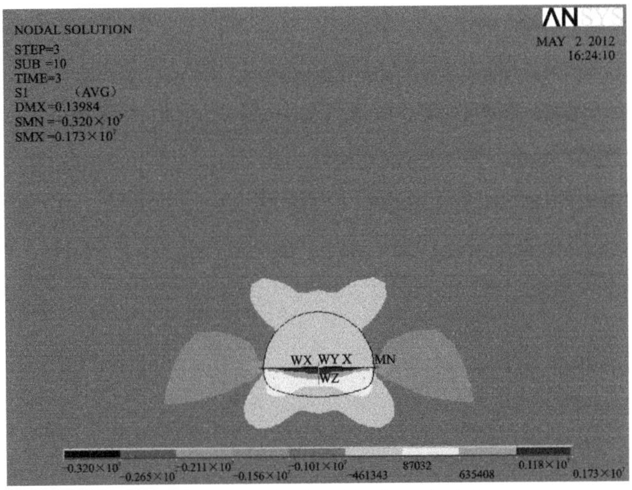

图 6-19　上台阶开挖后 σ_1 应力场

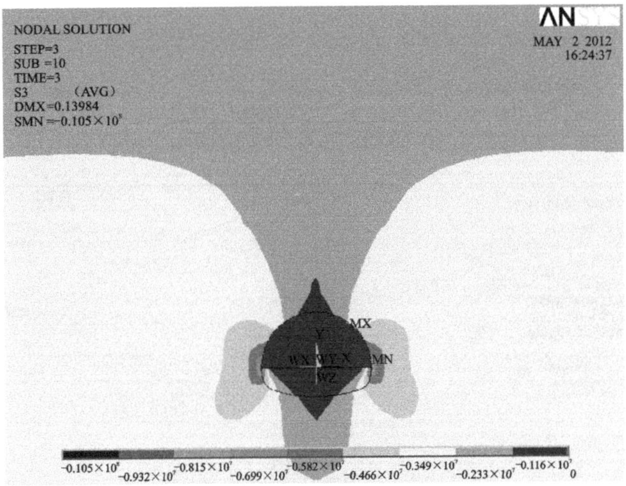

图 6-20　上台阶开挖后 σ_3 应力场

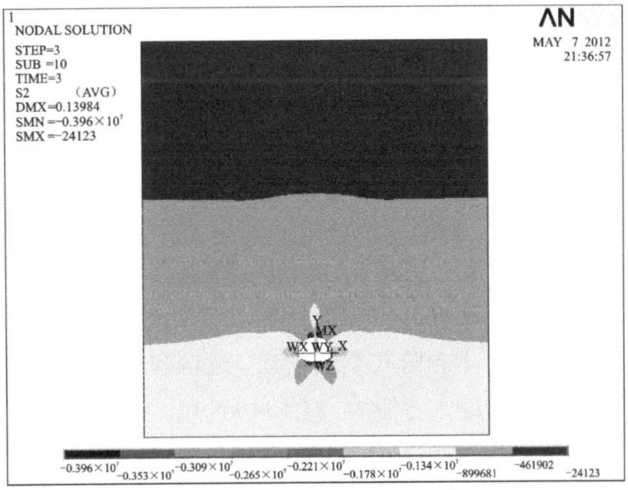

图 6-21　上台阶开挖后 σ_2 应力场

3）上台阶初期支护后的情况

锚喷支护是目前隧道施工中广泛采用的支护方式。在本章所选取的断面附近采用的是锚喷支护的方式。上台阶初期支护结构上 x、y 方向上的位移如图 6-22 和图 6-23 所示。

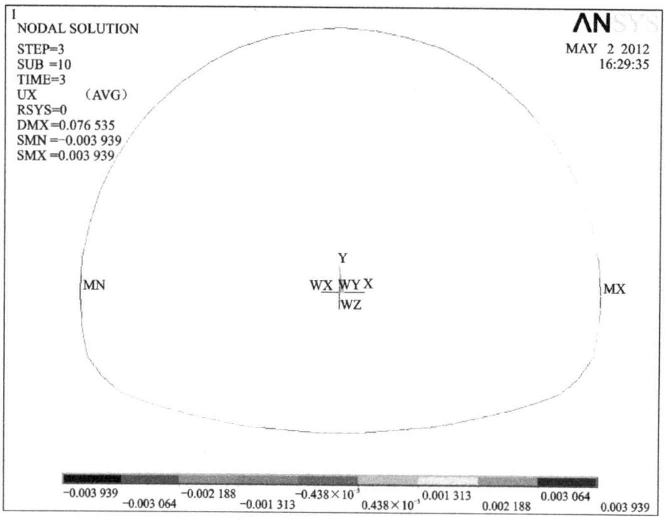

图 6-22　上台阶初期支护结构 x 方向上的位移

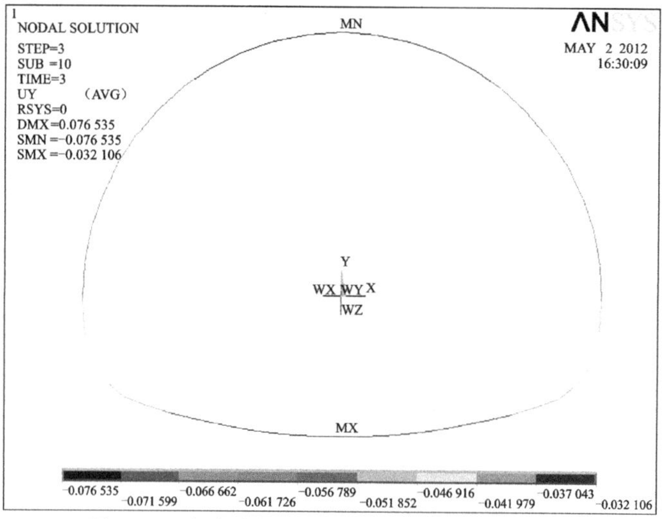

图 6-23　上台阶初期支护结构 y 方向上的位移

由图 6-22 和图 6-23 可知，初期支护后隧道拱顶下沉量为 16.3 mm，对于拱脚而言，在支护后水平位移比支护之前小，表明初期支护对围岩的稳定性产生积极的作用。

上台阶初期支护的弯矩、剪力和轴力图如图 6-24～图 6-26 所示。

由图 6-24～图 6-26 可知，上台阶初期支护后，边墙和仰拱连接处的弯矩和剪力都较大，出现了应力集中的现象，最大弯矩为 21.534 kN·m，而拱顶处的弯矩都比较小，为 2.409 kN·m 到 7.191 kN·m。剪力最大值为 36.389 kN·m，出现于拱脚部位。边墙的轴力比较大，而拱顶处的轴力较小，轴力最大值为 3 540 kN·m。

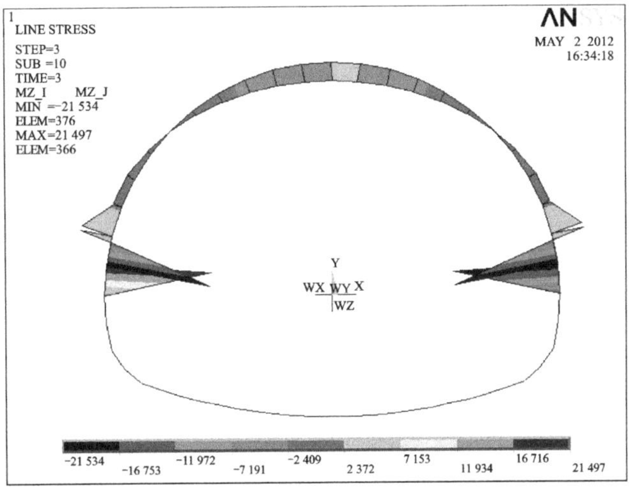

图 6-24　上台阶初期支护弯矩图

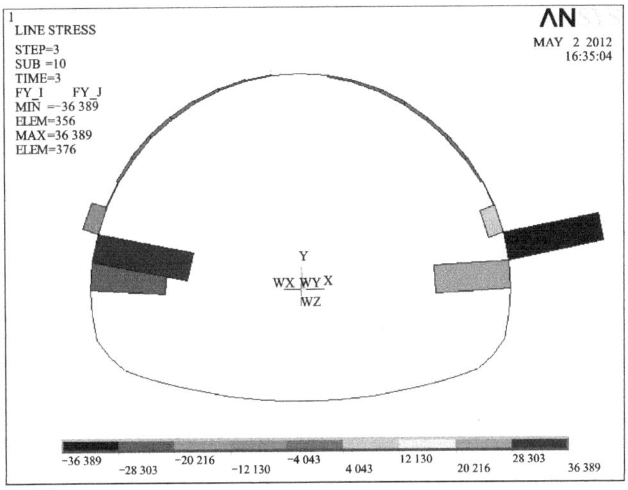

图 6-25　上台阶初期剪力图

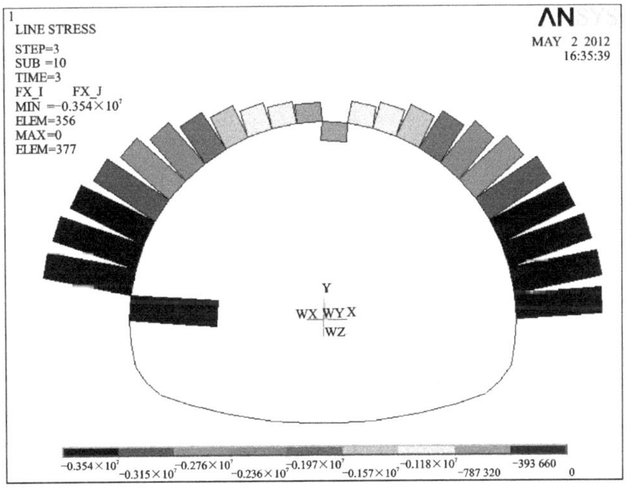

图 6-26　上台阶初期支护轴力图

4）下台阶开挖过程中的位移和应力分析

下台阶开挖过程中的位移和应力分析见图 6-27～图 6-33。

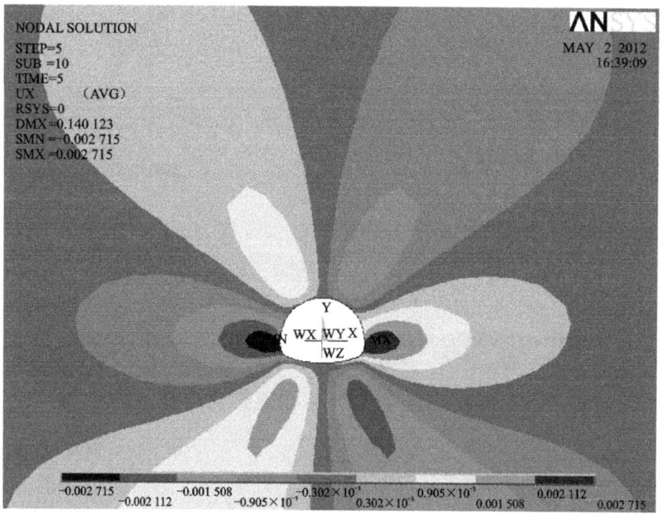

图 6-27　下台阶开挖后 x 方向位移图

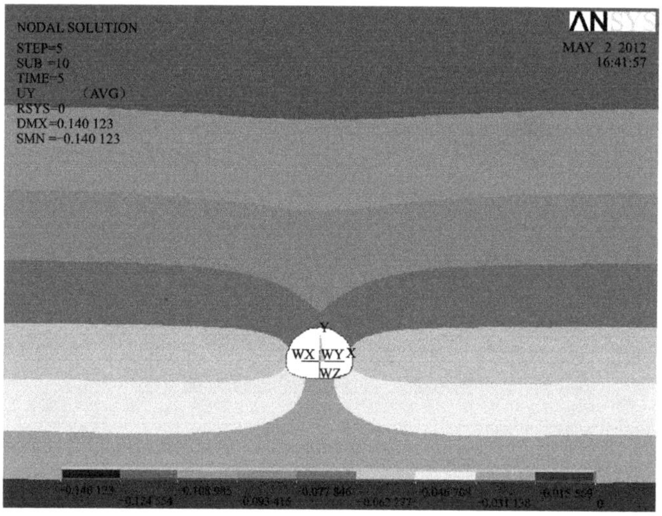

图 6-28　下台阶开挖后 y 方向位移图

由图 6-27～图 6-33 可知，下台阶开挖后，最大位移仍然出现在两侧拱脚处，但隧道拱顶沉降的最大值有所加大，为 19.2 mm；水平方向位移较小，为 2.71 mm。

5）下台阶支护后的情况

下台阶初期支护结构 x、y 方向上的位移如图 6-34 和图 6-35 所示。由图 6-34 和图 6-35 可知，下台阶支护后隧道拱顶下沉值为 17.1 mm，水平方向的位移为 2.41 mm。从初期支护结构位移和受力情况来看，位移和受力较大的位置除隧道的拱脚位置外，还出现在上台阶开挖的拱脚位置，即两次开挖的交接处，这表明台阶法开挖会对该处的受力产生影响。

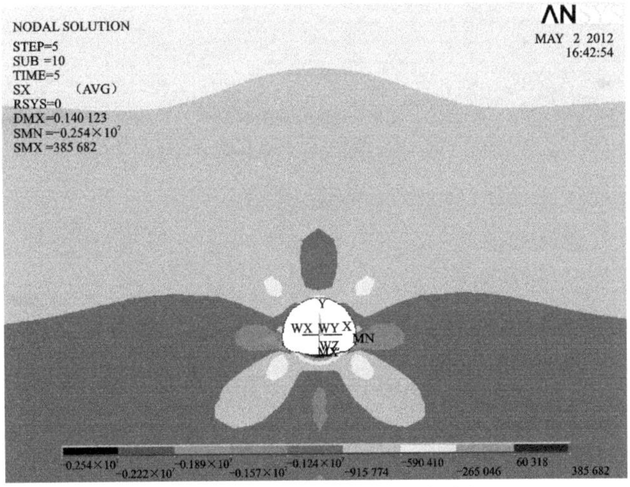

图 6-29　下台阶开挖后 σ_x 应力场

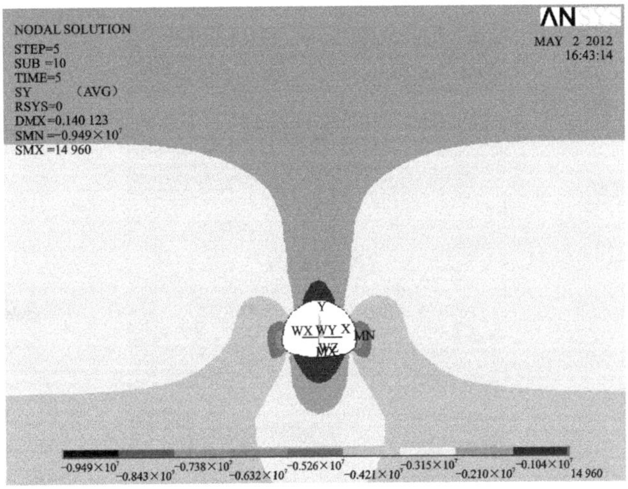

图 6-30　下台阶开挖后 σ_y 应力场

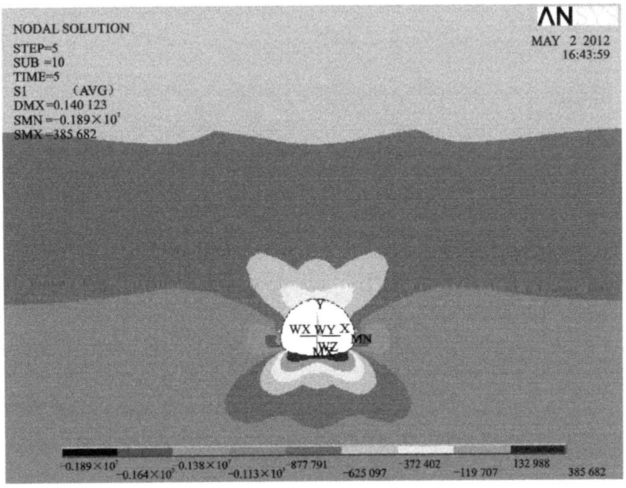

图 6-31　下台阶开挖后 σ_1 应力场

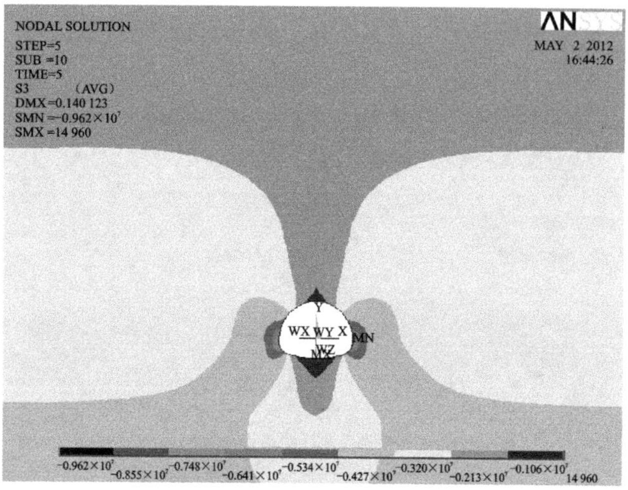

图 6-32 下台阶开挖后 σ_3 应力场

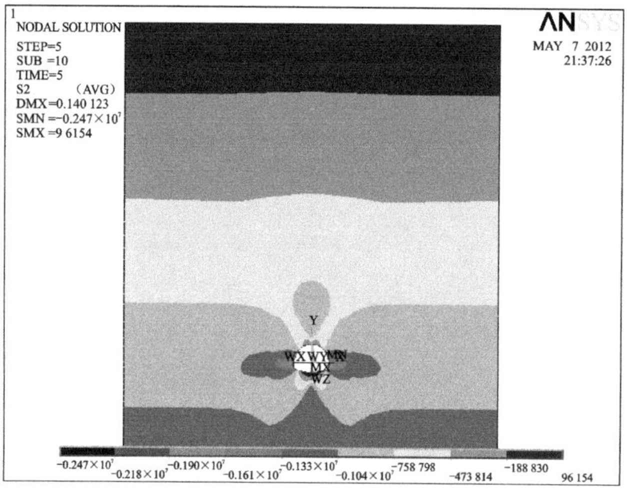

图 6-33 下台阶开挖后 σ_2 应力场

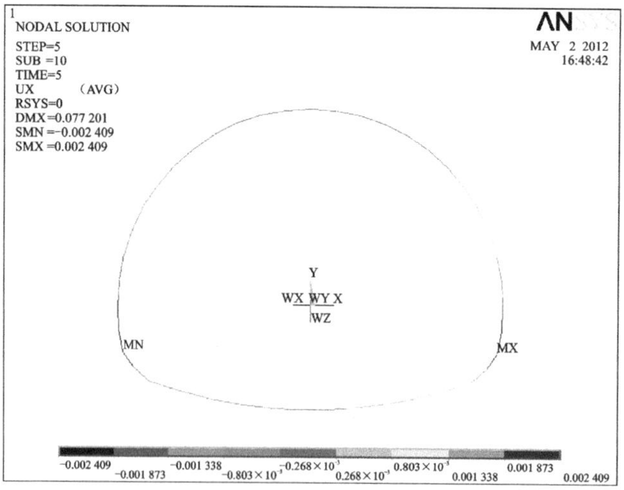

图 6-34 下台阶初期支护结构 x 方向上的位移

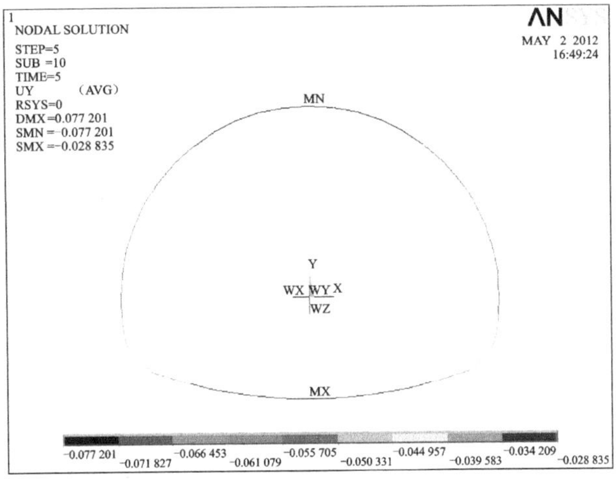

图 6-35　下台阶初期支护结构 y 方向上的位移

下台阶初期支护弯矩、剪力和轴力如图 6-36～图 6-38 所示。

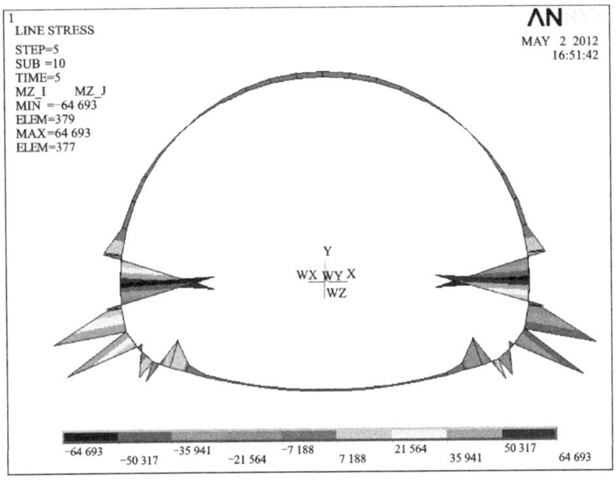

图 6-36　下台阶初期支护弯矩图

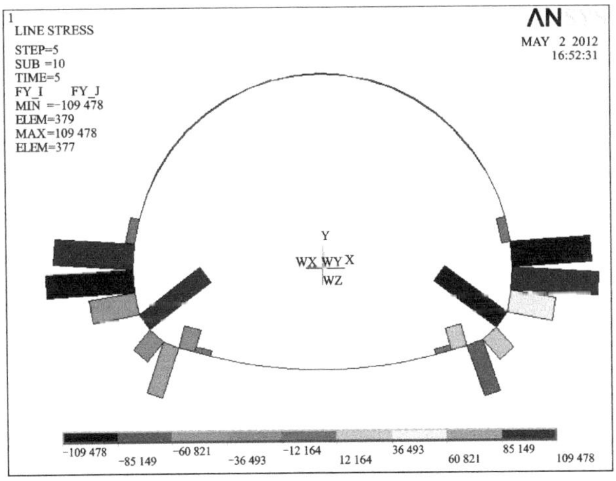

图 6-37　下台阶初期支护剪力图

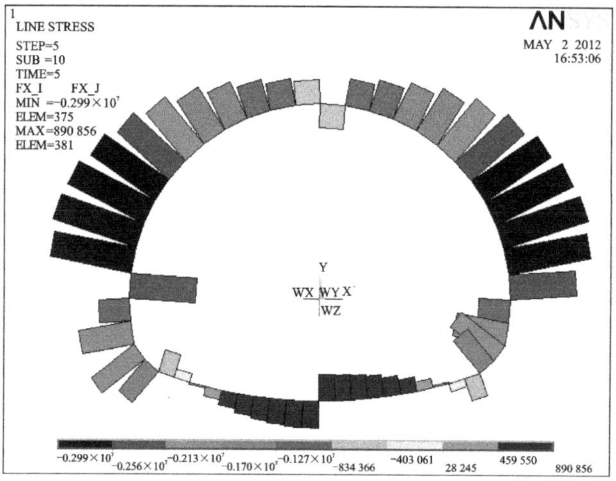

图 6-38 下台阶初期支护轴力图

由图 6-36～图 6-38 可知，下台阶初期支护完成后，拱脚部位和边墙中央部位（上台阶和下台阶开挖的交接处）的内力值都较大，均出现了应力集中的现象。弯矩最大值为 64.693 kN·m，剪力最大值为 109.478 kN。顶部轴力有所增大，下台阶开挖区域拱身的轴力分布比较均匀，底部轴力最小；轴力最大值为 2 990 kN。

6）围岩蠕变特性分析

通过数值模拟方法研究围岩在不同埋深条件下的蠕变特性，图 6-39 所示的是在埋深 100 m、200 m 和 300 m 时围岩变形随时间的变化曲线。

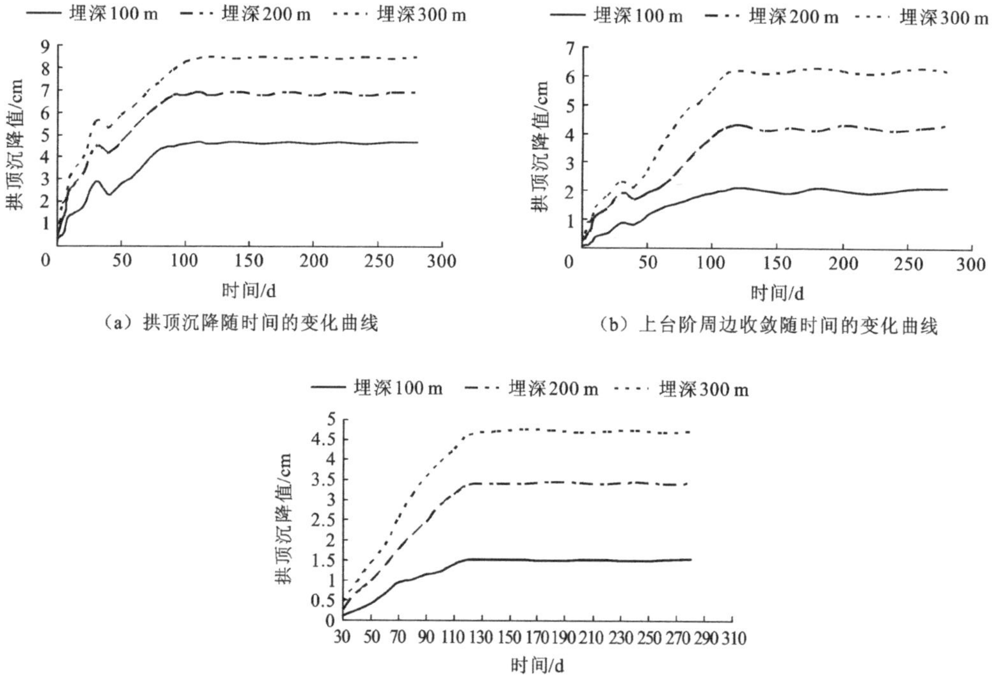

图 6-39 不同埋深条件下围岩变形随时间的变化曲线

由图 6-39 可知，隧道在开挖后的一周之内，隧道断面向内收缩的速率急剧增大，且拱顶沉降值最大；随后，随着时间的延长，变形速率减小，拱顶沉降、上台阶和下台阶周边收敛的速率分别于 100d、110d 和 120d 以后趋近于零，变形趋于稳定，表明隧道开挖初期变形量较大，但变形随时间的延长趋于收敛。需要注意的是，不同埋深条件下拱顶沉降和上台阶周边收敛随时间的变化曲线在开挖后 30d 左右出现突变（突然抬升）的现象，这是因为隧道在上台阶开挖后 30d 左右进行下台阶开挖，下台阶开挖会对拱顶沉降和上台阶周边收敛变形产生一定的影响，从而在曲线上出现突变的现象。

隧道围岩变形的稳定值与埋深存在一定关系，图 6-40 所示的是隧道围岩拱顶沉降、上台阶和下台阶周边收敛的稳定值与埋深的关系曲线。

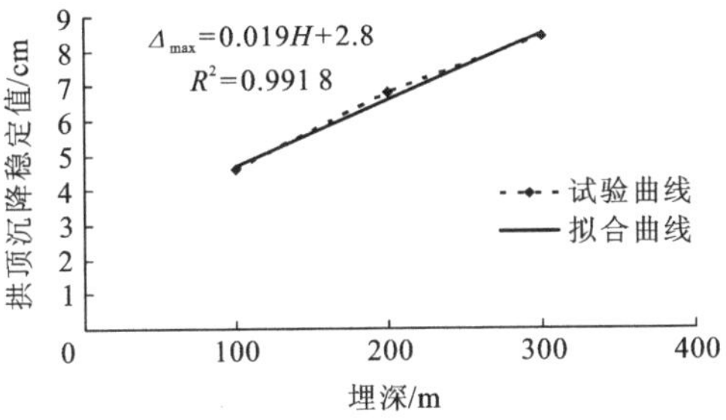

（a）拱顶沉降的稳定值与埋深的关系曲线

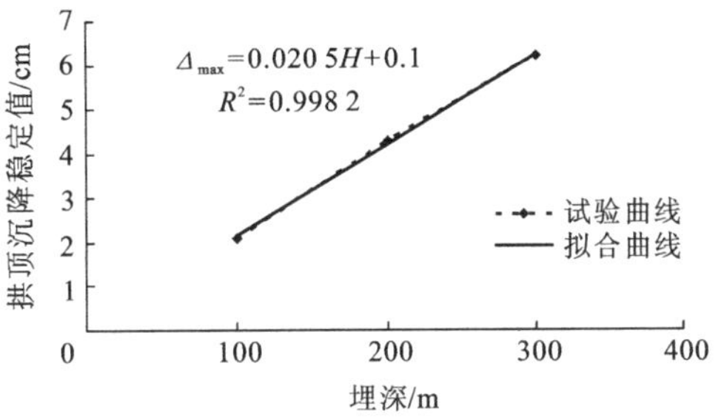

（b）上台阶周边收敛的稳定值与埋深的关系曲线

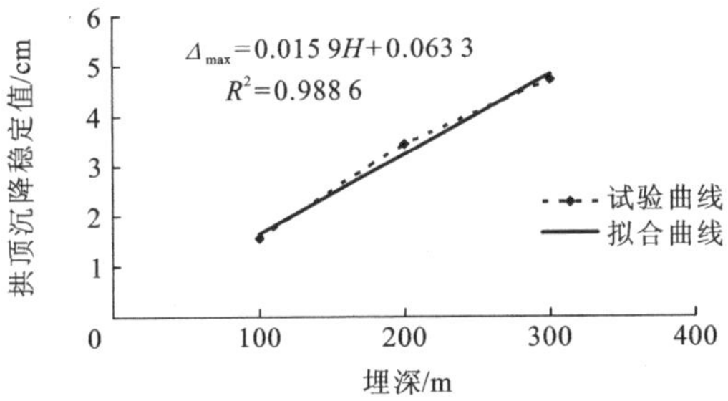

（c）下台阶周边收敛的稳定值与埋深的关系曲线

图 6-40　隧道围岩变形的稳定值与埋深的关系曲线

Δ_{max} 为围岩变形的稳定值，H 为埋深

由图 6-40 可知，隧道围岩变形的稳定值随埋深的增加而增大，通过拟合，它们之间存在如下关系。

拱顶沉降

$$\Delta_{max}=0.019H+2.8,\ R^2=0.9918 \tag{6-39}$$

上台阶周边收敛

$$\Delta_{max}=0.0205H+0.1,\ R^2=0.9982 \tag{6-40}$$

下台阶周边收敛

$$\Delta_{max}=0.0159H+0.0633,\ R^2=0.9886 \tag{6-41}$$

因此，可以采用下面的通式来表征隧道围岩变形的稳定值与埋深之间的关系，即

$$\Delta_{max} = mH + n \quad (m > 0) \tag{6-42}$$

式中：m 和 n 为拟合系数。

从式（6-39）～式（6-41）可以产出，相关系数接近于 1，表明拟合效果较好，但模拟的数据量较少，式（6-42）能否作为隧道围岩变形的稳定值和埋深的关系式有待进一步探讨。

7）考虑弹塑性和考虑黏弹塑性的围岩变形的比较

考虑弹塑性和考虑黏弹塑性的区别是：弹塑性未考虑围岩的蠕变，黏弹塑性考虑了围岩的蠕变效应。换言之，弹塑性理论将隧道开挖后围岩变形和应力的释放看作是瞬间完成的，未考虑时间效应，而黏弹塑性理论考虑了时间效应。因此，弹塑性理论无法解释隧道围岩不是在开挖初期就发生强度破坏，而是随着时间的推移，围岩变形逐渐积累超过允许值发生强度破坏。为了进一步说明此观点，下面对考虑弹塑性和考虑黏弹塑性的围岩变形的数值模拟结果进行对比分析，如图 6-41 所示。

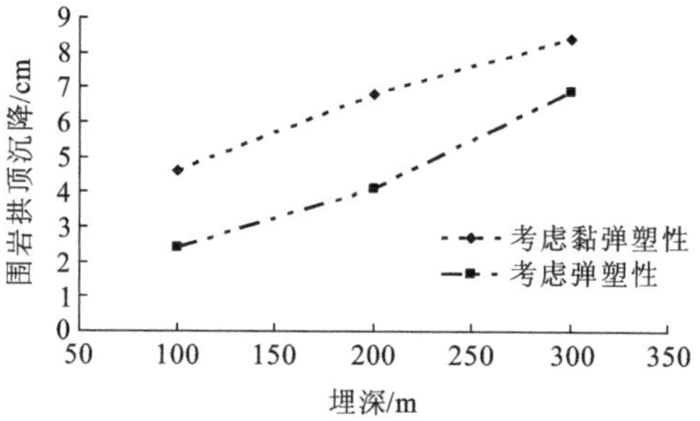

图 6-41　考虑弹塑性和考虑黏弹塑性的围岩变形的数值模拟结果对比

由图 6-41 可知，考虑黏弹塑性和考虑弹塑性的围岩拱顶沉降随埋深的增加而增大，但考虑黏弹塑性的围岩变形的增长率比考虑弹塑性的变形增长率要大；考虑黏弹塑性和考虑弹塑性的围岩拱顶沉降值有较大的差别，考虑黏弹塑性的围岩拱顶沉降最大值约为考虑弹塑性的围岩拱顶沉降最大值的 1.2～2.0 倍。产生这种差异的原因是弹塑性未考虑时间效应，黏弹塑性考虑了时间效应，时间因素对于隧道开挖后围岩的变形起着很重要的作用。

6.2　膨胀作用下板岩隧道支护结构力学响应数值模拟

板岩是一种区域变质岩，它可能是由页岩、泥岩或凝灰岩等通过复杂的地质作用而形成。随着国家基础建设不断推进，特别是高铁项目和南水北调工程的实施，不可避免地要在板岩分布区域进行隧道开挖，随之而带来大量施工地质灾害问题。由于板岩富含蒙脱石、伊利石和高岭石等亲水性矿物，在富水板岩地层中修建隧道，围岩会发生膨胀作用，产生的膨胀压力会作用至支护结构，导致支护结构发生变形，若变形过大，会发生侵限，进而影响隧道施工期间的稳定性．由此可见，研究膨胀作用下板岩隧道支护结构力学响应机制具有重要的工程意义。

近年来，国内外诸多学者围绕隧道围岩与支护结构的相互作用开展了大量的研究，如何满潮等（2004）从工程地质学的角度，以现代大变形力学为理论基础，通过分析岩体变形的力学机制，提出了一种针对软弱围岩的支护理论。随着大型计算机运算速度的提高，许多学者（Peng et al.，2011；Chen et al.，2009；Masin，2009；Mroueh et al.，2008；Contini et al.，2007；张华兵 等，2004；Karakus et al.，2003）采用比较先进的商业有限元软件成功地对各种影响因素作用下的隧道进行了稳定性分析。部分学者（龚建伍 等，2010；周维祥 等，2010；熊炜 等，2010；罗彦斌 等，2010；覃卫民 等，2010；贾剑青等，2010；胡文清 等，2004）采用数值模拟方法对地下工程的稳定性进行了研究，并取得了一系列研究成果。对于隧道开挖后围岩的变形以及支护结构的内力响应，师金锋等（2005）采用有限元对广西柳州某公路隧道围岩的开挖过程进行模拟，得出了不同开挖方式下隧道围岩的位移、应力状态，以及位移、应力状态随时间的变化规律；徐干成（2001）以黏弹性边界元理论为力学计算工具、工程类比定性内容为修正依据，利用黏弹性边界元法预测了锚喷支护隧道围岩的变形来判断其稳定性；胡夏篙等（2004）以西北某水利工程地下洞室为例，对低地应力状态下洞室开挖后围岩位移变化及其相应特征，采用二维离散元法进行了数值模拟研究。

综上所述，虽然国内外学者对隧道围岩与支护结构的工程特性、变形特征及变形预测等进行了大量研究，并且取得一系列成果，也解决了许多具体的工程问题，但由于板岩是一种特殊的地质材料，其在膨胀作用下与支护结构的力学响应仍存在许多问题，有待进一步研究。为此，本章采用有限元软件 MIDAS/GTS 对膨胀作用下板岩隧道支护结构力学响应进行数值模拟研究，寻求富水板岩隧道支护结构与膨胀围岩的力学响应关系，为板岩地区隧道的设计和施工提供参考。

6.2.1　理论基础

1. 基本未知量与基本方程

取衬砌结构结点的位移为基本未知量。由最小势能原理或变分原理可得系统整体求解时的平衡方程为

$$[K]\{\delta\}=[P] \tag{6-43}$$

式中：$\{\delta\}$为由衬砌结构结点位移组成的列向量，即，$\{\delta\}=[\delta_1\quad \delta_2\quad \cdots\quad \delta_m]^{\mathrm{T}}$；$\{P\}$为由衬砌结构结点荷载组成的列向量，即$\{P\}=[P_1\quad P_2\quad \cdots\quad P_m]^{\mathrm{T}}$；$[K]$为衬砌结构的整体刚度矩阵，为$m\times m$阶方阵，$m$为体系接点自由度的总个数。

矩阵$\{P\}$、$[K]$和$\{\delta\}$可由单元的荷载矩阵$\{P\}^{\mathrm{e}}$、单元的刚度矩阵$[k]^{\mathrm{e}}$和单元的位移向量矩阵$\{\delta\}^{\mathrm{e}}$组装而成，故在采用有限元方法进行分析时，需先划分单元，建立单元刚度矩阵$[k]^{\mathrm{e}}$和单元荷载矩阵$\{P\}^{\mathrm{e}}$。

隧道承重结构轴线的形状为弧形时，需用折线单元模拟曲线。划分单元时，只需要

确定杆件单元的长度。杆件厚度 d 即为承重结构的厚度，杆件宽度取为 1 m。相应的杆件横截面积为 $A=d\times1(\mathrm{m}^2)$，抗弯惯性矩为 $I=\frac{1}{12}\times1\times d^3(\mathrm{m}^4)$，弹性模量 E（$\mathrm{kN/m^2}$）取为混凝土的弹性模量。

2. 单元刚度矩阵的计算

设梁单元在局部坐标系下的结点位移为 $\{\bar{\delta}\}=\left[\bar{\mu}_i,\bar{v}_i,\bar{\theta}_i,\bar{\mu}_j,\bar{v}_j,\bar{\theta}_j\right]^{\mathrm{T}}$，对应的结点力为 $\{\bar{f}\}=\left[\bar{X}_i,\bar{Y}_i,\bar{M}_i,\bar{X}_j,\bar{Y}_j,\bar{M}_j\right]^{\mathrm{T}}$，则有

$$\{\bar{f}\}=\left[\bar{k}\right]^{\mathrm{e}}\{\bar{\delta}\} \tag{6-44}$$

式中：$\left[\bar{k}\right]^{\mathrm{e}}$ 为梁单元在局部坐标系下的刚度矩阵，并有

$$\left[\bar{k}\right]^{\mathrm{e}}=\begin{bmatrix} \frac{EA}{l} & 0 & 0 & -\frac{EA}{l} & 0 & 0 \\ 0 & \frac{12EA}{l^3} & \frac{6EI}{l^2} & 0 & -\frac{12EA}{l^3} & \frac{6EI}{l^2} \\ 0 & \frac{6EI}{l^2} & \frac{4EI}{l} & 0 & -\frac{6EI}{l^2} & \frac{2EI}{l} \\ -\frac{EA}{l} & 0 & 0 & \frac{EA}{l} & 0 & 0 \\ 0 & -\frac{12EA}{l^3} & -\frac{6EI}{l^2} & 0 & \frac{12EA}{l^3} & -\frac{6EI}{l^2} \\ 0 & \frac{6EI}{l^2} & \frac{2EI}{l} & 0 & -\frac{6EI}{l^2} & \frac{4EI}{l} \end{bmatrix} \tag{6-45}$$

式中：l 为梁单元的长度；A 为梁的截面积；I 为梁的惯性矩；E 为梁的弹性模量。

对于整体结构而言，各单元采用的局部坐标系均不相同，故在建立整体矩阵时，需按式（6-45）将按局部坐标系建立的单元刚度矩阵 $[k]^{\mathrm{e}}$ 转换成结构整体坐标系中的单元刚度矩阵 $\left[\bar{k}\right]^{\mathrm{e}}$。

$$[k]^{\mathrm{e}}=[T]^{\mathrm{T}}[\bar{k}]^{\mathrm{e}}[T] \tag{6-46}$$

3. 地层反力作用模式

地层弹性抗力为

$$F_n=K_n\cdot U_n \tag{6-47}$$

$$F_s=K_s\cdot U_s \tag{6-48}$$

其中

$$K_n=\begin{cases} K_n^{+}, & U_n\geqslant0 \\ K_n^{-}, & U_n<0 \end{cases} \tag{6-49}$$

$$K_s=\begin{cases}K_s^+, & U_s \geqslant 0\\ K_s^-, & U_s<0\end{cases} \tag{6-50}$$

式中：F_n、F_s分别为法向和切向弹性抗力，K_n、K_s分别为相应的围岩弹性抗力系数，且K^+、K^-分别为压缩区和拉伸区的抗力系数，通常令为 $K^+=K^-=0$。

4. 时程荷载计算

时程分析（time history analysis）是对结构物的运动微分方程直接进行逐步积分求解的一种动力分析方法。由时程分析可得到各质点随时间变化的位移、速度和加速度动力反应，并进而可计算出构件内力的时程变化关系。

MIDAS/GTS 的时程分析采用的动力平衡方程为

$$[M]u(t)+[C]u'(t)+[K]u''(t)=p(t) \tag{6-51}$$

式中：$[M]$为质量矩阵；$[C]$为阻尼矩阵（damping matrix）；$[K]$为刚度矩阵（stiffiiess matrix）；$p(t)$为动力荷载；$u(t)$、$u'(t)$、$u''(t)$分别为相对位移、速度、加速度。

利用 MIDAS/GTS 直接积分法进行时程分析，直接积分法是将时间作为积分参数解动力平衡方程式的方法。MIDAS/GTS 中使用收敛性比较好的 Newmark 方法做直接积分，其基本假定和积分方法如下。

假设

$$^{t+\Delta t}u'={}^{t}u'+[(1-\delta)^{t}u''+\delta^{t+\Delta t}u'']\Delta t \tag{6-52}$$

$$^{t+\Delta t}u'={}^{t}u'+{}^{t}u'\Delta t+\left[\left(\frac{1}{2}+\alpha\right)^{t}u''+\alpha^{t+\Delta t}u''\right]u''\Delta t^2 \tag{6-53}$$

式中：α、δ为 Newmark 积分系数。

则当前阶段位移、速度、加速度与过去阶段的位移的关系如下。

$$^{t+\Delta t}u''=f(^{t+\Delta t}u,{}^{t}u,{}^{t}u',{}^{t}u'') \tag{6-54}$$

$$^{t+\Delta t}u'=f(^{t+\Delta t}u,{}^{t}u,{}^{t}u',{}^{t}u'') \tag{6-55}$$

将式（6-53）、式（6-54）代入式（6-55）的平衡方程式，得当前阶段的位移。利用当前阶段的位移和前一阶段的值可获得当前阶段的速度和加速度。

$$[M]^{t+\Delta t}u''+[C]^{t+\Delta t}u'+[K]^{t+\Delta t}u={}^{t+\Delta t}p(t) \tag{6-56}$$

$$[K]+\alpha_0[M]+\alpha_1[C]^{t+\Delta t}u={}^{t+\Delta t}p(t)+[M](\alpha_0^t u+\alpha_2^t u'+\alpha_3^t u'')+[C](\alpha_1^t u+\alpha_4^t u'+\alpha_5^t u'') \tag{6-57}$$

$$[\hat{M}]^{t+\Delta t}u={}^{t+\Delta t}P(t) \tag{6-58}$$

$$[\hat{M}]=[K]+\alpha_0[M]+\alpha_1[C] \tag{6-59}$$

$$^{t+\Delta t}p(t)={}^{t+\Delta t}p(t)+[M](\alpha_0^t u+\alpha_2^t u'+\alpha_3^t u'')+[C](\alpha_1^t u+\alpha_4^t u'+\alpha_5^t u'') \tag{6-60}$$

$$^{t+\Delta t}u''=\alpha_0(^{t+\Delta t}u-{}^{t}u)-\alpha_2^t u'-\alpha_3^t u'' \tag{6-61}$$

$$^{t+\Delta t}u'={}^{t}u'+\alpha_6^t u''+\alpha_7^{t+\Delta t}u'' \tag{6-62}$$

式中：$\alpha_0=\dfrac{1}{\alpha\Delta t^2}\alpha_1=\dfrac{\delta}{\alpha\Delta t}\alpha_2=\dfrac{1}{\alpha\Delta t}\alpha_3=\dfrac{1}{2\alpha}-1$；$\alpha$、$\delta$，Newmark 积分参数（$\alpha=0.5$，$\delta=$

0.25 时始终稳定）；Δt，积分时间间距；$[C]=a[K]+b[M]$，a、b 分别为计算阻尼矩阵的刚度和质量比例因子。

6.2.2 计算假定

隧道围岩采用二维平面应变非线性单元、喷射混凝土和二衬采用梁单元、锚杆采用桁架单元，采用的计算假定。

（1）初始应力场只考虑自重应力（研究地区属低应力区、构造应力强度较低）；

（2）初期支护只考虑锚杆、钢拱架和喷射混凝土的共同作用；

（3）忽略防水板，认为喷射混凝土和二次衬砌直接接触；

（4）围岩按均质弹塑性材料考虑，选用富水板岩隧道围岩膨胀本构模型进行数值模拟；

（5）喷射混凝土、锚杆、二衬及仰拱回填土的特性远优于 III 级围岩，且为弹性体；

（6）隧道顶部围岩存在加固区（加固范围只有边墙和拱顶），计算中会适当提高加固区围岩参数；

（7）计算中不考虑围岩体积膨胀，围岩膨胀产生的膨胀力直接以时程荷载的方式加载在支护结构上，膨胀只引起围岩弹性模量的变化；

（8）本次计算膨胀力为二衬完成之后板岩吸水产生的膨胀力。

6.2.3 计算模型与边界条件

1. 模型尺寸和边界条件

采用二维平面应变非线性对称模型进行模拟，采用平面直角坐标系。隧道设计净跨度为 14.62 m，净高度为 8.8 m。这里参考隧道力学边界效应，隧道围岩膨胀后围岩与支护机构相互影响的区域取 5 倍的洞室半径，在该范围以外，围岩产生的膨胀力对隧道支结构不产生影响。据此，数值模拟的底层范围为：隧道中心线距模型左、右边界的距离各取 60 m，即模型的宽度为 120 m；隧道洞底距离下边界 30 m，隧道洞顶距离上边界 50 m，隧道实际埋深为 100 m，上部未取得围岩，以荷载代替，荷载大小取板岩重度和厚度的乘积。

边界条件的选择对数值计算的结果有很大的影响，边界条件与实际越接近，计算所得结果越精确。岩土静力荷载计算时，一般在模型左、右两侧约束 X 方向的平动自由度，在模型底部约束 X、Y 两个方向的自由度。隧道围岩膨胀产生的膨胀力是随着时间变化的，故边界条件和静载情况有差别。为此，采用软件自带的边界条件曲面弹簧，该边界条件可以生成固定约束边界条件。模型上表面取自由边界，不施加约束；左、右表面施加 X 方向曲面弹簧；下表面施加 Y 方向曲面弹簧。

2. 计算参数的选取

根据勘察报告和隧道设计方案，计算参数的选取见如表 6-6、表 6-7 所示。

表 6-6　支护结构参数（III 级围岩）

围岩类别	喷射混凝土厚度/mm		锚杆（拱墙）			二次衬砌厚度/mm	
	拱墙	仰拱	长度/m	直径/mm	间距环×纵/m	拱墙	仰拱
III	120	0	3	22	1.2×1.5	400	500

表 6-7　有限元计算参数（III 级围岩）

材料名称	参数值
C25 喷射混凝土	$E=28$ GPa，$\mu=0.2$，$\gamma=23.5$ kN/m^3
锚杆	$E=200$ GPa，$D=2.2$cm，$L=300$ cm
C35 二次衬砌	$E=31.5$ GPa，$\mu=0.2$，$\gamma=24$ kN/m^3
围岩（板岩）	$E=46.55$ GPa，$\mu=0.19$，$\gamma=27.5$kN/m^3，$c=2.07$ MPa，$\phi=53°$

3. 计算工况

姚家隧道在修建前期，由于地下水的作用，隧道围岩一直处于膨胀状态，板岩的弹性模量也会随着时间逐渐减小，导致隧道周边围岩一直处于不停的应力重分布状态，隧道支护结构内力也会随着时间不断改变。为了减少计算时长，简化后处理结果，分别计算围岩在初始围岩条件下、弹性模量衰减 20%、弹性模量衰减 40%时围岩与支护结构的相互作用效应，同时其他参数保持不变。具体工况取值如下表 6-8 所示。

表 6-8　计算工况

工况	板岩弹性模量
工况 1：板岩初始弹模不变	$E=46.55$ GPa
工况 2：板岩弹模衰减 20%	$E=46.55\times0.8=37.24$ GPa
工况 3：板岩弹模衰减 40%	$E=46.55\times0.6=27.93$ GPa

4. 网格的划分

本节研究对象为姚家隧道里程 DK384+080 处板岩隧道，隧道埋深 100 m。在建模过程中，采用平面应变模型，平面应变计算厚度取单位长度 1 m。隧道围岩采用平面二维 4 节点单元，喷射混凝土和二衬采用平面梁单元。隧道围岩网格划分原则：隧道支护结构到外边界围岩网格尺寸由密到疏，尺寸采用线播种控制。隧道围岩与支护结构接触部位采用细密单元，单元宽度取 0.5 m，外边界围岩单元宽度取 2 m。网格的划分采用映射区域网格，用线播种进行尺寸控制，经过划分，共生成 4 258 个单元和 4 177 个节点。有限元计算模型如图 6-42 所示，单元网格划分和控制节点单元如图 6-43 所示。

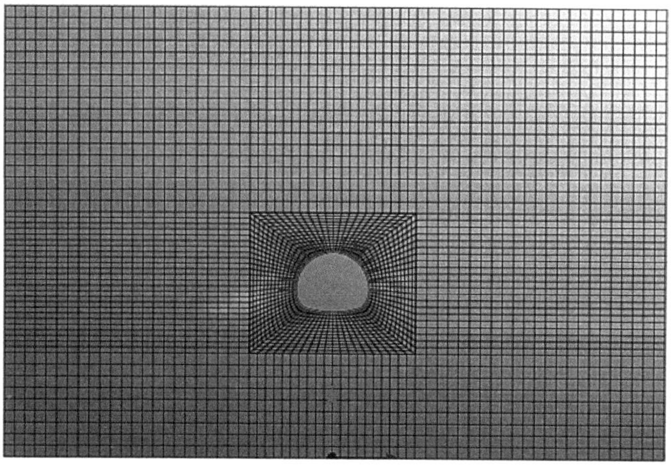

图 6-42　有限元计算模型

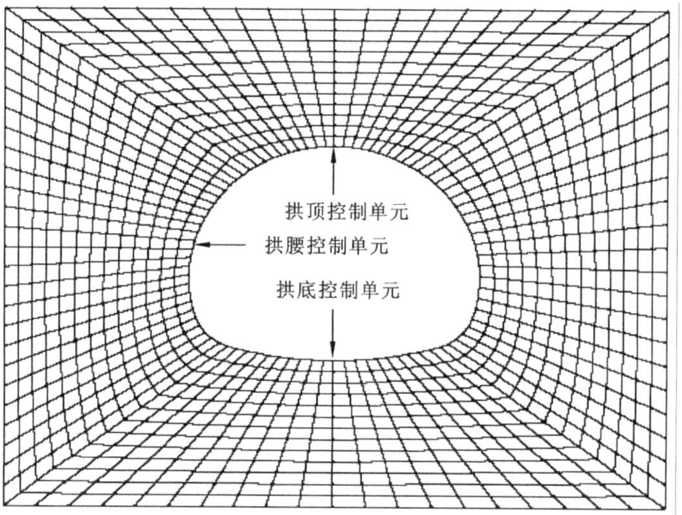

图 6-43　单元网格划分和控制单元

5. 围岩产生膨胀效应有限元软件中的实现

隧道的开挖和初期支护都会引起隧洞周围围岩应力重分布，会活化处于原始状态的板岩，产生塑性变形和膨胀势能，对围岩的稳定性和自承能力产生不利影响。在施工阶段，板岩膨胀吸水产生的膨胀力一部分因为变形而释放，另一部分由喷射混凝土形成的初期支护承担。在二衬施作之后，板岩会因重新吸水而产生膨胀，这时产生的膨胀力由初期支护和二衬共同承担。本次计算的膨胀力为二衬施作完成之后围岩膨胀产生的膨胀力。通过第 3 章的膨胀特性试验发现，板岩的膨胀应力达到了 350 kPa，此类板岩为强膨胀岩。对板岩产生膨胀力的模拟忽略板岩体积膨胀效应。

板岩吸水膨胀产生的膨胀力是随时间变化的函数，假设板岩处于连续吸水膨胀状态，达到极限膨胀所用时间为 9.5 h。将板岩隧道围岩膨胀本构模型（左清军 等，2016a）

导入至有限元软件中（图 6-44），围岩膨胀过程中产生膨胀力方向与衬砌法向相同，膨胀力为围岩自身膨胀产生的膨胀力，如图 6-45 所示。

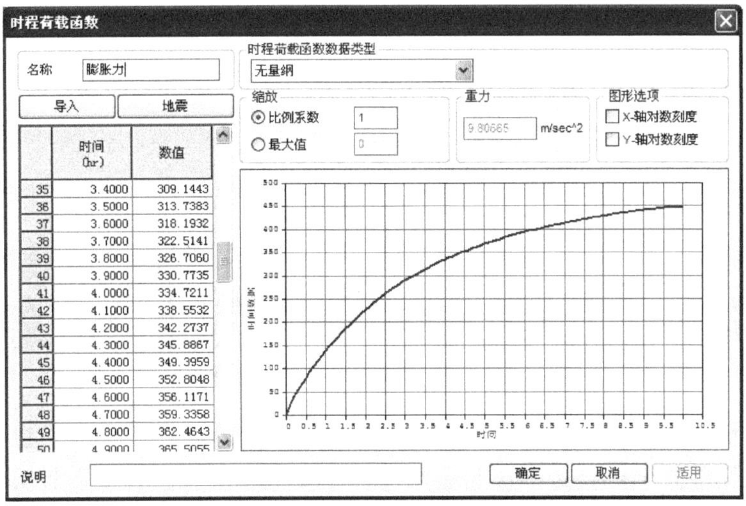

图 6-44　膨胀力时间序列函数导入至软件

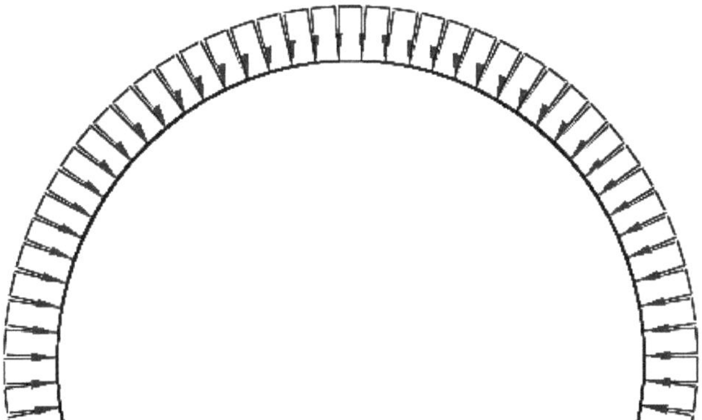

图 6-45　膨胀力荷载

6.2.4　支护结构变形响应

1. 衬砌水平位移响应特征

提取工况 1 条件下膨胀作用结束时，即 9.5h 时富水板岩隧道衬砌水平位移等值线和变形云图如图 6-46 所示。

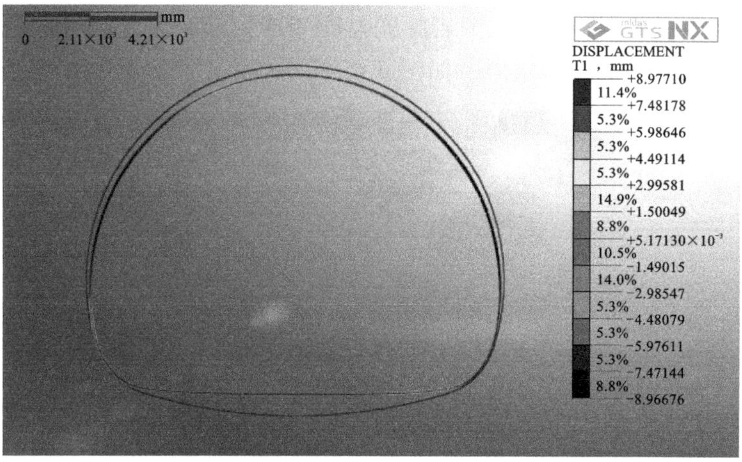

图 6-46　9.5 h 时富水板岩隧道衬砌水平位移等值线和变形云图

通过衬砌水平位移等值线分析发现，衬砌结构发生水平位移的主要区域是边墙，绝对值最大水平位移位于拱腰处，说明边墙变形主要受水平位移控制。计算模型为对称结构，故取隧道左侧拱腰处的节点作为控制点进行水平位移分析。控制点在三种工况下水平位移时程曲线如图 6-47 所示。

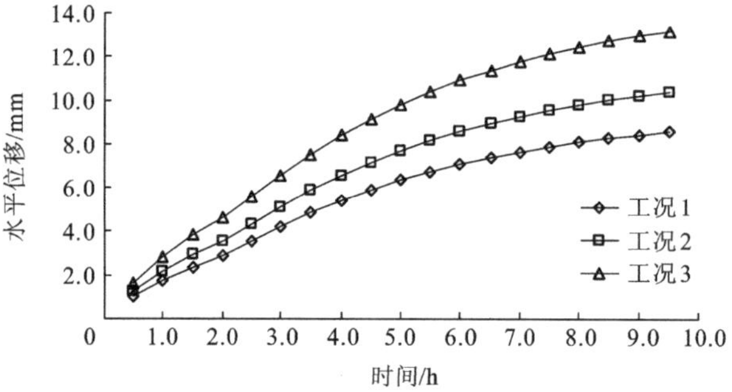

图 6-47　拱腰水平位移时程曲线

对图 6-47 中三种不同工况条件下拱腰控制点水平位移随时间变化曲线用最小二乘法进行拟合，得到回归方程

$$s = At^2 + Bt + C \tag{6-63}$$

式中：s 为水平位移，t 为时间，A、B、C 为不同工况下拟合系数。拟合结果如表 6-9 所示。

表 6-9　拱腰水平位移时程曲线拟合结果

工况	拟合系数		
	A	B	C
工况 1	−0.019	0.804	0.137
工况 2	−0.023	0.971	0.221
工况 3	−0.029	1.223	0.394

由图 6-47 可知，隧道支护结构在围岩弹模不变的情况下，控制点的水平位移都会随着时间的推移而逐渐增大，在膨胀作用结束时，控制点水平位移达到最大值。当围岩弹模为初始弹模时，拱腰水平最大位移为 8.57 mm；当围岩弹模衰减 20%时，控制点水平最大位移为 10.39 mm；当围岩弹模衰减 40%时，控制点水平最大位移为 13.17 mm。说明随着弹性模量的衰减，控制点的最大水平位移会逐渐增加。根据《铁路隧道设计规范》（TB 10003—2016）8.2.3 条，软岩大跨度隧道 III 级围岩衬砌预留最大变形量为 80 mm，而计算所得三种工况控制点最大水平位移为 13.17 mm，小于预留最大变形量。故边墙有足够的安全储备来应对围岩膨胀产生的膨胀力。

拱腰控制点处水平速度和水平加速度起控制作用，控制点水平速度时程曲线如图 6-48 所示，水平加速度时程曲线如图 6-49 所示。由图 6-48 和图 6-49 可知：

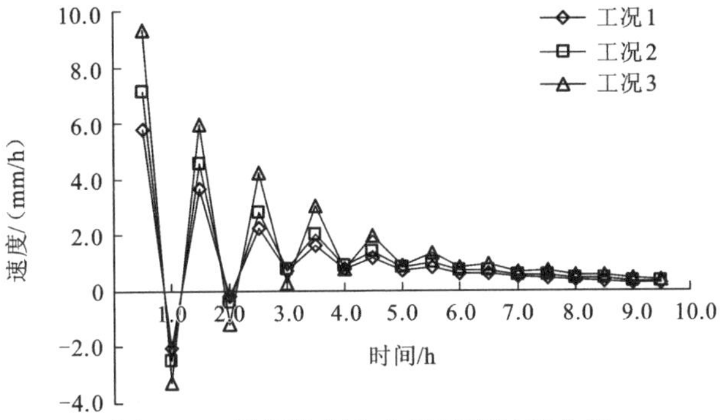

图 6-48　拱腰控制点水平速度时程曲线

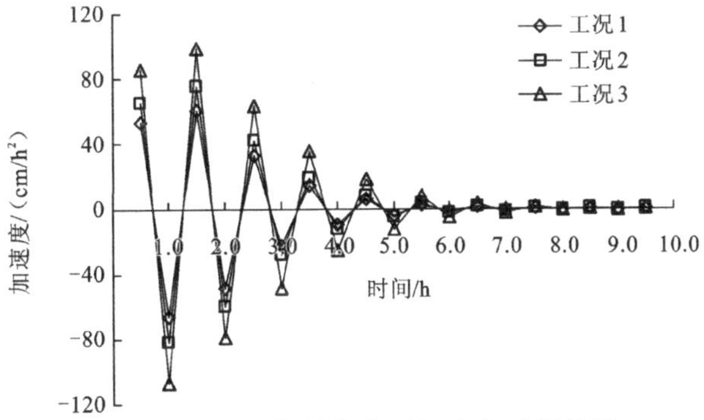

图 6-49　拱腰控制点水平加速度时程曲线

（1）不同工况下拱腰控制点速度时程曲线变化规律一致，即在膨胀前期，板岩膨胀速率较快，控制点速度最大，随着时间推移，速度呈周期性衰减，在膨胀作用结束时，速度趋于 0。

（2）不同工况下拱腰控制点加速度时程曲线变化规律一致，由于前期膨胀作用明显，控制点加速度均在 1.5 h 达到最大值，之后会出现周期性的加速衰减，并逐渐向 0 靠近。

（3）随着弹性模量的衰减，控制点速度和加速度峰值会增大，例如工况 1、工况 2、工况 3 对应的速度峰值为 5.77 mm/h、7.14 mm/h、9.35 mm/h，加速度峰值为 60.91 cm/h^2、75.29 cm/h^2、98.58 cm/h^2。

2. 衬砌竖向位移响应特征

提取工况 1 条件下富水板岩隧道衬砌绝对值最大竖向位移等值线和变形云图，如图 6-50 所示。

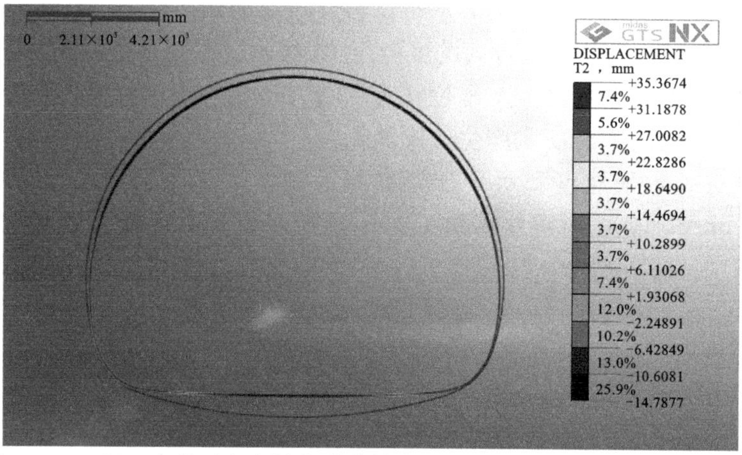

图 6-50 工况 1 条件下富水板岩隧道衬砌最大竖向位移等值线和变形云图

通过衬砌竖向位移等值线发现，隧道竖向位移主要集中在隧道拱顶附近和仰拱位置。拱顶附近竖向位移为负值，说明隧道拱顶向内凹陷，拱顶的竖向位移绝对值最大；仰拱竖向位移为正值，说明隧道仰拱向内凸起，拱底的竖向位移最大。为简化分析过程，只提取拱顶节点和拱底节点作为控制点进行研究。

1）拱顶沉降响应特征

拱顶控制点在三种工况下竖向位移随时间变化规律如图 6-51 所示。

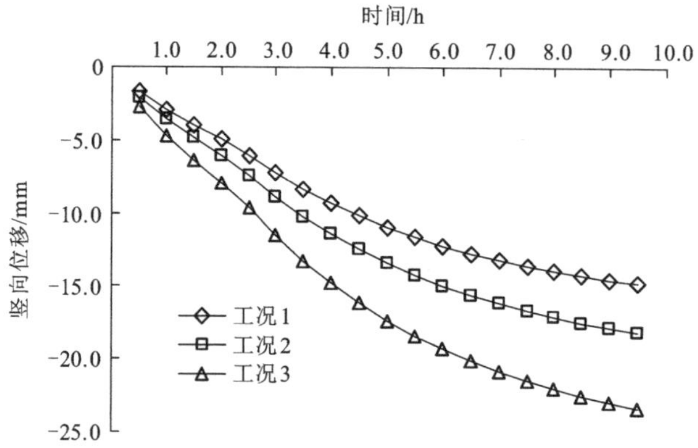

图 6-51 拱顶竖向位移

采用最小二乘法对图中三种不同工况条件下拱顶竖直位移随时间变化曲线进行拟合，得到拟合方程

$$s = At^2 + Bt + C \tag{6-64}$$

式中：s 为水平位移，t 时间，A、B、C 为不同工况下拟合系数。拟合结果如表 6-10 所示。

表 6-10　拱顶竖向位移拟合结果

工况	拟合系数		
	A	*B*	*C*
工况 1	0.034	−1.406	−0.106
工况 2	0.041	−1.716	−0.180
工况 3	0.052	−2.204	−0.334

由拱顶控制点位移时程曲线（图 6-51）可知，隧道支护结构在围岩弹模不变的情况下，拱顶的竖向位移随着时间的推移逐渐增大，膨胀作用结束时，拱顶竖向位移达到最大值。工况 1 计算所得拱顶最大竖向位移为 14.79 mm；工况 2 计算所得拱顶最大竖向位移为 18.10 mm；工况 3 计算所得拱顶最大竖向位移为 23.35 mm。对拱顶最大竖向位移分析可以发现随着弹性模量的衰变，拱顶最大竖向位移也会随之增大。三种工况计算所得拱顶最大竖向位移为 23.35 mm，小于 III 级围岩单线隧道衬砌预留最大变形量的 30 mm，满足规范要求。但是拱顶沉降值要明显大于拱腰水平位移，说明该工况下板岩隧道上部衬砌变形稳定主要受拱顶衬砌变形控制，对于拱顶沉降要求严格的隧道，可以通过增加衬砌厚度和增加上部衬砌的钢筋用量来控制隧道拱顶沉降。

拱顶控制沉降速度时程曲线如图 6-52 所示，加速度时程曲线如图 6-53 所示。由图 6-52 和图 6-53 可知：

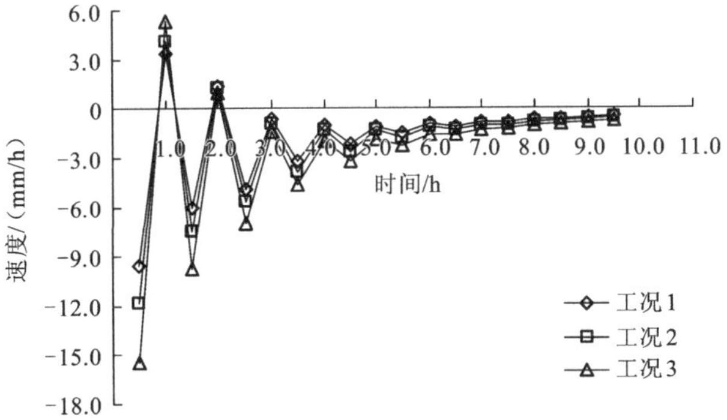

图 6-52　拱顶控制点沉降速度时程曲线

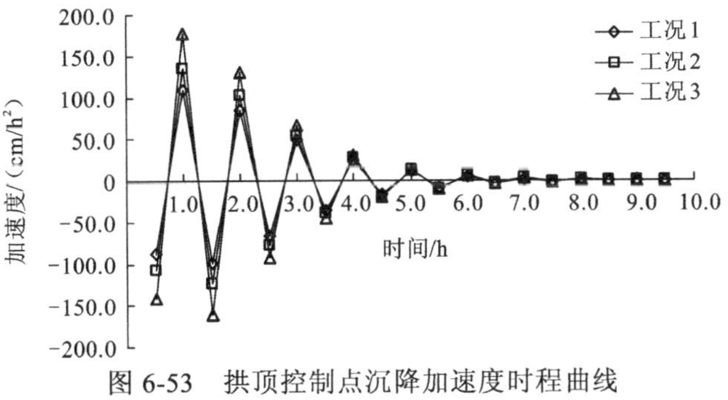

图 6-53　拱顶控制点沉降加速度时程曲线

（1）不同工况下速度时程曲线、加速度时程曲线变化规律一致，与拱腰控制点一样，速度、加速度在膨胀前期达到最大值，随着时间的推移，速度、加速度都会周期性快速衰减。

（2）不同工况下，拱顶控制点加速度都在 1.5 h 达到极值，此时围岩膨胀对拱顶沉降影响最明显。

（3）弹性模量的衰减并不会影响拱顶沉降规律，只会改变拱顶沉降极值的大小，弹性模量越小，拱顶沉降值越大。

2）拱底隆起响应特征

拱底控制点在三种工况下隆起位移时程曲线如图 6-54 所示。

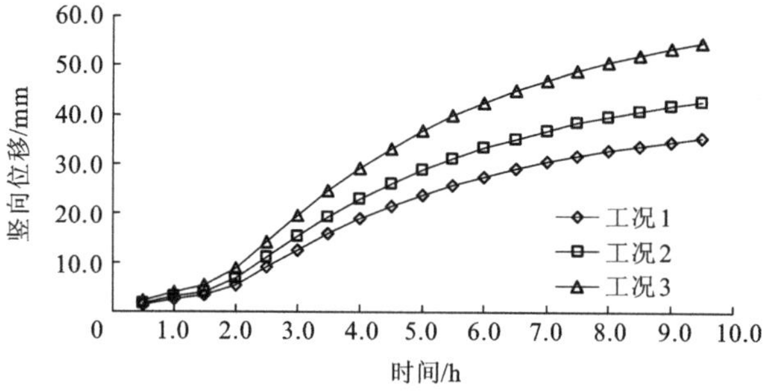

图 6-54 拱底控制点隆起时程曲线

使用最小二乘法得到三条曲线的拟合方程

$$s = At^4 + Bt^3 + Ct^2 + Dt + E \tag{6-65}$$

式中：s 为水平位移，t 为时间，A、B、C、D、E 为不同工况下拟合系数。拟合结果如表 6-11 所示。

表 6-11 拱底竖向位移拟合结果

工况	拟合系数				
	A	*B*	*C*	*D*	*E*
工况 1	0.001 3	−0.057 8	0.786 7	−1.655 0	1.668 3
工况 2	0.001 6	−0.069 5	0.944 3	−1.373 7	2.044 6
工况 3	0.002 0	−0.087 6	1.191 2	−1.694 4	2.660 4

由图 6-54 中三条位移时程曲线可以看出，板岩弹性模量不变时，拱底位移随着时间推移逐渐增大；随着板岩弹性模量的衰减，同一时间板岩弹性模量越小，拱底隆起值越大。拱底竖向位移在膨胀作用结束时达到极值，工况 1、工况 2、工况 3 对应的拱底竖向位移极值分别为 35.37 mm，42.81 mm，54.63 mm，拱底最大隆起值都大于《铁路隧道设计规范》（TB 10003—2016）规定最小变形量 30 mm，说明需要对仰拱的刚度进行调整，使其能够承受足够的变形，常用的方法有增加仰拱的配筋率、增大仰拱的厚度、修改仰拱矢跨比，使仰拱刚度增大，变形量减小，但是具体如何调整，需要通过计算仰拱的内力来确定调整值得大小。

控制点三种工况下速度时程曲线如图 6-55 所示，加速度时程曲线如图 6-56 所示。由图 6-55 和图 6-56 可知：

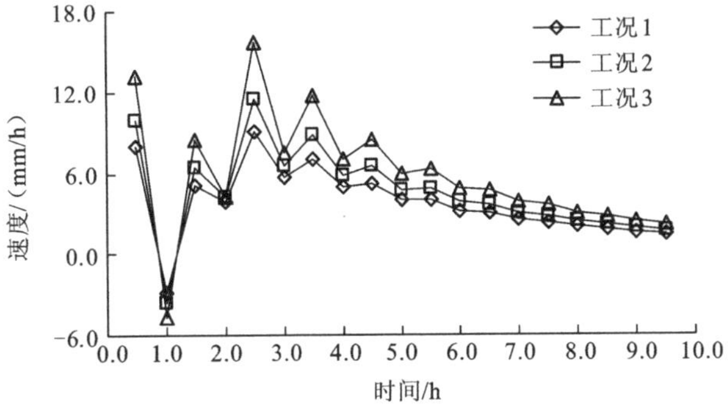

图 6-55　拱底控制点隆起速度时程曲线

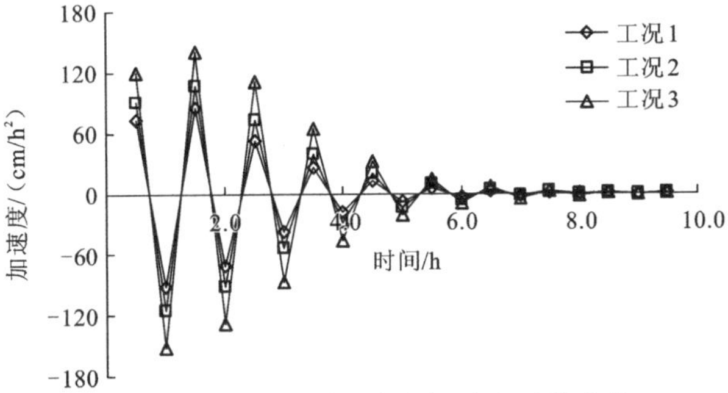

图 6-56　拱底控制点隆起加速度时程曲线

（1）不同工况下拱底控制点速度、加速度时程曲线变化规律基本一致，速度、加速度都在膨胀前期达到极值，速度、加速度都会在后期迅速衰减趋近于 0。

（2）三种工况下拱底速度在 3 h 达到极值，加速度在 1.5 h 达到极值，速度极值出现时间比加速度极值出现时间滞后。

（3）弹性模量的衰减不会对拱底隆起规律产生影响，只会改变拱底隆起极值，弹性模量越小，拱底隆起极值越大。

6.2.5　支护结构内力和应力响应

1. 衬砌内力响应

提取工况 1 膨胀作用结束时衬砌内力云图，如图 6-57～图 6-59 所示。

由图 6-57、图 6-58、图 6-59 可知，内力极值区域主要分布在隧道衬砌拱底和拱腰处，故对拱底单元和拱脚单元进行内力时程分析。

1）拱底单元的内力时程分析

拱底单元在三种工况下的内力时程曲线如图 6-60～图 6-62 所示。

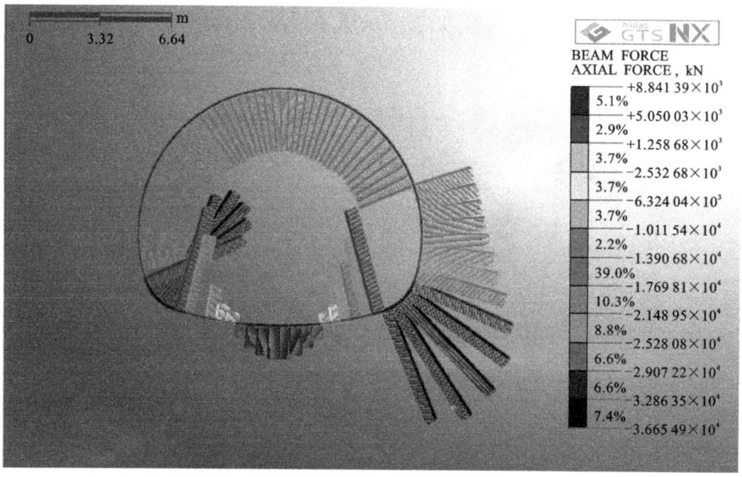

图 6-57 衬砌轴力图

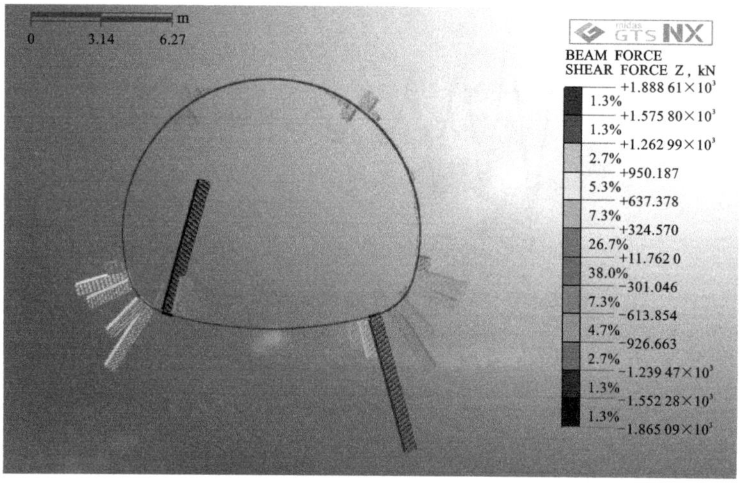

图 6-58 衬砌剪力图

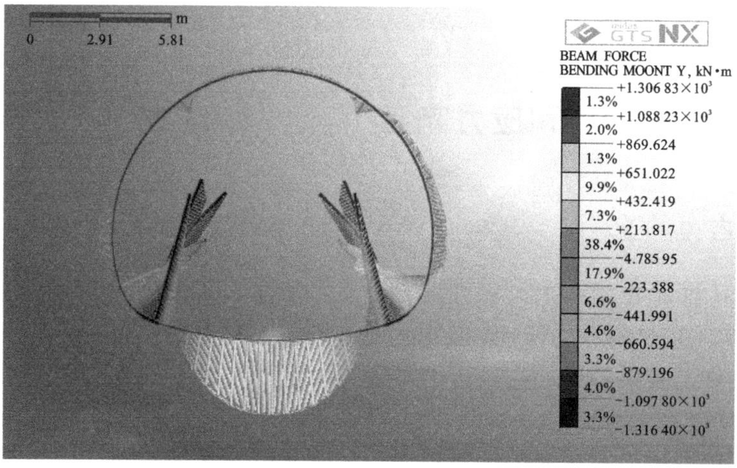

图 6-59 衬砌弯矩图

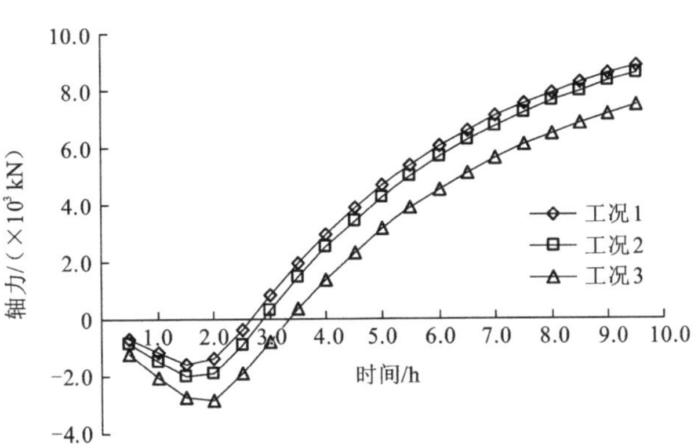

图 6-60　拱底控制单元轴力时程曲线

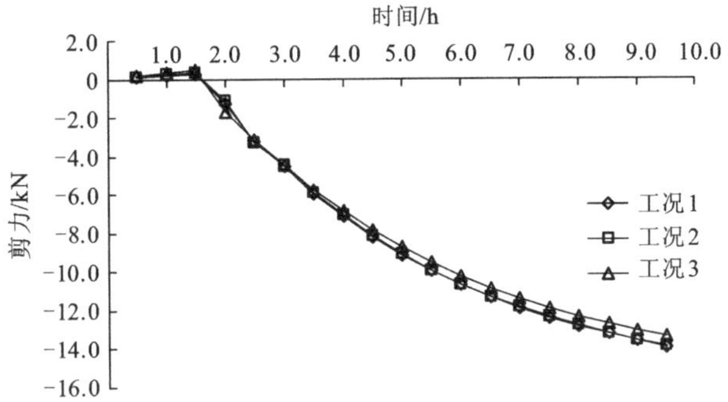

图 6-61　拱底控制单元剪力时程曲线

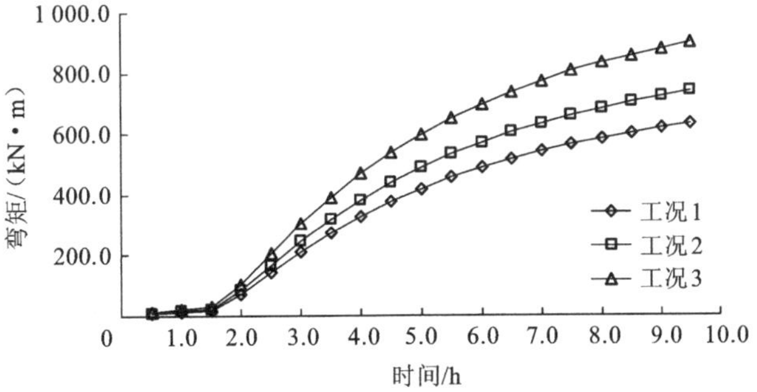

图 6-62　拱底控制单元弯矩时程曲线

由图 6-60～图 6-62 可知：

（1）不同工况下轴力时程曲线变化规律基本一致，拱底单元最初轴力为压力，并随时间逐渐增大，轴力在 2h 达到压力极值，拱底单元工况 1、工况 2、工况 3 对应的轴压力极值分别为 1 590 kN、2 020 kN、2 830 kN，说明随着围岩弹性模量的衰减，会引起衬砌拱底单元所受压力增大，之后轴压力逐渐减小，在 3 h 左右拱底单元轴力由压力转变为拉力，拉力值在膨胀作用结束时达到极值工况 1、工况 2、工况 3 对应的拉力极值分别为 8 840 kN、8 580 kN、7 470 kN，说明随着围岩弹性模量的衰减，会引起拱底单元所受拉力减小，结合仰拱变形规律分析可知，在板岩膨胀作用下，仰拱的曲率先增大后减小，导致仰拱所受轴力形似发生改变，这对隧道仰拱而言是非常不利的。

（2）不同工况下拱底单元时程曲线基本重合，说明弹性模量的衰减对剪力的影响很小，膨胀作用发生，1.5 h 内拱底单元剪力为 0，1.5 h 之后，剪力绝对值随着时间逐渐增大，在膨胀作用结束时达到极值，数值都接近 14 kN。

（3）膨胀作用前 1.5 h 内，三种工况下的弯矩时程曲线基本重合，弯矩值近乎为 0，1.5 h 后弯矩值逐渐增大，在膨胀作用结束时达到极值，工况 1、工况 2、工况 3 计算所得弯矩极值分别为 632.8 kN·m、737.9 kN·m、900.9 kN·m，说明随着围岩弹性模量衰减，衬砌拱底单元所受弯矩极值逐渐增大。

2）拱脚单元内力时程分析

拱脚单元的内力时程曲线如图 6-63～图 6-65 所示。

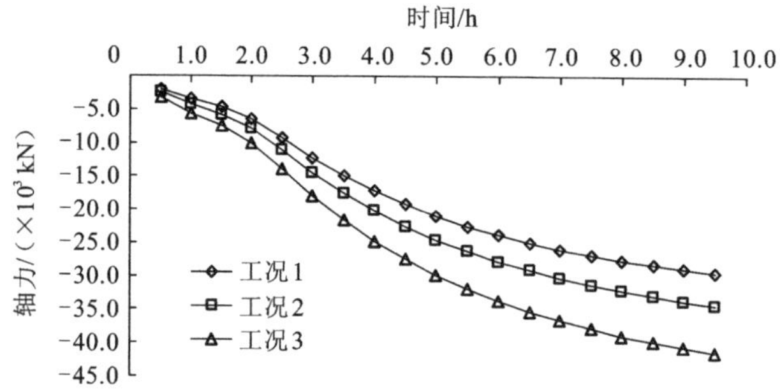

图 6-63　拱脚控制单元轴力时程曲线

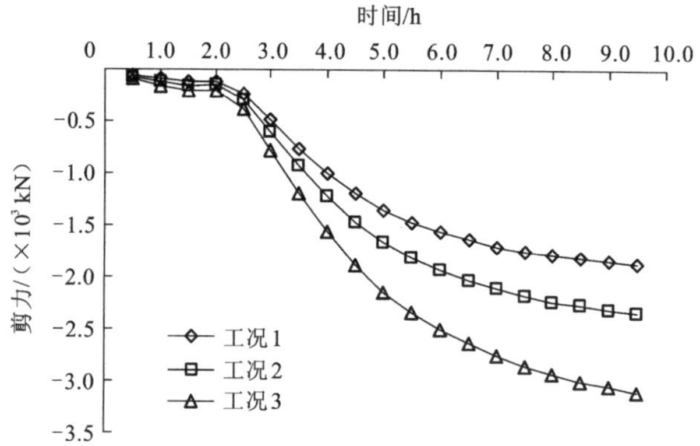

图 6-64　拱脚控制单元剪力时程曲线

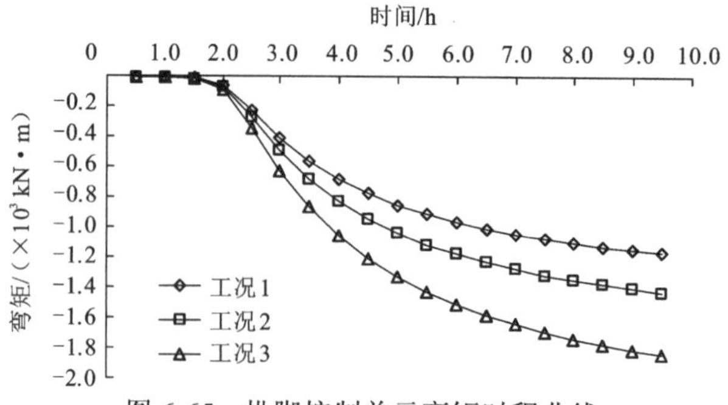

图 6-65　拱脚控制单元弯矩时程曲线

由图 6-63～图 6-65 可知：

（1）不同工况下拱脚单元轴力时程曲线变化规律基本一致，拱脚轴力始终为压力，不会出现轴拉力，拱脚轴压力会随着时间的推移逐渐增加，在膨胀作用结束时拱脚轴压力达到最大值，板岩弹性模量越小，相同时刻拱脚单元轴压力值越大，工况 1、工况 2、工况 3 对应的轴压力极值分别为 29 380 kN、34 260 kN、41 330 kN。

（2）不同工况下拱脚单元剪力时程曲线变化规律基本一致，膨胀作用前 2.5 h，拱脚单元剪力值随时间不会出现显著增加，膨胀作用发生 2.5 h 后，拱脚单元剪力增加速率加快，在膨胀作用结束时达到极值，板岩弹性模量越小，相同时刻拱脚单元轴压力越大，工况 1、工况 2、工况 3 对应的剪力极值分别为 1 870 kN、2 340 kN、3 100 kN。

（3）不同工况下拱脚单元弯矩时程曲线变化规律基本一致，拱脚单元弯矩始终为负值，说明拱脚一直处于下边缘受拉状态，膨胀作用前 1.5 h，拱脚单元弯矩为 0，膨胀作用 1.5 h 后，拱脚弯矩逐渐增大，在膨胀作用结束时达到极值，板岩弹性模量越小，相同时刻拱脚弯矩值越大，工况 1、工况 2、工况 3 对应的弯矩极值分别为 1 136 kN·m、1 424 kN·m、1 835 kN·m。

2. 衬砌应力响应

工况 1 条件下膨胀作用结束时衬砌应力云图，如图 6-66～图 6-69 所示。

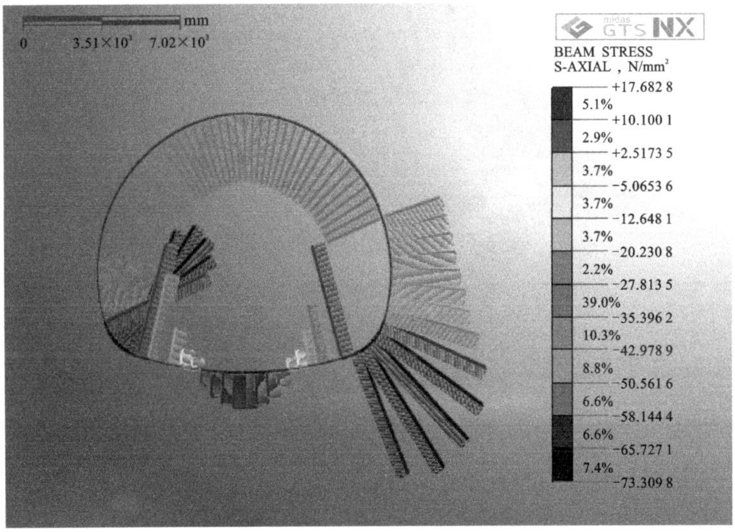

图 6-66　衬砌轴向应力云图

由图 6-66～图 6-69 可知，拱底和拱脚处的应力值最大，为了和内力图相对应，取拱底单元和拱脚单元进行内力时程分析。

1）拱底单元内力时程分析

拱底单元的应力时程曲线如图 6-70～图 6-73 所示。

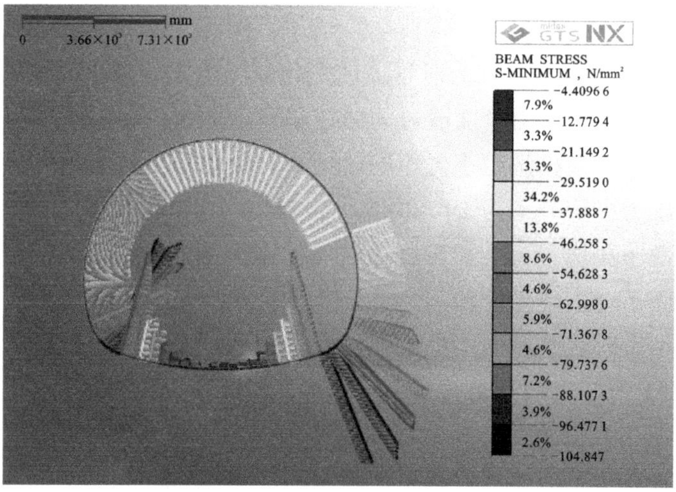

图 6-67 衬砌最小主应力云图

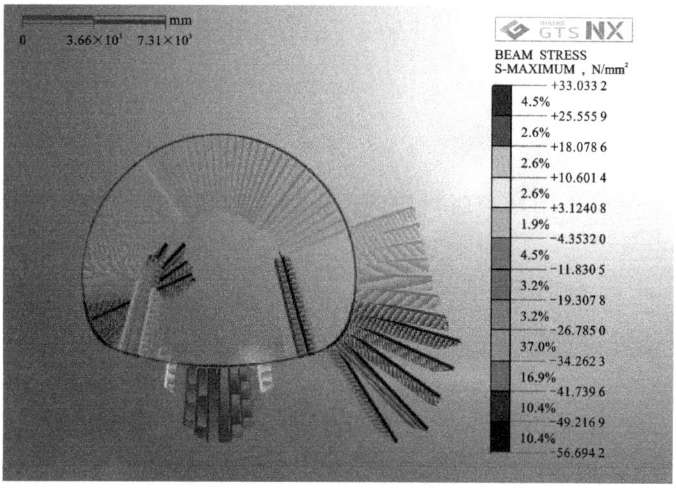

图 6-68 衬砌最大主应力云图

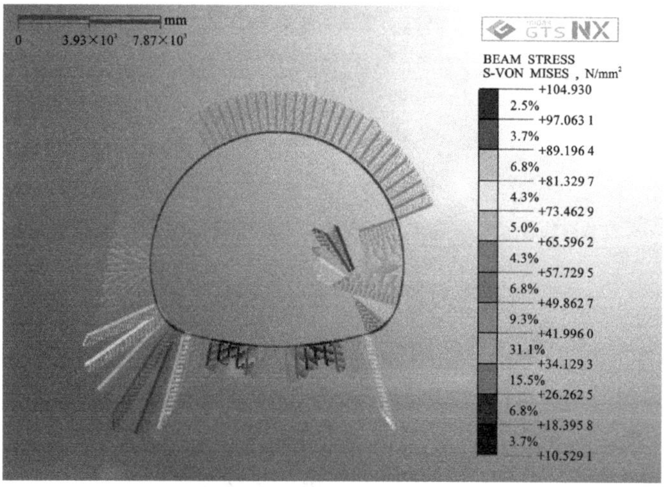

图 6-69 衬砌米塞斯应力云图

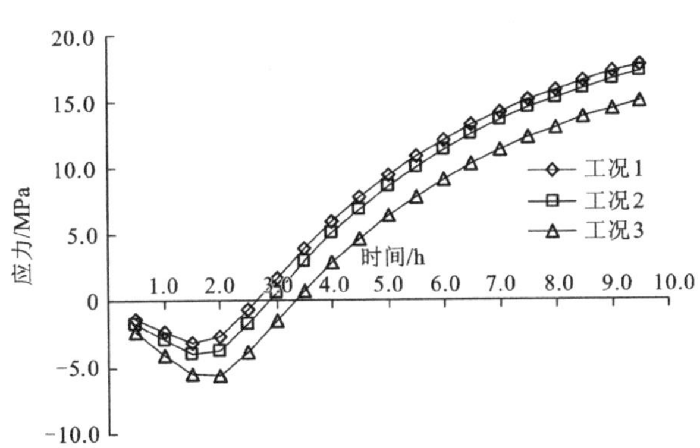

图 6-70　衬砌拱底单元轴向应力时程曲线

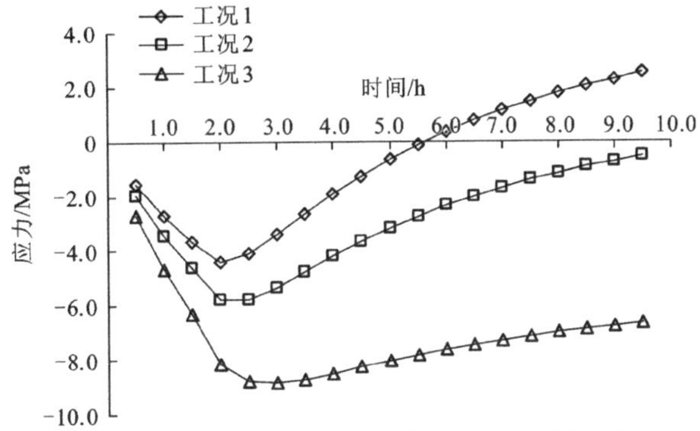

图 6-71　衬砌拱底单元最小主应力时程曲线

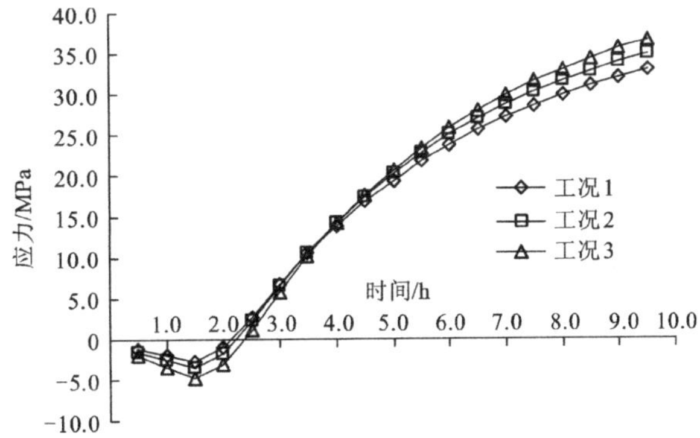

图 6-72　衬砌拱底单元最大主应力时程曲线

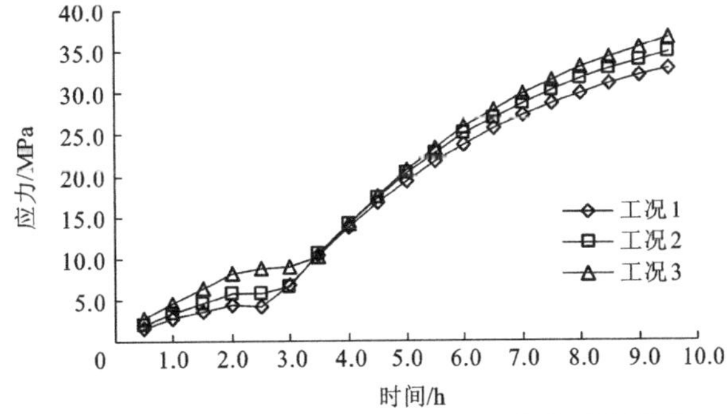

图 6-73　衬砌拱底单元米塞斯屈服应力时程曲线

由图 6-70～图 6-73 可知：

（1）三种工况下衬砌轴向应力变化规律基本一致，衬砌轴向应力在膨胀作用前期都处于受压状态，并在膨胀作用 1.5h 达到极值，工况 1、工况 2、工况 3 对应的压应力极值分别 3.18 MPa、4.04 MPa、5.66 MPa，随着时间的推移，轴向压应力逐渐减小，膨胀作用 3 h 后，衬砌轴向压应力逐渐转变为拉应力，并随着时间逐渐增加，在膨胀作用结束时达到极值，工况 1、工况 2、工况 3 对应的拉应力极值分别为 17.68 MPa、17.15 MPa、14.94 MPa，说明随着弹性模量的衰变，拱底衬砌轴向拉应力极值也会随之减小。

（2）三种工况下拱底衬砌单元最小主应力变化趋势基本一致，拱底衬砌单元最小主应力都会随着时间先减小后增大，膨胀作用 2.5 h 最小主应力达到极小值，工况 1、工况 2、工况 3 分别为−4.41 MPa、−5.78 MPa、−8.86 MPa，说明随着弹性模量的衰变，拱底衬砌单元绝对值最小主应力会随之增大，最小主应力在膨胀作用结束时达到极值，工况 1、工况 2、工况 3 对应的最小主应力分别为 2.50 MPa、−0.55 MPa、−6.68 MPa，围岩弹性模量的衰减会造成最终最小主应力减小，同时也会改变拱底单元的应力状态，板岩弹性模量不发生衰变，衬砌最小主应力为拉应力，随着弹性模量的衰变，拱底衬砌单元最小主应力由拉应力向压应力转变，板岩弹性模量越小，拱底衬砌单元最终最小主应力越大。

（3）三种工况下拱底衬砌单元最大主应力变化趋势基本一致，三种工况下的最大主应力都会随着时间先减小后增大，膨胀作用 1.5 h 最大主应力达到极小值，此时工况 1、工况 2、工况 3 对应的最大主应力极小值分别为−2.72 MPa、−3.47 MPa、−4.75 MPa，拱底单元处于完全受压状态，随着时间的推移，拱底单元应力状态会发生改变，拉应力逐渐向压应力转变，拱底由完全受压状态开始向受拉状态改变，膨胀作用结束时，拱底最大主应力达到极值，工况 1、工况 2、工况 3 对应的应力极值分别为 32.87 MPa、34.86 MPa、36.56 MPa，说明随着弹性模量的衰变，衬砌拱底单元最大主应力极值会增大。

（4）三种工况下拱底衬砌单元米塞斯应力变化规律基本一致，膨胀作用前 2h 内，拱底衬砌单元米塞斯应力与时间呈现线性相关性，且随着时间线性增加，膨胀作用 2h～3h 内，拱底衬砌单元米塞斯应力维持在一固定值，说明衬砌变形过程中米塞斯屈服应力处于稳定阶段，隧道衬砌不会在阶段发生破坏，膨胀作用 3h 后，拱底衬砌单元米塞斯应力随着时间逐渐增加，在膨胀作用结束时达到最大，工况 1、工况 2、工况 3 对应的米塞斯应力极值分别为 32.77 MPa、34.85 MPa、36.54 MPa，拱底衬砌单元米塞斯应力要略小于最大主应力，说明衬砌受拉区面积要远大于受压区面积，衬砌以拉应力为主导应力。

2）拱脚单元内力时程分析

拱脚单元的应力时程曲线如图 6-74～图 6-77 所示。

由图 6-74～图 6-77 可知：

（1）三种工况下拱脚单元轴向应力变化规律基本一致，拱脚单元轴向应力随着时间逐渐减小，且轴向应力始终为负值，拱脚始终处于受压状态，压应力随着时间逐渐增大，在膨胀作用结束时达到极值，工况 1、工况 2、工况 3 对应的轴向应力极值分别为−58.77 MPa、−68.52 MPa、−82.66 MPa，说明随着弹性模量的衰减，拱底隆起值变大，衬砌拱脚所受压应力也会随之增大。

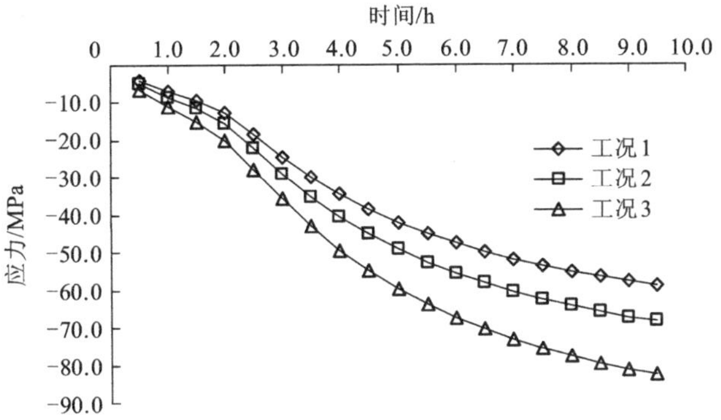

图 6-74　衬砌拱脚单元轴向应力时程曲线

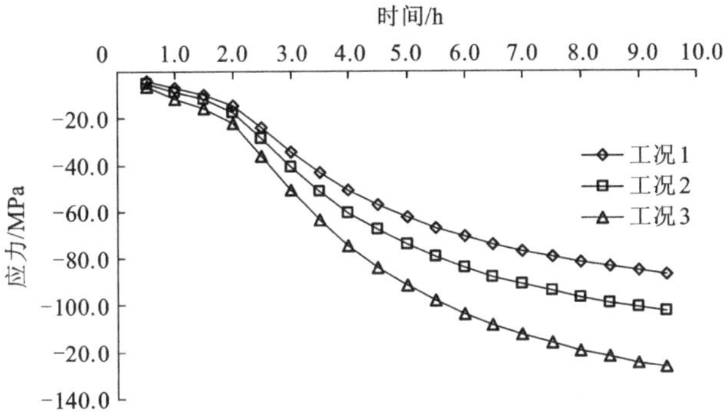

图 6-75　衬砌拱脚单元最小主应力时程曲线

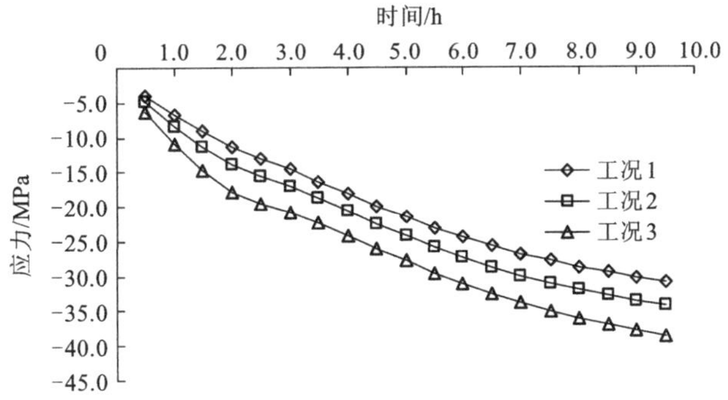

图 6-76　衬砌拱脚单元最大主应力时程曲线

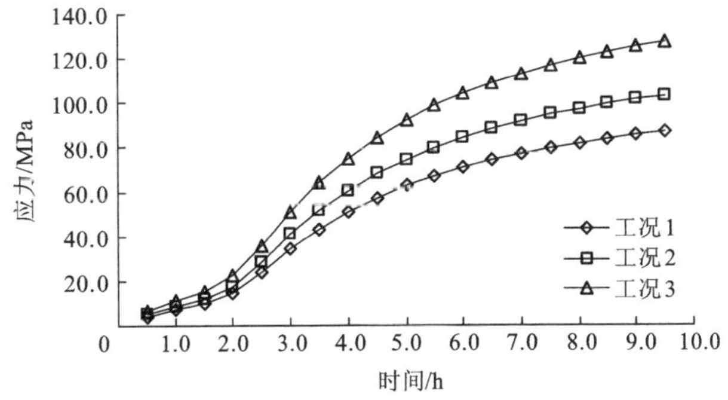

图 6-77　衬砌拱脚单元米塞斯应力时程曲线

（2）三种工况下拱脚单元最小主应力变化规律基本一致，拱脚单元最小主应力始终为负值，拱脚单元最小主应力始终为压应力，拱脚单元所受最大主压应力随着时间推移逐渐增大，变化规律与拱脚单元轴向应力基本一致，工况 1、工况 2、工况 3 对应的最小主应力分别为-86.67 MPa、-102.69 MPa、-126.69 MPa，结合时程曲线变化规律可知，随着弹性模量的衰减，衬砌拱脚单元所受最小主应力的绝对值也会随之增加。

（3）三种工况下拱脚单元最大主应力变化规律基本一致，拱脚单元最大主应力始终为负值，拱脚单元最大主应力始终为压应力，拱脚单元所受最大主压应力随着时间推移逐渐增大，工况 1、工况 2、工况 3 对应的最大主应力分别为-30.86 MPa、-34.36 MPa、-38.62 MPa，结合时程曲线变化规律可知，随着弹性模量的衰减，衬砌单元所受最大主应力的绝对值也会随之增大。

3. 锚杆内力响应

计算模型将锚杆视为桁架，锚杆中只存在轴力，提取工况 1 膨胀作用结束时锚杆轴力云图如图 6-78 所示。

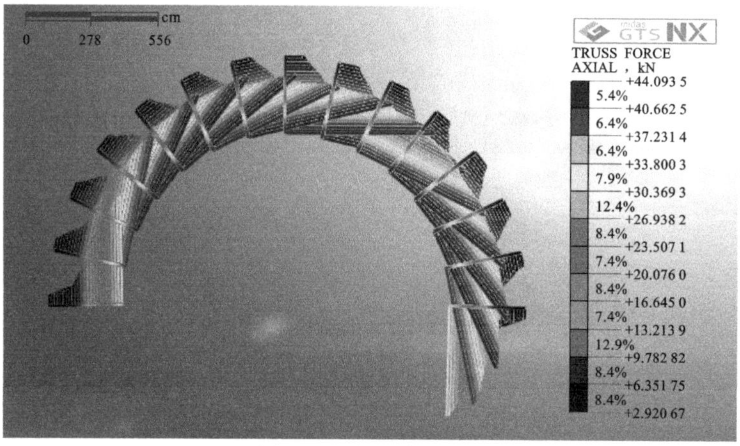

图 6-78　锚杆轴力图

通过图 6-78 和计算结果可知，拱顶锚杆轴力值最大，故提取拱顶锚杆单元进行轴力时程分析，锚杆轴力时程曲线如图 6-79 所示。由图 6-79 可知：

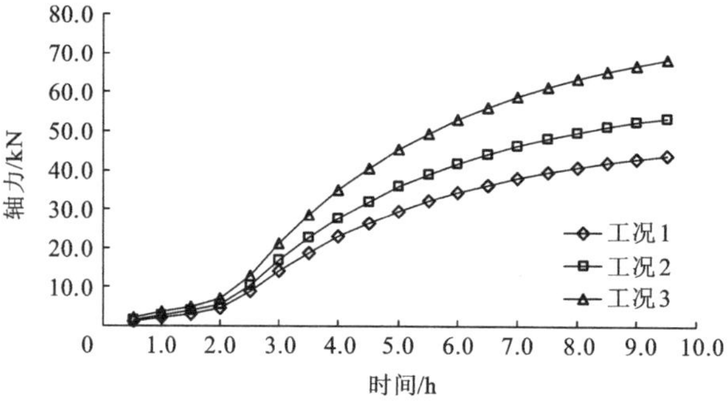

图 6-79　锚杆轴力时程曲线

（1）锚杆轴力在不同工况下的变化规律基本一致，锚杆轴力始终为拉力，并随着时间的推移逐渐增大，锚杆轴力在前 1.5 h 内，拱顶沉降值小，锚杆轴力变化趋势不明显，1.5 h 之后，锚杆轴力增大趋势越来越明显，在膨胀作用结合时，锚杆轴力达到极值，工况 1、工况 2、工况 3 对应的轴力极值分别为 43.95 kN、53.48 kN、68.30 kN。

（2）弹性模量的衰减会导致锚杆轴力增大，膨胀作用前 1.5 h 内，由于拱顶变形量较小，不同工况下拱脚轴力相差并不明显，在膨胀作用 1.5～9.5 h，拱脚轴力会出现大幅增长，增长速度也会随着时间逐渐放缓，膨胀作用结束，拱脚轴力达到极值差异达到最大值。

4. 锚杆应力响应

提取工况一条件下膨胀作用结束时锚杆的应力云图，如图 6-80 所示。

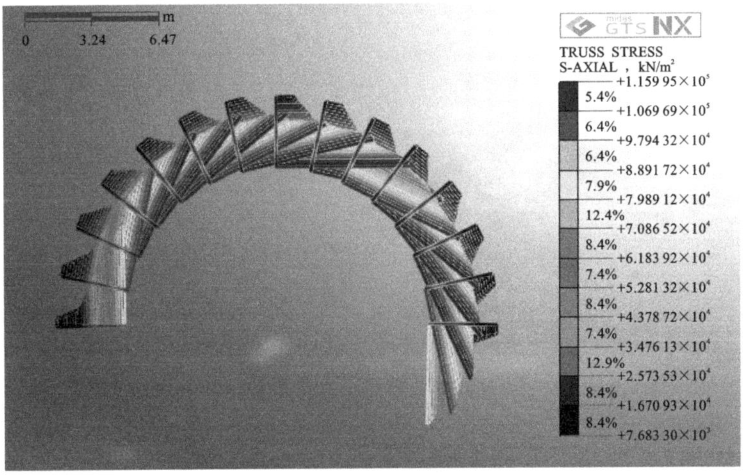

图 6-80 锚杆应力图

提取锚杆单元对其进行应力时程分析，应力时程曲线如图 6-81 所示。

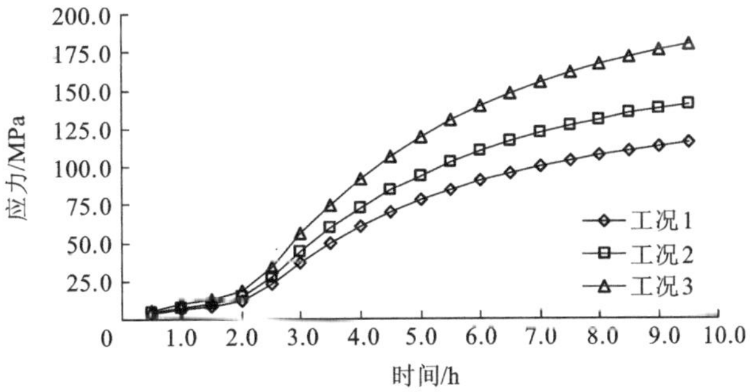

图 6-81 锚杆应力时程曲线

由图 6-81 可知：锚杆在膨胀过程中，只会产生轴向变形，不会产生弯曲变形，锚杆截面不会随着时间发生改变，故锚杆中的应力只与轴力相关，不同工况下应力时程曲线与轴力时程曲线变化规律完全一致，工况 1、工况 2、工况 3 对应的应力极值分别为 115.62 MPa、140.68 MPa、179.67 MPa，说明随着板岩弹性模量的衰减，衬砌变形增大，锚杆所承受的轴向应力也会变大。

6.2.6 隧道围岩动力响应

富水板岩隧道在膨胀过程中，由于支护结构的存在，隧道周围位移场和应力场都会随时间发生改变，着重分析膨胀作用过程中围岩塑性区和应力场。

1. 围岩塑性区

提取工况 1、工况 2、工况 3 对应 3h、6h、9.5h 塑性区云图，如图 6-82～图 6-90 所示。

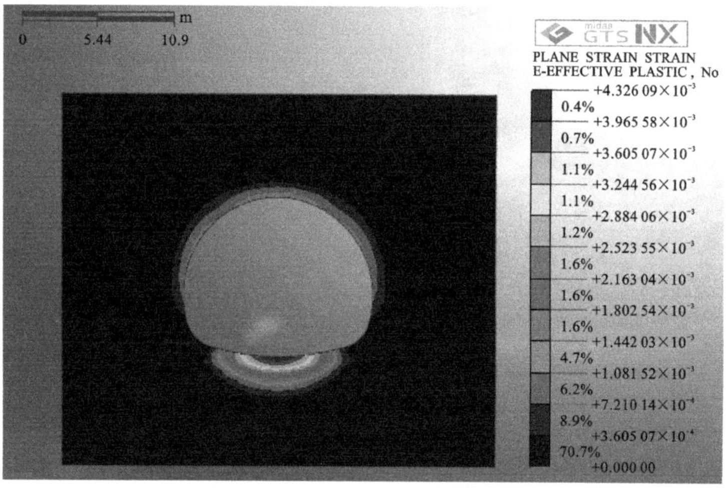

图 6-82　工况 1 3h 塑性区云图

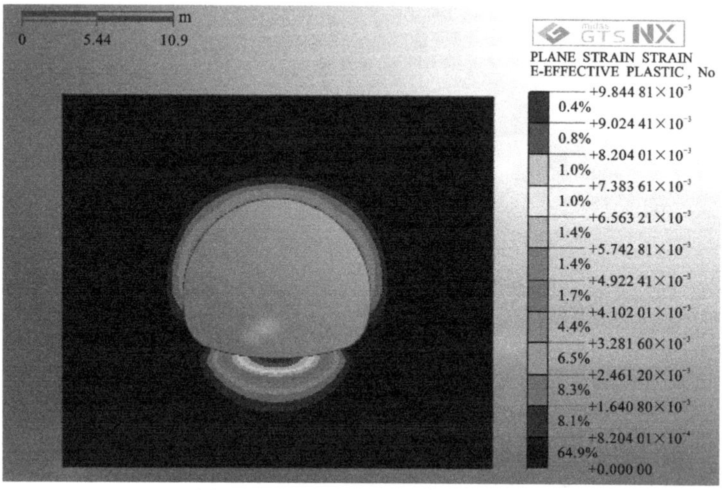

图 6-83　工况 1 6h 塑性区云图

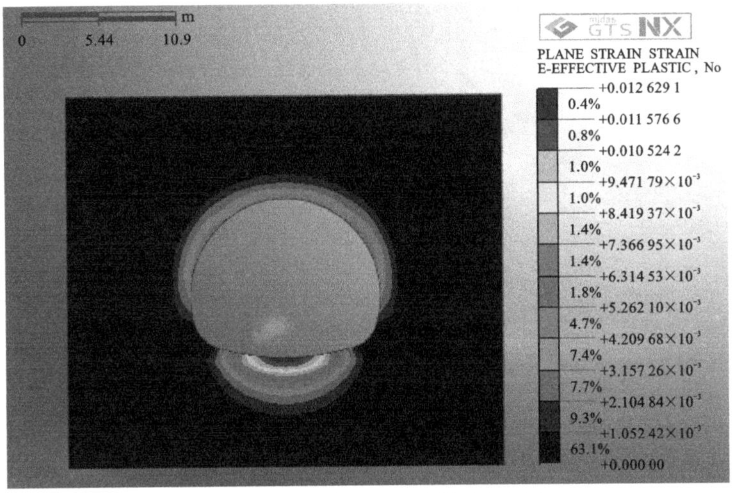

图 6-84　工况 1 9.5 h 塑性区云图

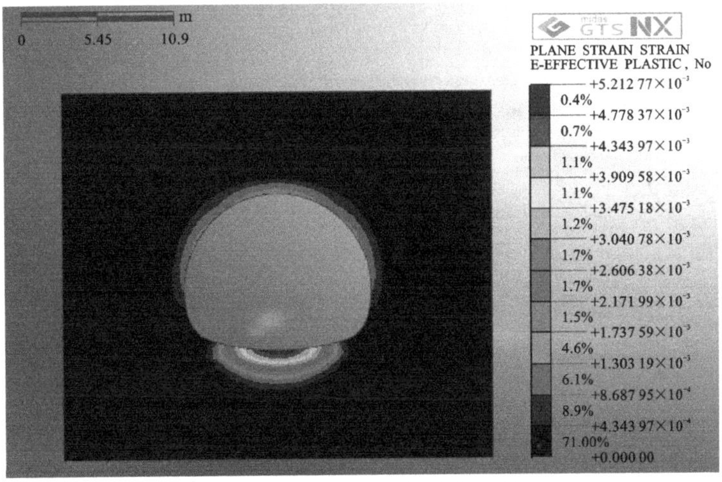

图 6-85　工况 2 3 h 塑性区云图

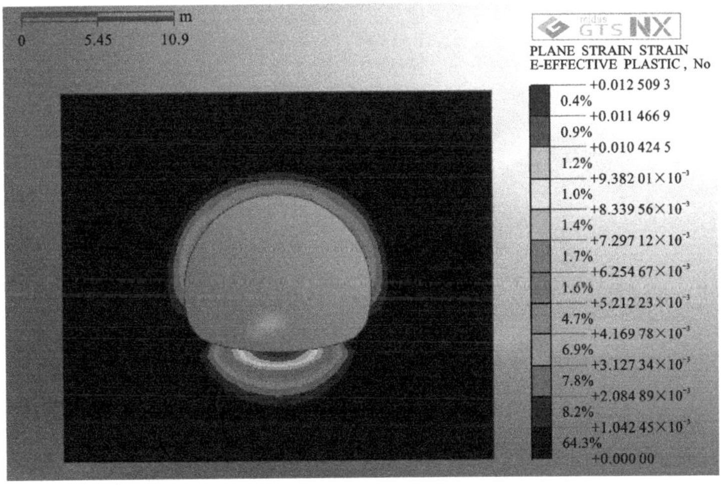

图 6-86　工况 2 6 h 塑性区云图

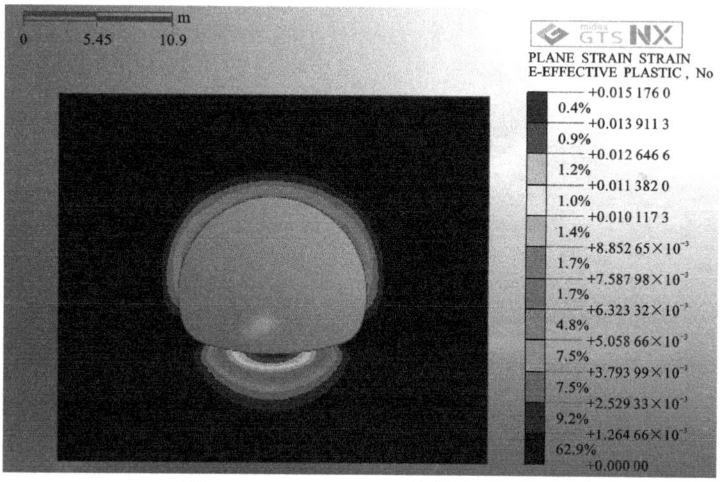

图 6-87　工况 2 9.5 h 塑性区云图

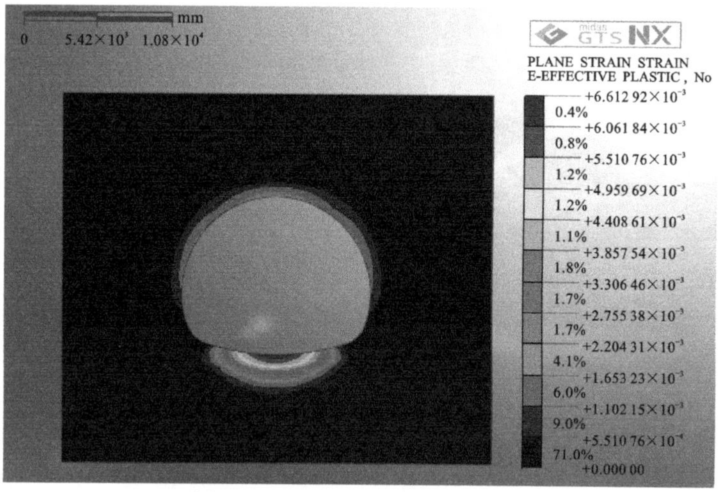

图 6-88　工况 3 3 h 塑性区云图

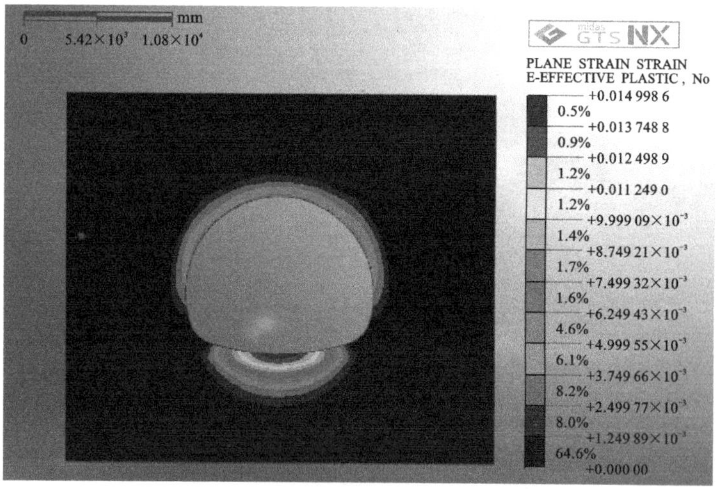

图 6-89　工况 3 6 h 塑性区云图

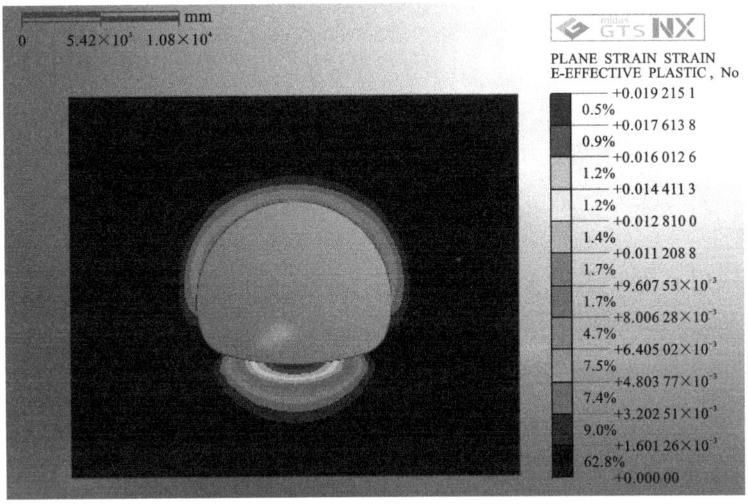

图 6-90　工况 3 9.5 h 塑性区云图

通过工况 1、工况 2、工况 3 对应 3 h、6 h、9.5 h 塑性区应力云图（图 6-82～图 6-90）分析可知：

（1）三种工况下围岩塑性区变化规律基本一致，围岩塑性区主要分布在隧道支护结构周围，主要集中在隧道仰拱以下的片区和拱顶附近环形区域内，仰拱下塑性区层次明显，说明拱底下部分围岩所受塑性影响较大，塑性区域的分布和隧道支护结构位移存在一定的关联性，支护结构位移拱顶沉降位移值小于拱底隆起值，拱底的塑性区影响范围要大于拱顶的塑性区影响范围。

（2）三种工况下围岩塑性区，围岩塑性区域随着时间的推移，塑性区会逐渐发育成型，拱顶周围的塑性区在 6 h 左右趋于稳定，区域不变，塑性值会随着时间逐渐增大，拱顶周围塑性区的塑性值在膨胀作用结束时达到极值，拱底周围的塑性区随着时间的推移呈现稳步增加的状态，在 9.5 h 左右趋于稳定，在膨胀作用结束时塑性区达到极值，说明隧道拱底处的围岩对仰拱的影响要远大于拱顶周围围岩对拱顶和边墙的影响。

（3）三种工况对应的不同时间点围岩塑性区极值如表 6-12 所示，由表 6-12 可知，随着围岩弹性模量的衰减，塑性区最大值会随之增大，塑性区极值也会随着时间的推移逐渐增大，在膨胀作用结束时达到最大，同一工况下 9.5 h 塑性区最大值约为 3 h 塑性区最大值的三倍，说明围岩膨胀作用时间越长，围岩对支护结构的影响越大，对仰拱的影响最为明显。

表 6-12　三种工况不同时刻塑性区最大值（$\times 10^{-3}$）

工况	3 h	6 h	9.5 h
工况 1	4.326	9.845	12.629
工况 2	5.213	12.509	15.176
工况 3	6.613	14.999	19.215

2. 围岩应力场

富水板岩在膨胀作用过程中围岩自身应力也会随之变化，由于隧道支护结构的存在，围岩膨胀与支护结构产生力学响应，围岩应力场会处于不断的变化之中，着重分析围岩 X 向应力、Y 向应力、第一主应力、第三主应力和米塞斯应力。

1）围岩 X 向应力

提取膨胀作用结束时围岩 X 向应力云图，如图 6-91～图 6-93 所示。

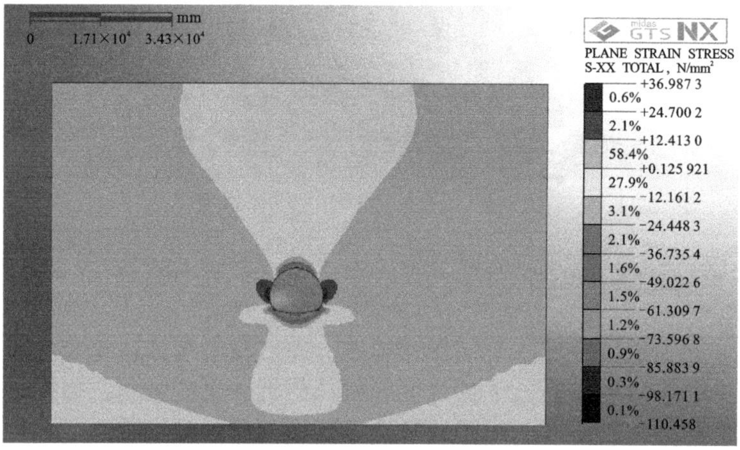

图 6-91　工况 1 X 向应力

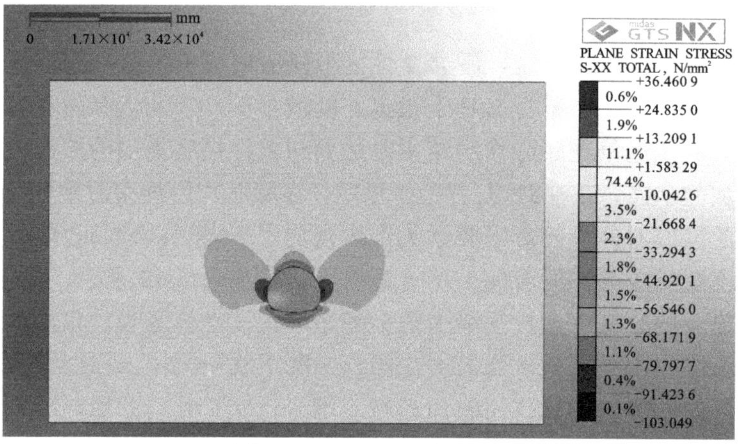

图 6-92　工况 2 X 向应力

由三种工况下围岩 X 向应力云图，取拱腰处板岩单元进行分析，得到 X 向应力时程曲线，如图 6-94 所示。

通过对三种工况下 X 向应力云图（图 6-91～图 6-93）分析可知，围岩 X 向应力随时间变化规律基本一致，围岩 X 向应力极值在各个时段主要集中在衬砌拱腰附近，拱腰附近应力极值区域围岩 X 向应力极值区域并不会随着弹性模量的衰减而发生明显改变，应力极值所在区域会随着时间的增大逐渐增大，在膨胀作用结束时趋于稳定。由图 6-93 可知：

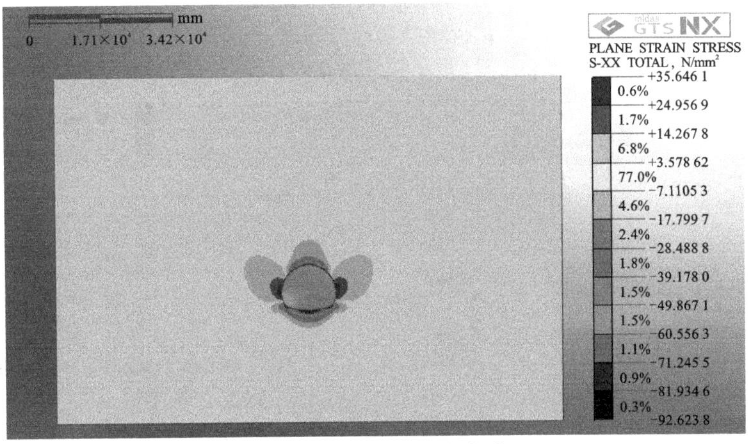

图 6-93　工况 3 X 向应力

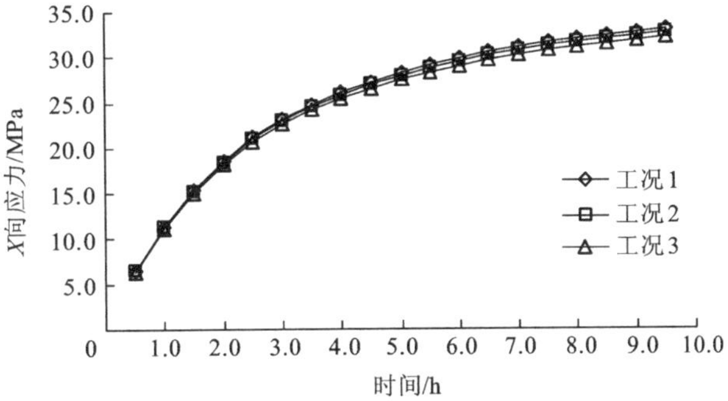

图 6-94　X 向应力时程曲线

（1）三种工况下围岩 X 向应力变化规律基本一致。围岩 X 向应力都会随着时间逐渐增加，并在膨胀作用结束时，围岩 X 向应力达到最大值，此时围岩应力分区趋于稳定，X 向应力时程曲线斜率随着时间逐渐减小，说明围岩 X 向应力增加速率也会随之减慢，表现为围岩在膨胀作用初期，围岩处于非常不稳定的状态，容易出现板岩脱落，拱腰水平过大。

（2）通过分析三种工况下 X 向应力时程曲线分析可知，工况 1 对应的 X 向应力极值为 36.99 MPa，工况 2 对应的 X 向应力极值为 36.46 MPa，工况 3 对应的 X 向应力极值为 35.65 MPa，围岩 X 向应力极值随着围岩弹性模量的衰减也会随之衰减。

2）围岩 Y 向应力

提取膨胀作用结束时围岩 Y 向应力云图，如图 6-95～图 6-97 所示。

取拱底处的单元进行分析，得到三种工况下的 Y 向应力时程曲线，如图 6-98 所示。由图 6-98 可知：

（1）通过三种工况下应力云图分析可知，围岩 Y 向应力随时间变化规律基本一致。围岩 Y 向应力极值区域主要位于隧道拱底附近，拱底附近的应力极值区域并不会随着弹性模量的衰减而发生太多的改变，应力极值区域会随着时间推移逐渐增大，应力极值区域在膨胀作用结束时趋于稳定，不再发生变化。

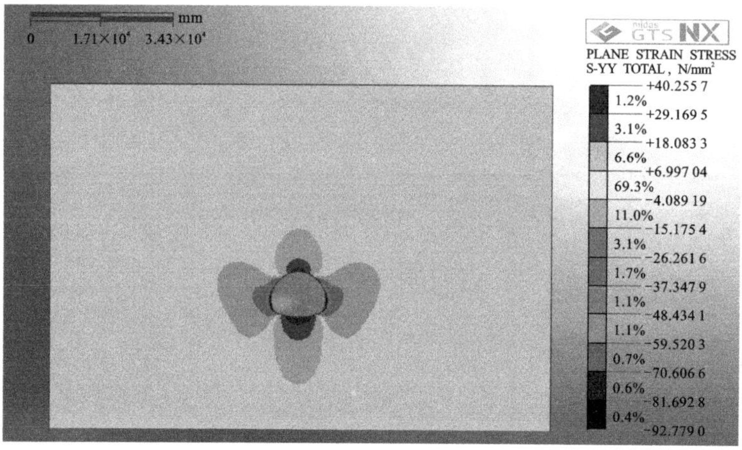

图 6-95 工况 1 *Y* 向应力

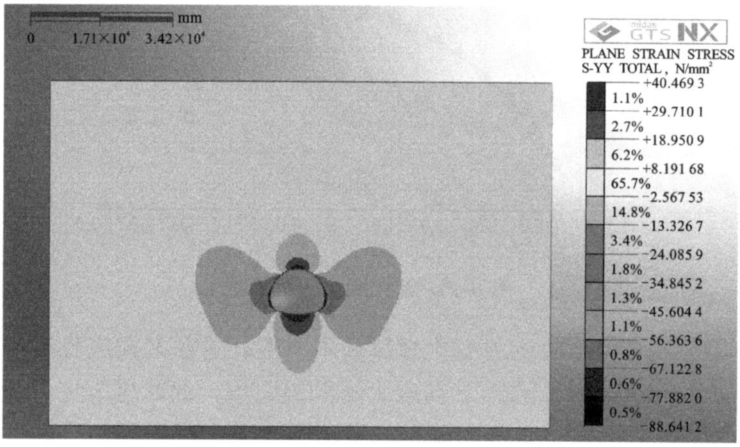

图 6-96 工况 2 *Y* 向应力

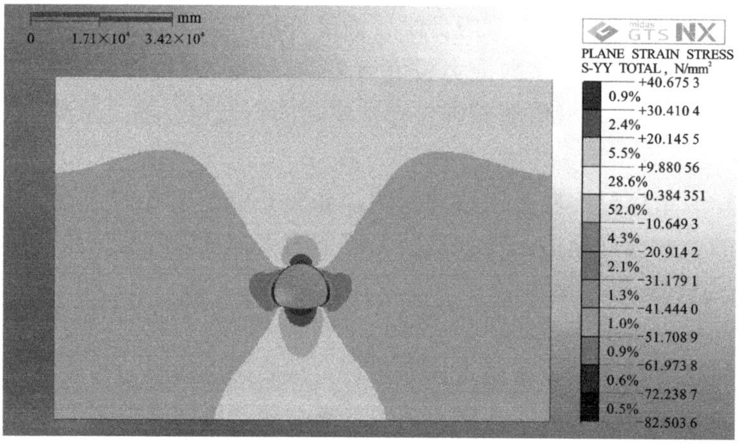

图 6-97 工况 3 *Y* 向应力

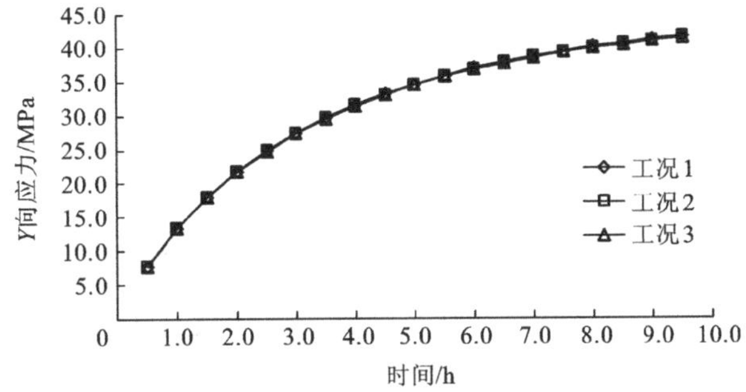

图 6-98　Y 向应力时程曲线

（2）通过围岩三种工况下 Y 向应力时程曲线分析可知，三种工况下围岩 Y 向应力变化规律基本一致，围岩 Y 向应力随着时间增加速率逐渐减缓，在膨胀作用停止时围岩 Y 向应力达到最大值。

（3）通过三种工况下时程曲线分析可知，工况 1 对应的 Y 向最大应力为 41.61 MPa，工况 2 对应的 Y 向最大应力为 41.56 MPa，工况 3 对应的 Y 向最大应力为 41.45 MPa，说明随着围岩弹性模量的衰减，围岩 Y 向应力也会随之衰减，但围岩衰减量并不是很大。

3）围岩第一主应力

三种工况下的第一主应力云图如图 6-99～图 6-101 所示。由图 6-99～图 6-101 可知，围岩第一主应力极值区域主要分布在隧道拱底附近，三种工况下围岩第一主应力分布规律基本一致，第一主应力极值区域主要分布在隧道拱底、拱顶和拱腰附近，围岩第一主应力所在应力极值区域随时间的推移逐渐增大。

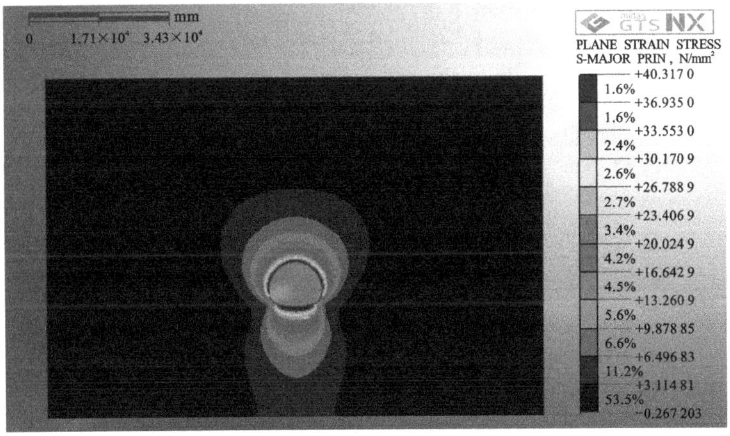

图 6-99　工况 1 第一主应力

取拱底单元进行第一主应力时程分析，得到第一主应力时程曲线，如图 6-102 所示。由图 6-102 可知：

（1）通过三种工况下的第一主应力时程曲线可知，围岩第一主应力随时间变化规律基本一致，三种工况下围岩第一主应力随着时间的推移逐渐增加，第一主应力值在膨胀作用结束时达到最大，第一主应力时程曲线斜率随时间推移逐渐减小，说明第一主应力的增加速率随时间逐渐减小。

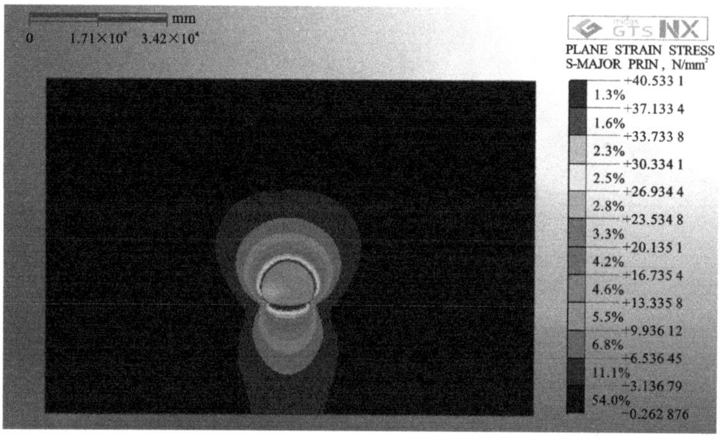

图 6-100 工况 2 第一主应力

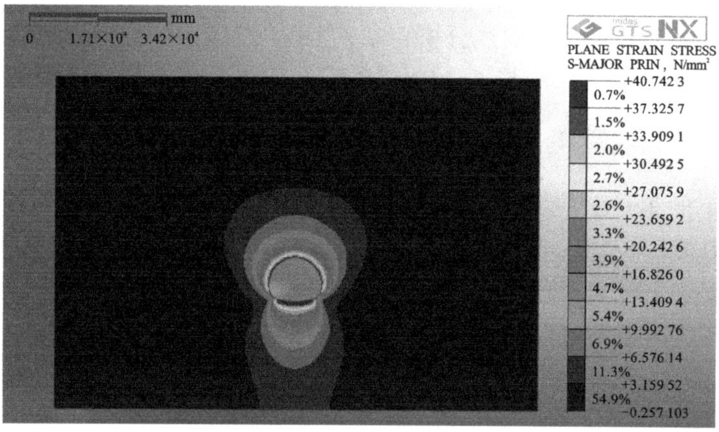

图 6-101 工况 3 第一主应力

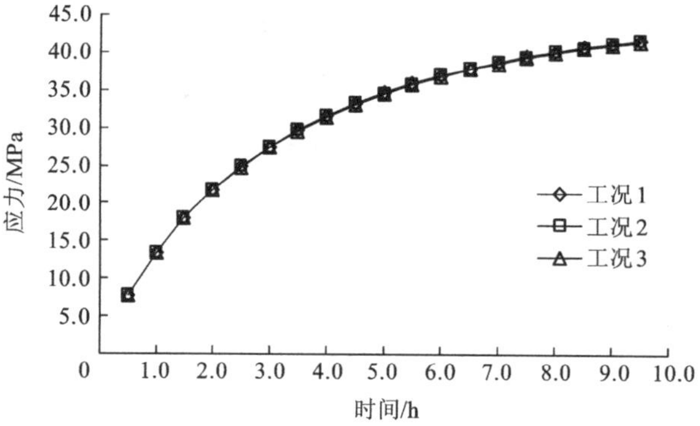

图 6-102 第一主应力时程曲线

（2）三种工况下第一主应力时程曲线基本重合，说明有膨胀力存在的情况下，即便围岩弹性模量衰减 40%，围岩第一主应力也只会在很小的范围内发生变化。

（3）工况 1、工况 2、工况 3 对应的第一主应力极值分别为 40.32 MPa、40.53 MPa、40.74 MPa，说明随着围岩弹性模量的衰减，围岩第一主应力极值增大，但增量很小可忽略，说明只要有膨胀力存在的情况下，围岩主应力不会出现太大范围的改变。

4）围岩第三主应力

三种工况下第三主应力云图如图 6-103～图 6-105 所示。通过分析图 6-103～图 6-105 可知，围岩第三主应力极值区域主要分布在拱脚附近，三种工况下围岩第三主应力极值区域随着时间逐渐呈现增大的趋势，在膨胀作用结束时区域稳定，三种工况下围岩第三主应力极值分布区域基本相同。

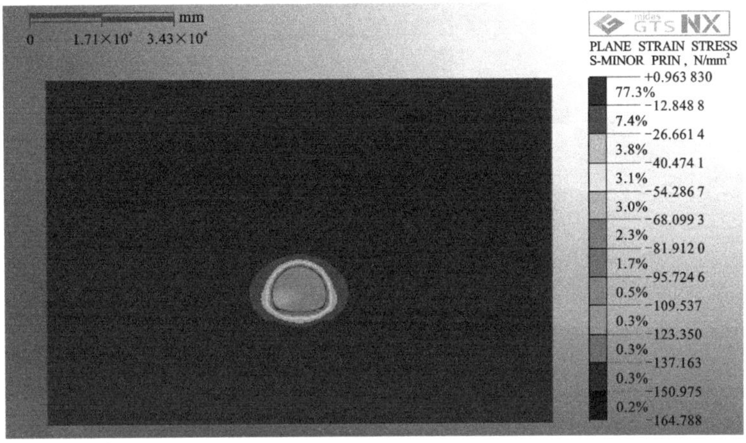

图 6-103　工况 1 第三主应力

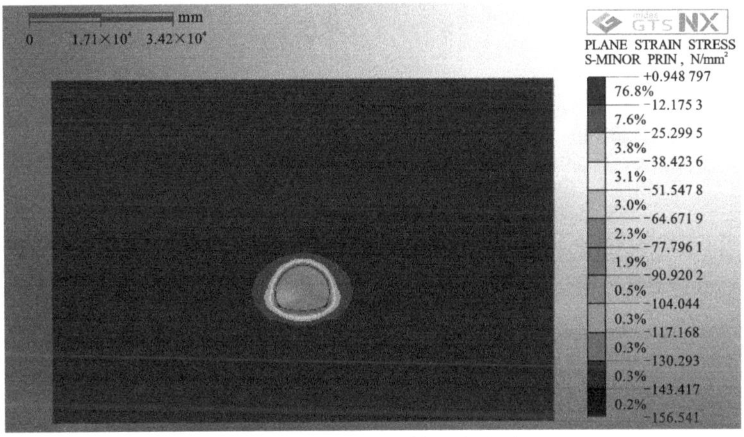

图 6-104　工况 2 第三主应力

提取拱脚单元进行应力时程分析，得到应力时程曲线，如图 6-106 所示。由图 6-106 可知：

（1）三种工况下围岩第三主应力时程曲线变化规律基本一致，围岩第三主应力的绝对值随着时间的推移逐渐增大，围岩第三主应力在膨胀作用结束时达到极值，围岩第三主应力与第一主应力变化规律一致，第三主应力绝对值随时间增加速率逐渐减小。

（2）围岩第三主应力随着围岩弹性模量的衰减增大，由于围岩第三主应力始终为负值，故围岩绝对值第三主应力随着弹性模量的衰减逐渐减小，围岩受压程度随着弹模的衰减而减小。

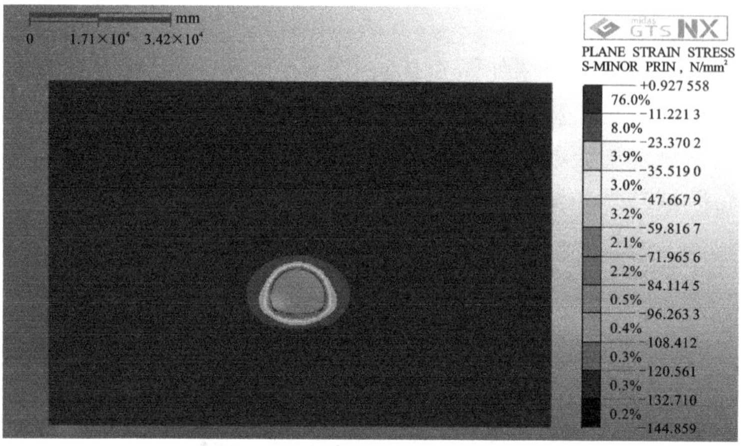

图 6-105　工况 3 第三主应力

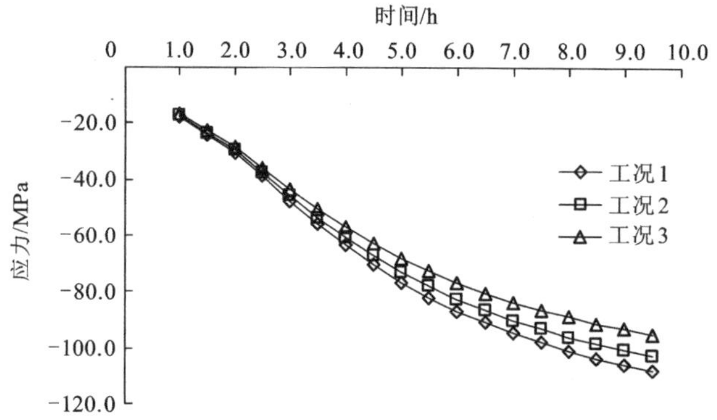

图 6-106　第三主应力时程曲线

（3）工况 1、工况 2、工况 3 对应的绝对值第三主应力极值分别为 107.70 MPa、102.23 MPa、94.64 MPa，第三主应力极值差异明显，说明弹性模量的衰减会改变围岩的受压程度而对围岩受拉程度影响很小。

5）米塞斯应力

三种工况下米塞斯应力云图如图 6-107～图 6-109 所示。通过分析图 6-107～图 6-109 可知，三种工况下围岩米塞斯应力极值区域分布在隧道拱脚处，围岩米塞斯应力极值区域随着时间的推移逐渐增大，膨胀作用结束时米塞斯应力极值区域趋于稳定，三种工况下围岩米塞斯应力分布规律基本一致。

提取拱脚单元进行米塞斯应力时程分析，得到米塞斯应力时程曲线，如图 6-110 所示，由图 6-110 可知：

（1）三种工况下围岩米塞斯应力变化规律基本一致，三种工况下围岩米塞斯应力都随时间推移逐渐增加，米塞斯应力随时间增加速率逐渐放缓，膨胀作用结束时米塞斯应力达到最大值，膨胀作用前 2 h 内，三种工况下米塞斯应力基本相同，膨胀作用 2 h 后，围岩米塞斯应力呈现一定的差异，膨胀作用时间越长这种差异也就越明显。

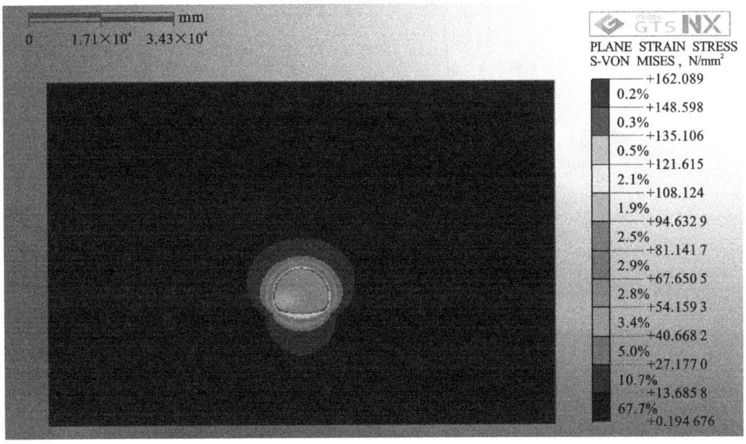

图 6-107　工况 1 米塞斯应力

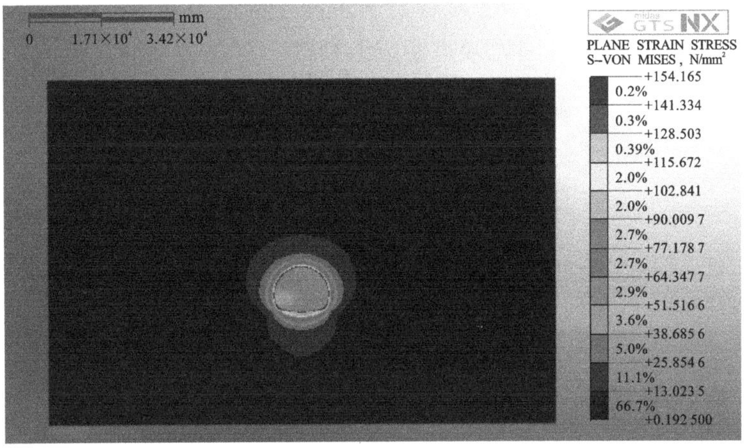

图 6-108　工况 2 米塞斯应力

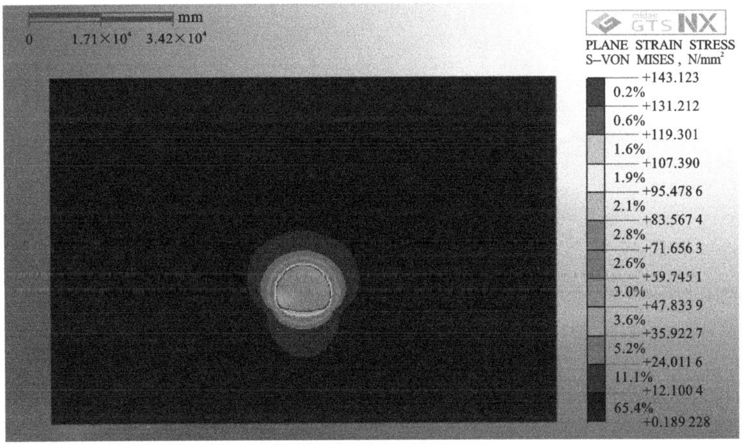

图 6-109　工况 3 米塞斯应力

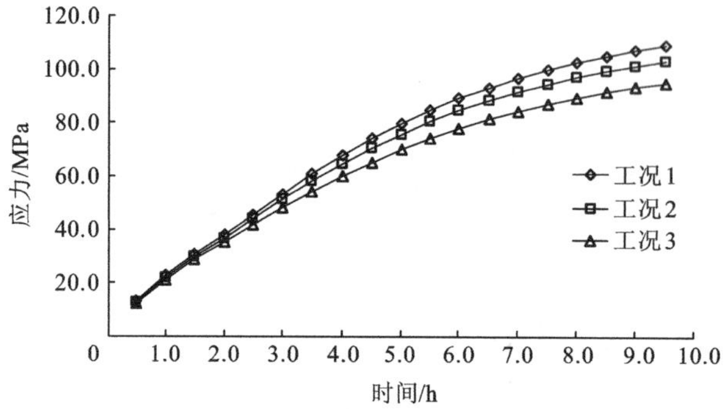

图 6-110　米塞斯应力时程曲线

（2）对比三种工况下围岩米塞斯屈服应力时程曲线可知，随着围岩弹性模量的衰减，围岩的米塞斯应力也会随之减小，说明一定范围内弹性模量的衰减会提高围岩塑性，膨胀作用结束时，工况 1、工况 2、工况 3 对应的米塞斯应力极值分别为 109.07 MPa、103.21 MPa、94.97 MPa，工况 2、工况 3 对应工况 1 的应力衰减率分别为 5.5%、13.7%，说明围岩弹性模量衰减会加快围岩米塞斯应力衰减。

第7章 板岩隧道施工期围岩变形时空效应

由于地质条件的复杂性和多变性，无论是按照理论计算、数值模拟还是工程类比法所获得的结论，均会与施工现场实际情况存在一定出入，现场监控量测就成为检验实际中合理与否的重要标准和手段。除此之外，监控量测也是“新奥法”的三大支柱之一，其目的和作用主要体现在：为选择合适的支护时间提供依据；掌握围岩动态和支护结构的工作状态，利用量测结果修改设计、指导施工；预见事故和险情，以便及时采取措施，防患于未然；为隧道的安全提供可靠的信息；量测数据经过分析处理与必要的计算和判断之后，进行预测和反馈，以保证施工的安全和隧道的稳定；积累资料，为以后类似工程提供可靠的依据。

本章结合姚家隧道监控量测数据，分析不同隧道开挖方法（三台阶七步开挖法、弧形导坑预留核心土法和台阶法）下围岩变形随时间的变化规律，研究不同围岩级别对围岩变形和距掌子面距离的关系，探讨时空效应的力学机理和板岩隧道围岩变形的影响因素；优化板岩隧道在不同围岩级别下施工工法，确定二次衬砌最佳施作时机，提出控制围岩大变形的支护措施，为类似工程的设计和施工提供参考。

7.1 板岩隧道监控量测

7.1.1 监测内容及测点布置

根据《高速铁路工程测量规范》（TB 10601—2009）及《铁路隧道监控量测技术规程》（TB 10121—2007）的要求，姚家隧道监控量测内容主要包括：洞内洞外观察、拱顶下沉量测、周边收敛量测、洞口地表下沉量测等。

测点和测线的布置根据施工方法、地质条件和量测断面的位置等确定，采用全断面开挖方法时设计一条测线，采用两台阶法、三台阶七步开挖法和弧形导坑预留核心土法开挖时设计两条测线，如图7-1所示。

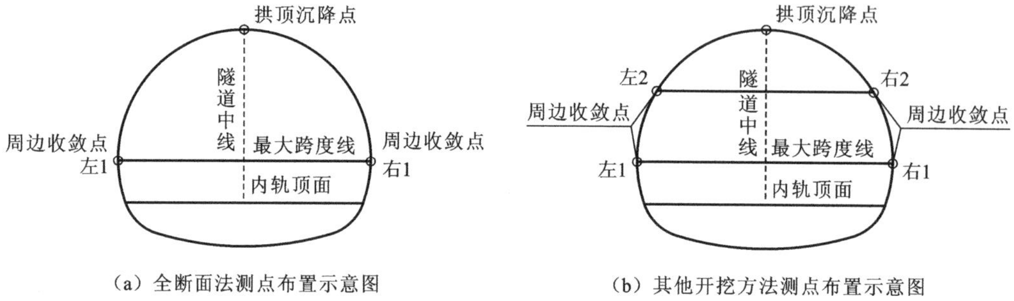

图 7-1 姚家隧道监控量测测点布置图

7.1.2 监测断面布置及监测频率

监测断面间距根据现场围岩等级确定，软弱围岩处，监测断面可以适当加密。结合本工程的实际情况，姚家隧道监控量测断面按表 7-1 进行布置。

表 7-1 周边收敛及拱顶下沉量测断面布置

围岩级别	断面间距 / m	每个断面测点数
III	30	3
IV	15	5
V	5	5

监测频率根据围岩的变形规律，开挖后初期变形量相对较大，之后逐渐减缓，最后趋于稳定。周边收敛和拱顶下沉的监测频率主要根据离工作面的距离及变形速度而定，如表 7-2 所示。

表 7-2 周边收敛和拱顶下沉的监测频度

变形速度 / (mm / d)	量测断面距开挖面距离 / m	量测频率
≥5	(0～1) *B*	1～2 次 / d
1～5	(1～2) *B*	1 次 / d
0.5～1	(1～2) *B*	1 次 / 2 d
0.2～0.5	(2～5) *B*	1 次 / 2 d
<0.2	>5*B*	1 次 / 1 周

注：*B* 为隧道开挖宽度

7.1.3 监测仪器

监测采用人工测试系统，投入使用前在室内进行单项和联机多项调试，对测量元件、仪器仪表和系统进行试验，功能正常、运行正常、数据采集可靠、精度达到安全监测控制指标要求后，即可投入使用。

水平净空收敛采用中铁西南科学研究院生产的 SWJ-IV 隧道收敛仪[图 7-2（a）]，最小读数 0.01 mm。洞口地表下沉及拱顶沉降采用徕卡 TCA2003 全站仪[图 7-2（b）]进行非接触测量，DNA03 水准仪的标称精度为 0.3 mm/km，TCA2003 全站仪的标称精度：测角 0.5″，测距±（1 mm+1ppm）。

（a）全站仪

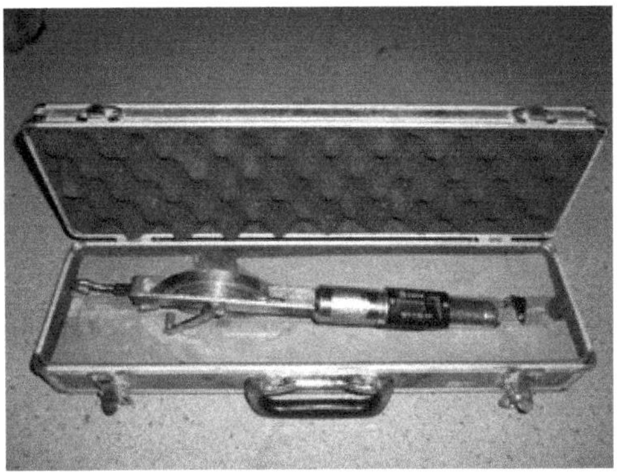
（b）水平净空收敛仪

图 7-2　水平净空收敛采用和拱顶下沉监测采用的仪器

7.1.4　隧道初期支护极限相对位移

实际量测的最大位移值或预测的最大位移值小于表 7-3 所列出的极限相对位移值的三分之二，即可认为初期支护基本达到稳定。

表 7-3　隧道初期支护极限相对位移

围岩类别	隧道埋深 h / m		
	h <50 m	50 m< h ≤300 m	300 m< h ≤500 m
拱脚水平相对净空变化/ %			
III	0.03～0.10	0.08～0.40	0.30～0.60
IV	0.10～0.30	0.20～0.80	0.70～1.20
V	0.20～0.50	0.40～2.00	1.80～3.00
拱顶相对下沉 / %			
III	0.03～0.06	0.04～0.15	0.12～0.30
IV	0.06～0.10	0.08～0.40	0.30～0.80
V	0.08～0.16	0.14～1.10	0.80～1.40

注：（1）水平相对收敛值是指实际量测收敛值与两测点之间的距离之比；

（2）软质围岩的隧道取表 7-3 中较大值，硬质围岩的隧道取表 7-3 中较小值；

（3）本表所列数值可在实际施工过程中根据实测数据及资料积累作出适当的修正

7.1.5 数据处理分析方法

数据处理分析可以采用作图法、数学物理模型法和比较法，分析相应监测数据的大小，变化规律及其发展趋势。

关于作图法，就是通过位移-时间曲线和位移-距离曲线分析围岩的变形规律，如图 7-3 所示。如果位移随时间的延长或者距开挖面的距离的增大而渐趋稳定，则说明围岩处于稳定状态，采用的支护系统是合理有效的。图 7-3 中的反常曲线中有反弯点，这说明围岩和支护已经处于不稳定状态，应当及时加强支护，修正施工参数。

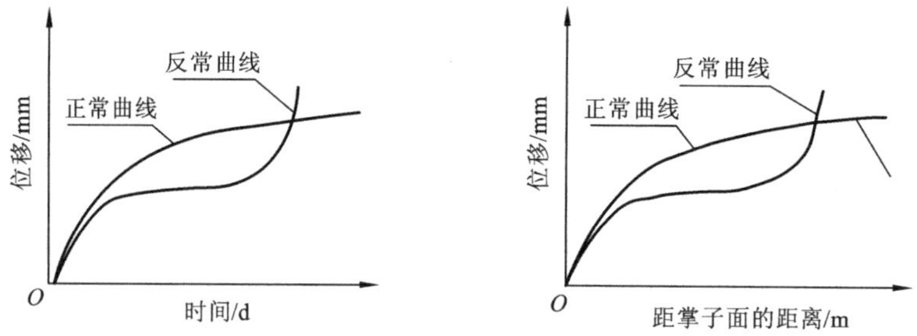

（a）位移-时间曲线　（b）位移-距离曲线

图 7-3　位移-时间曲线和位移-距离曲线

数学物理模型法就是选用数学物理模型对监测数据进行回归分析，研究监测数据和时空参数的关系。回归分析常用的方法有一元线性回归和一元非线性回归，而一元线性回归对于研究隧道围岩变形与时空的关系意义不大，本节只阐述一元非线性回归的方法。常用的回归曲线方程有以下三种。

对数函数

$$y = a + \frac{b}{\ln(1+x)} \tag{7-1}$$

$$y = a\ln(1+x) \tag{7-2}$$

指数函数

$$y = a\mathrm{e}^{-b/x} \tag{7-3}$$

$$y = a(1-\mathrm{e}^{-bx}) \tag{7-4}$$

双曲函数

$$y = \frac{x}{a+bx} \tag{7-5}$$

$$y = a\left(1-\frac{1}{1+bx^2}\right) \tag{7-6}$$

式中：y 为隧道围岩变形；x 为时空变量；a、b 为回归系数。

将一元非线性函数通过变量替换，转化为一元线性回归问题（$y=a+bx$），采用最小二乘法确定回归系数 a 和 b。令

$$Q(a,b)=\sum_{i=1}^{n}\left[y_i-(a+bx_i)\right]^2 \tag{7-7}$$

将使 $Q(a,b)$ 取最小值的点估计记为 $\widehat{a}$ 和 $\widehat{b}$ ，即

$$\min Q(a,b)=Q\left(\widehat{a},\widehat{b}\right) \tag{7-8}$$

分别将式（7-8）对 a、b 分别求偏导数，并令其等于零，得

$$\begin{cases}\dfrac{\partial Q}{\partial a}=-2\sum_{i=1}^{n}(y_i-a-bx_i)=0\\ \dfrac{\partial Q}{\partial b}=-2\sum_{i=1}^{n}(y_i-a-bx_i)x_i=0\end{cases} \tag{7-9}$$

根据式（7-9）求出 $\widehat{a}$ 和 $\widehat{b}$ 的值，即

$$\begin{cases}\widehat{b}=\dfrac{\sum_{i=1}^{n}(x_1-\overline{x})(y_i-\overline{y})}{\sum_{i=1}^{n}(x_1-\overline{x})^2}\\ \widehat{a}=\overline{y}-\widehat{b}\overline{x}\end{cases} \tag{7-10}$$

为检验曲线拟合效果，采用剩余标准差来描述拟合曲线偏离原始数据的程度。剩余标准差越小，拟合效果越好。剩余标准差的表达式为

$$S=\sqrt{\frac{1}{n+2}\sum_{i=1}^{n}(y_i-a-bx_i)^2} \tag{7-11}$$

针对不同的隧道，甚至同一隧道不同的围岩地段，采用的回归方程类型会有所不同。本章采取的方法是：采用不同的回归方程对围岩变形监测数据进行回归分析，选取剩余标准差最小的回归方程为本次拟合的回归方程。

7.2　板岩隧道施工期围岩变形特征

7.2.1　隧道施工的时空效应

1. 时空效应的基本概念

在岩石地层中开挖出隧道，隧道围岩的应力和变形并不是在瞬间释放完成，即使及时施作支护，围岩和支护之间的压力及其变形随着时间的延长而逐渐增大并趋于稳定。在隧道开挖过程中，围岩因开挖卸荷不断地进行应力释放，致使围岩的变形发展、支护体系的强度变化在时间和空间上均需要经历一个过程，这就是隧道施工的时空效应。需要指出的是，虽然在理论上可将时空效应分为时间效应和空间效应，但在隧道开挖过程中，时间效应和空间效应是同时发生的，不能简单地将其一分为二。本节为了更能说明问题，还是将时空效应分时间效应和空间效应来考虑。

空间效应指的是隧道在开挖过程中由于空间变化引起的一种效应，包括横向成拱效应和纵向支护效应。

时间效应表现为隧道开挖过程中围岩变形随时间而变化的性质，伴随空间效应而发生，也就是围岩-支护等介质固有的流变特性。

2. 时空效应研究现状

关于隧道施工的时空效应，一些研究者从物理相似试验、数值模拟和监控量测等方面进行了研究，得出了一定的研究成果。在物理相似试验方面，吴梦军等（2009）利用公路隧道结构与围岩综合实验系统，对大跨扁平连拱隧道的施工动态全过程进行了三维物理相似模拟，分析了围岩位移、应力随开挖步的变化规律，提出了大跨扁平连拱隧道施工时空效应。在数值模拟方面，赵旭峰（2007）对深部软岩隧道工程中施工力学性态和变形时空效应进行三维非线性黏弹性数值模拟，计入围岩流变效应，考虑深部软岩隧道时空效应影响，得出了在作业面影响范围内，开挖面空间效应占主导因素，围岩应力随距作业面距离的加大而逐步释放的结论；余铎（2011）采用有限元软件 ANSYS 对软岩隧道施工全过程的时空效应进行了数值模拟，首次尝试同时考虑围岩流变和混凝土支护强度增长特性，动态模拟分析了施工过程中隧道围岩和支护结构的力学特性；霍晓龙等（2012）运用有限差分法软件 FLAC 3D 研究了软弱围岩的施工特性以及时空效应规律，包括在不同施工方法下围岩变形的时空效应，作出了围岩拱顶下沉、水平收敛位移和掌子面挤出变形沿隧道走向的曲线；李凤翔（2012）以梁家院子隧道为工程背景，运用 FLAC 3D 软件分别建立了隧道围岩三维弹塑性和黏弹塑性数值模型，分析了隧道掘进过程中围岩变形、应力随时间、空间和施工工序逐渐演化的时空历程，研究了蠕变对隧道变形及支护结构受力的影响，总结了深埋软岩隧道施工的时空效应规律。在监控量测方面，孙元春等（2008）通过总结分析围岩变形三阶段的特点，以华蓥山公路隧道等 76 个隧道的监控量测数据为分析样本，分析了围岩变形的时空效应及其与围岩类别和塌方事故之间的相关性；张向东等（2010）通过分析围岩变形监测数据，分别从时间和空间两个角度对隧道围岩变形规律进行了回归分析，研究了隧道围岩变形随时间和空间变化的规律，得到了控制洞室稳定性的关键点；刘光明（2012）以现场监测资料为基础，从围岩的岩性、结构和赋存环境三个方面研究了软弱破碎围岩隧道大变形机理，得出拱顶沉降、水平收敛、围岩压力和型钢应力均具有明显的时空效应。

通过对隧道施工时空效应的国内外研究现状的分析可知，大多数文献侧重于分析围岩位移、应力、应变时间历程和掌子面空间影响范围，但是在根据时空效应确定最佳支护时机和施工工序轮换时机等方面，研究甚少。

本节结合姚家隧道监控量测数据，分析隧道围岩拱顶下沉、周边收敛变形和变形速率随时间的变化规律，同时分析掌子面开挖对隧道围岩变形的影响规律；结合数值模拟结果，研究板岩隧道围岩变形机理及控制规律；在此基础上，调整隧道开挖和支护方案，确定最佳支护时机和施工工序，提出控制板岩隧道围岩大变形的关键技术，从而为类似条件下隧道工程的设计施工提供借鉴与参考。

7.2.2 隧道施工期围岩时间效应

按照弹塑性理论，假设隧道围岩的变形是弹性的，在隧道开挖的瞬间，应力完全释放。根据此理论，如果围岩释放的应力小于支护结构的极限强度，隧道开挖后，应力释放将不会产生坍塌破坏，变形不会进一步发展，围岩将会保持永久稳定。显然这与实际情况不符。长期的监测结果表明，隧道开挖后围岩变形是与时间因素密切相关的，在对隧道围岩的变形机理进行分析时，需考虑围岩的蠕变效应。

结合姚家隧道监控量测数据，对在不同隧道开挖方法（三台阶七步开挖法、弧形导坑预留核心土法、台阶法）下围岩的变形随时间的变化规律进行分析，得出板岩隧道围岩变形时间效应。

1. 三台阶七步开挖法下围岩变形时间效应

铁路大断面隧道三台阶七步开挖法是以弧形导坑开挖留核心土为基本模式，分上、中、下三个台阶七个开挖面，各部位的开挖与支护沿隧道纵向错开、平行推进的隧道施工方法。三台阶七步开挖法可分为三个步骤：①上部弧形导坑环向开挖，施作拱部初期支护；②中、下台阶左右错开开挖，施作墙部初期支护；③中心预留核心土开挖、隧底开挖，施作隧底初期支护。每部开挖后均应及时支护，隧底初期支护后应及时施作仰拱，尽早封闭成环。三台阶七步开挖法的施工工序及透视图如图 7-4 和图 7-5 所示，现场施工情况见图 7-6。

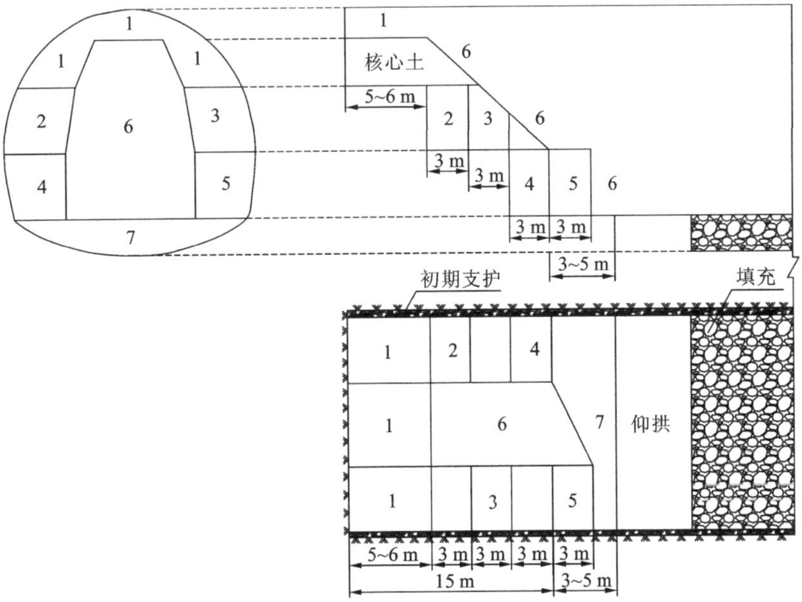

图 7-4　三台阶七步开挖法施工工序

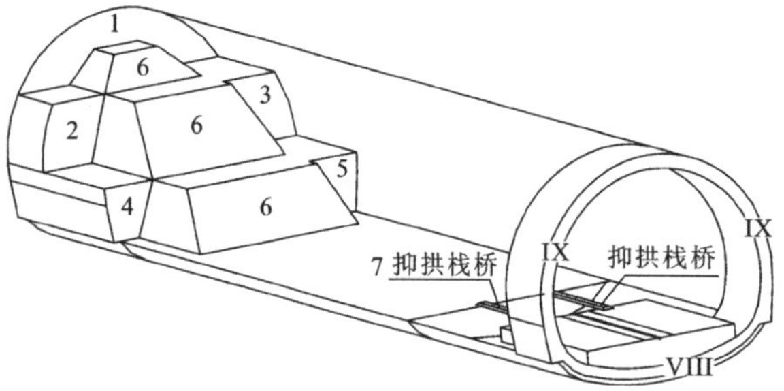

图 7-5　三台阶七步开挖法透视图

图 7-6　三台阶七步开挖法现场施工

本小节选取断面 DK380+990 进行围岩变形分析，DK380+990 位于姚家隧道进口段，围岩为凝灰质板岩，围岩级别为 V 级，较破碎，稳定性差，施工采用三台阶七步开挖法开挖。

1）拱顶下沉变形与时间的关系

断面 DK380+990 围岩拱顶沉降和拱顶沉降速率随时间的变化曲线见图 7-7 和图 7-8。

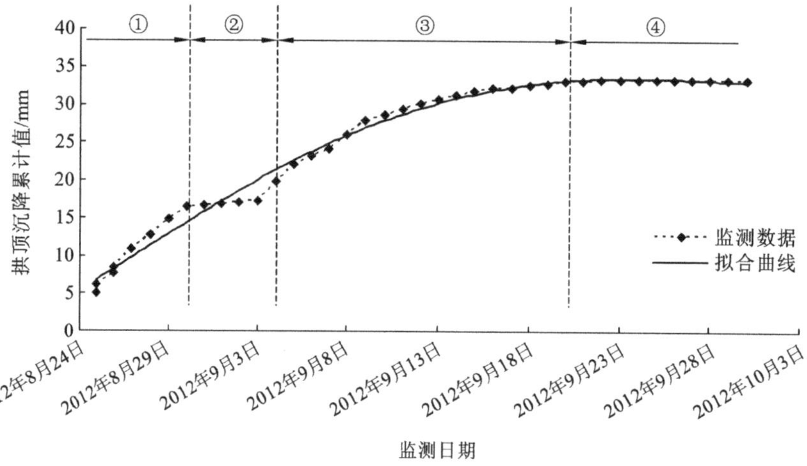

图 7-7　DK380+990 拱顶沉降-时间曲线

①为急速增长阶段；②为缓慢增长阶段；③为快速增长阶段；④为基本稳定阶段

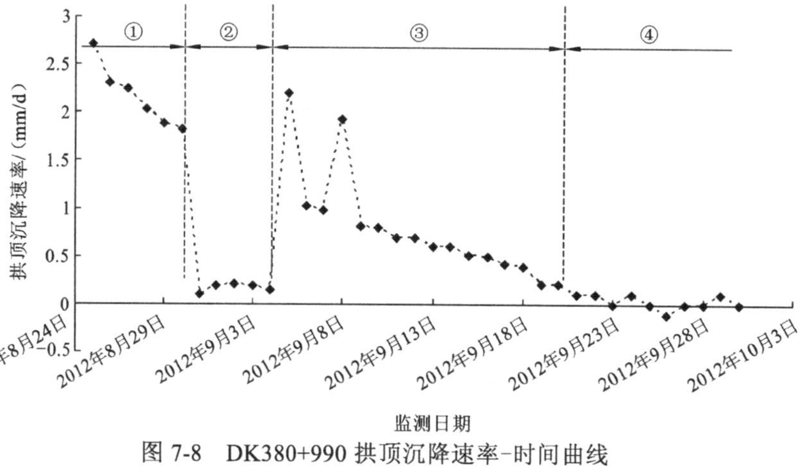

图 7-8　DK380+990 拱顶沉降速率-时间曲线

①为急速增长阶段；②为缓慢增长阶段；③为快速增长阶段；④为基本稳定阶段

由图 7-7 和图 7-8 可知，拱顶沉降变形分为四个阶段：①急速增长阶段，出现在开挖后 1～7 d，开挖后立刻进行初喷并埋设量测点进行第一次量测，开挖后约 10 h 进行第二次量测，拱顶沉降累计值约 6.2 mm，下沉速率为 2.71 mm/d，当日变形速率为 1.82～2.71 mm/d，该阶段的沉降量占总沉降量的 44.14%；②缓慢增长阶段，出现在开挖后的 8～12 d，当日变形速率为 0.10～0.20 mm/d，该阶段的沉降量占总沉降量的 7.51%；③快速增长阶段，出现在开挖后 13～26 d，当日变形速率为 0.40～2.20 mm/d，该阶段的沉降量占总沉降量的 45.05%；④基本稳定阶段，开挖 27 d 后，当日变形速率约-0.10～0.20 mm/d，该阶段的沉降量占总沉降量的 3.30%。变形稳定后，拱顶沉降累计值为 33.3 mm。

通过拟合及回归曲线方程剩余标准差的比较，选择指数函数 $y=a(1-\mathrm{e}^{-bt})$ 为 DK380+990 断面拱顶沉降-时间曲线的最佳拟合函数，通过计算可得出拟合系数 a=37.615、b=0.068。因此 DK380+990 断面拱顶沉降-时间曲线的回归方程为

$$y=37.615(1-\mathrm{e}^{-0.068t}) \tag{7-12}$$

拱顶沉降变形之所以呈现四个阶段，主要受两个因素的影响：一是板岩的蠕变特性，二是隧道的开挖方法，当采用三台阶七步开挖法时，中台阶和下台阶开挖后，拱顶测点的沉降量出现不同程度的突变，使得拱顶沉降的阶段性更明显，表明中台阶和下台阶开挖会促使围岩变形骤然增大，主要变形集中与急速增长阶段和快速增长阶段，如图 7-9 所示。

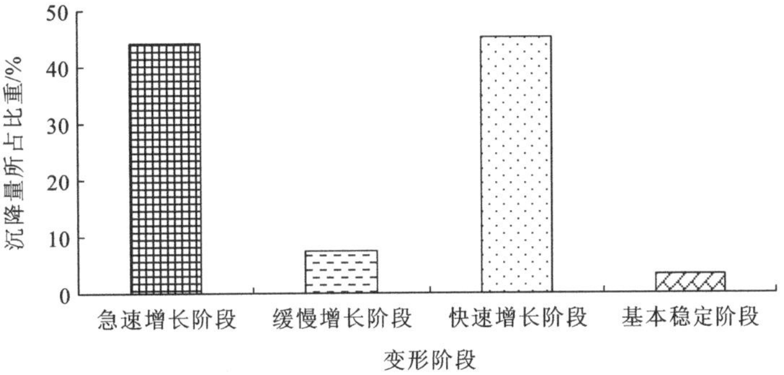

图 7-9　DK380+990 各变形阶段的沉降量占总沉降量的比重

2）周边收敛变形与时间的关系

断面 DK380+990 上测线围岩周边收敛和周边收敛速率随时间的变化曲线见图 7-10 和图 7-11。

由图 7-10 和图 7-11 可知，上测线周边收敛变形同拱顶沉降一样，也呈现四个阶段：①急速增长阶段，出现在开挖后 1～7 d，开挖后立刻进行初喷并埋设量测点进行第一次量测，开挖后约 10 h 进行第二次量测，周边收敛累计值约 3.47 mm，收敛速率为 1.58 mm/d，当日收敛速率为 0.45～1.58 mm/d，该阶段的收敛变形量占总收敛变形量的 48.68%；②缓慢增长阶段，出现在开挖后的 8～12 d，当日收敛速率为 0.21～0.32 mm/d，该阶段的收敛变形量占总收敛变形量的 13.02%；③快速增长阶段，出现在开挖后 13～24 d，当日收敛速率为 0.04～2.91 mm/d，该阶段的收敛变形量占总收敛变形量的 32.59%；④基本稳定阶段，开挖 24 d 后，当日收敛速率约-0.09～0.17 mm/d，该阶段的收敛变形量占总收敛变形量的 5.71%。

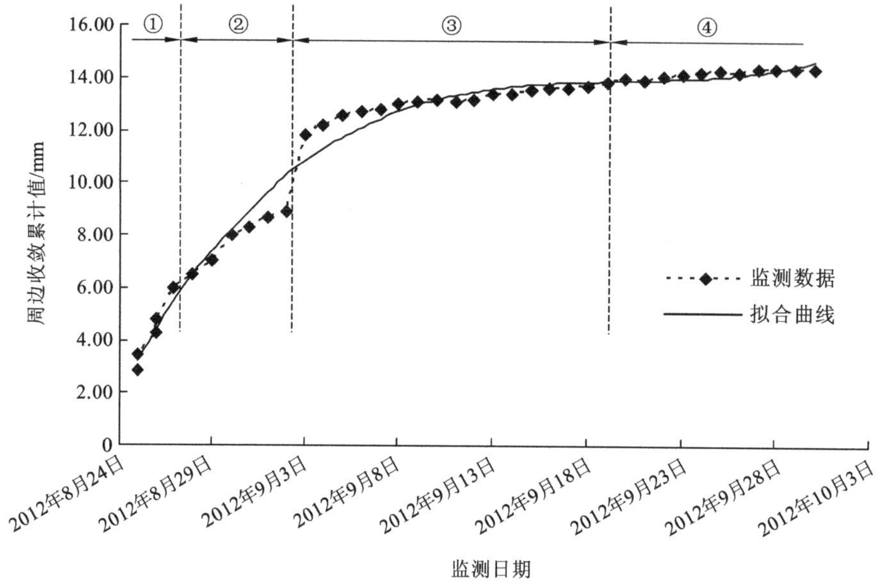

图 7-10 DK380+990 上测线周边收敛-时间曲线

①为急速增长阶段；②为缓慢增长阶段；③为快速增长阶段；④为基本稳定阶段

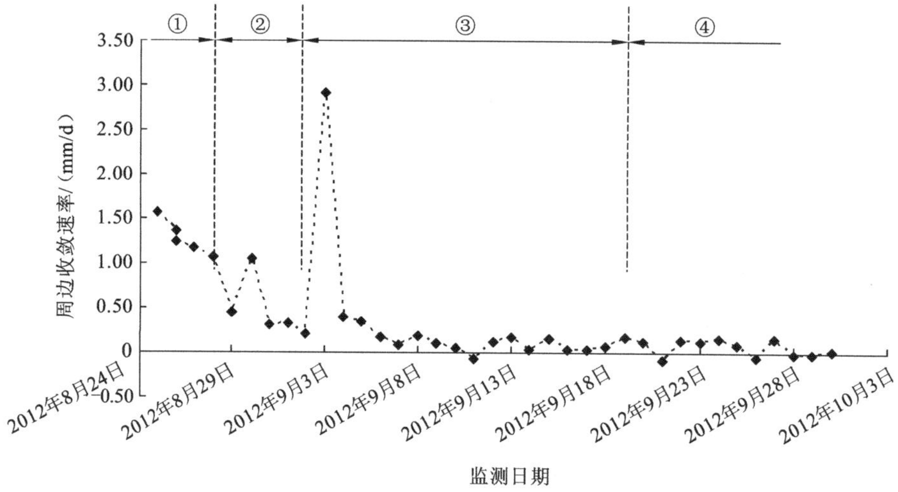

图 7-11 DK380+990 上测线周边收敛速率-时间曲线

①为急速增长阶段；②为缓慢增长阶段；③为快速增长阶段；④为基本稳定阶段

通过拟合及回归曲线方程剩余标准差的比较，选择指数函数 $y=a(1-e^{-bt})$ 为最佳拟合函数，通过计算可得出拟合系数 $a=14.680$、$b=0.109$。因此 DK380+990 上测线周边收敛变形-时间曲线的回归方程为

$$y=14.680(1-e^{-0.109t}) \tag{7-13}$$

断面 DK380+990 下测线围岩周边收敛和周边收敛速率随时间的变化曲线见图 7-12 和图 7-13。

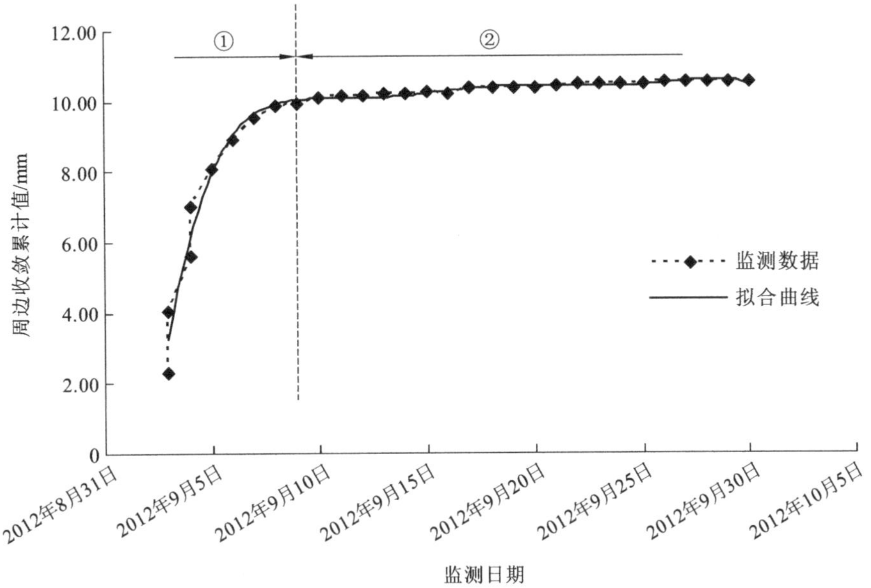

图 7-12　DK380+990 下测线周边收敛-时间曲线

①为快速增长阶段；②为基本稳定阶段

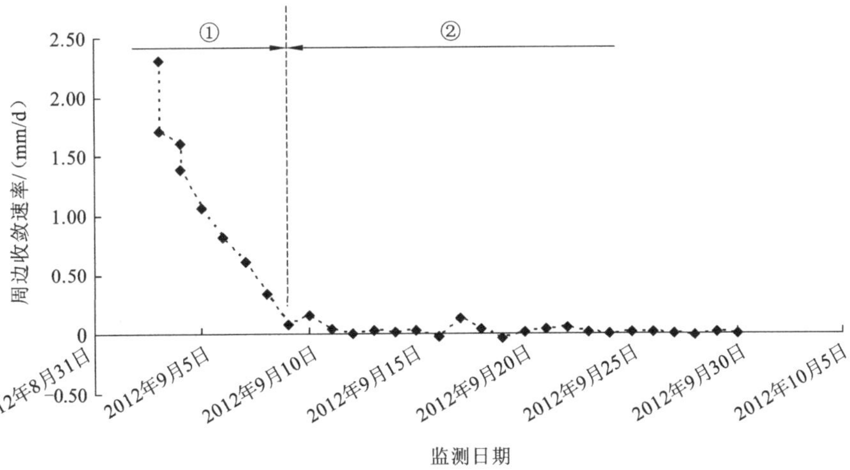

图 7-13　DK380+990 下测线周边收敛速率-时间曲线

①为快速增长阶段；②为基本稳定阶段

由图 7-12 和图 7-13 可知，下测线周边收敛变形与拱顶沉降和上测线周边收敛不同，未呈现四个阶段，只呈现两个阶段：①快速增长阶段，出现在下台阶开挖后 1～10 d，当日变形速率为 0.09～2.30 mm/d，该阶段的收敛变形量占总收敛变形量的 95.92%；②基本稳定阶段，下台阶开挖 10 d 后，当日变形速率约-0.03～0.05 mm/d，该阶段的收敛变形量占总收敛变形量的 4.08%。

通过对诸多回归曲线方程的比较，选择指数函数 $y=a(1-e^{-bt})$ 为最佳拟合函数，通过计算可得出拟合系数 a=10.527、b=0.283。因此 DK380+990 下测线周边收敛变形-时

间曲线的回归方程为

$$y = 10.527(1 - e^{-0.283t}) \tag{7-14}$$

下测线周边收敛变形之所以只呈现两个阶段，是因为隧道的开挖对下台阶的影响弱于对上台阶和拱顶的影响，开挖后经过快速增长阶段进入基本稳定阶段。

2. 弧形导坑预留核心土法下围岩变形时间效应

弧形导坑预留核心土法是将隧道断面分成左右两个侧壁坑和中洞核心三大部分开挖，短台阶分两层开挖，中洞核心部分分三层开挖。弧形导坑预留核心土法施工工序如图 7-14 所示。

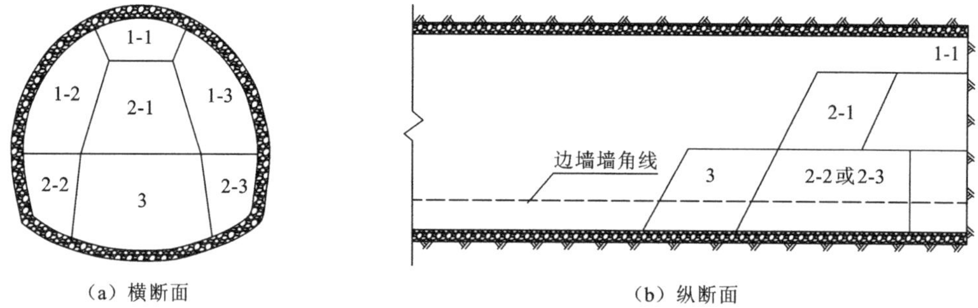

图 7-14　弧形导坑预留核心土法施工工序

本小节选取断面 DK380+755 进行围岩变形分析，DK380+755 位于姚家隧道进口段，围岩为凝灰质板岩，围岩级别为 IV 级，施工采用弧形导坑预留核心土法开挖。

1）拱顶下沉变形与时间的关系

断面 DK380+755 围岩拱顶沉降和拱顶沉降速率随时间的变化曲线见图 7-15 和图 7-16。

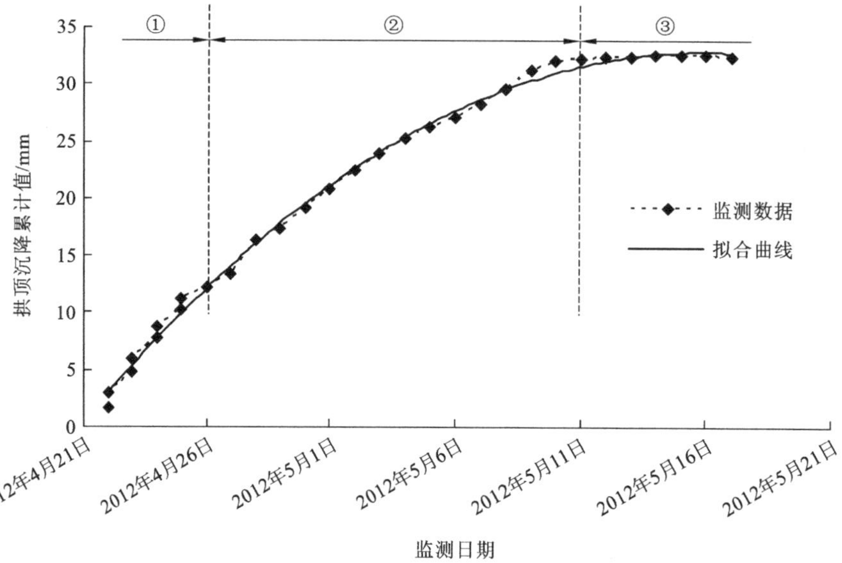

图 7-15　DK380+755 拱顶沉降-时间曲线

①为初始增长阶段；②为快速增长阶段；③为基本稳定阶段

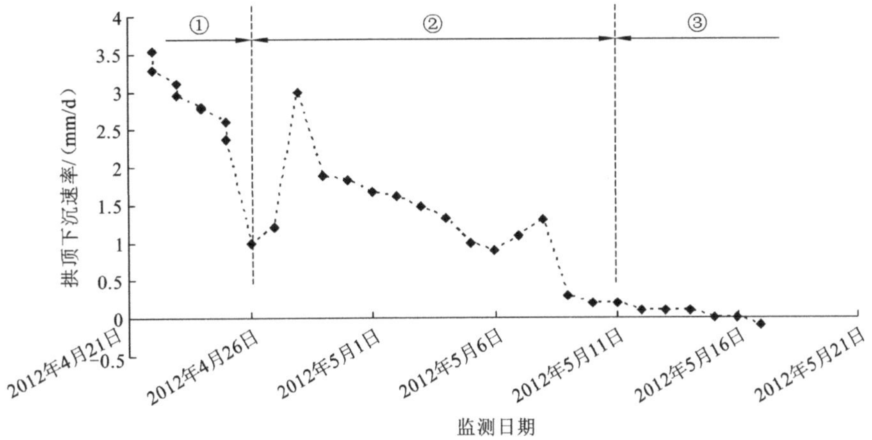

图 7-16　DK380+755 拱顶下沉速率-时间曲线

①为初始增长阶段；②为快速增长阶段；③为基本稳定阶段

由图 7-15 和图 7-16 可知，拱顶沉降变形分为三个阶段：①初始增长阶段，出现在开挖后 1～10 d，开挖后立刻进行初喷并埋设量测点进行第一次量测，开挖后约 10 h 进行第二次量测，拱顶下沉累计值约 2.9 mm，下沉速率为 3.29 mm/d，当日变形速率为 1.00～3.53 mm/d，该阶段的沉降量占总沉降量的 41.36%；②快速增长阶段，出现在开挖后 11～21 d，当日变形速率为 0.89～3.00 mm/d，该阶段的沉降量占总沉降量的 49.69%；③基本稳定阶段，开挖 22 d 后，当日变形速率约-0.09～0.29 mm/d，该阶段的沉降量占总沉降量的 8.95%。变形稳定后，拱顶沉降累计值为 32.4 mm。

通过对诸多回归曲线方程的比较，选择对数函数 $y = a\ln(1+t)$ 为 DK380+755 断面拱顶沉降-时间曲线的最佳拟合函数，通过计算可得出拟合系数 a=8.428。因此 DK380+755 断面拱顶沉降-时间曲线的回归方程为

$$y = 8.428\ln(1+t) \tag{7-15}$$

由以上分析可知，弧形导坑预留核心土法和三台阶七步开挖法相比，由于施工工序的不同，围岩拱顶沉降变形呈现不同的阶段，拱顶沉降随时间的变化曲线也不同。上部弧形导坑和下部弧形导坑开挖后，拱顶测点的沉降量出现不同程度的突变，使得拱顶沉降的阶段性更明显，表明上部弧形导坑和下部弧形导坑开挖对隧道顶部产生一定的影响。采用弧形导坑预留核心土法时，绝大部分围岩拱顶沉降变形在初始增长阶段和快速增长阶段发展，少部分沉降变形在基本稳定阶段发展，如图 7-17 所示。

2）周边收敛变形与时间的关系

断面 DK380+755 上测线围岩周边收敛和周边收敛速率随时间的变化曲线见图 7-18 和图 7-19。

由图 7-18 和图 7-19 可知，断面 DK380+755 上测线周边收敛变形与拱顶沉降不同，只呈现两个阶段：①快速增长阶段，出现在上部弧形导坑开挖后 1～20 d，当日变形速率为 0.19～1.98 mm/d，该阶段的收敛变形量占总收敛变形量的 96.71%；②基本稳定阶段，下部弧形导坑开挖 21 d 后，当日变形速率约-0.01～0.13 mm/d，该阶段的收敛变形量占总收敛变形量的 3.29%。

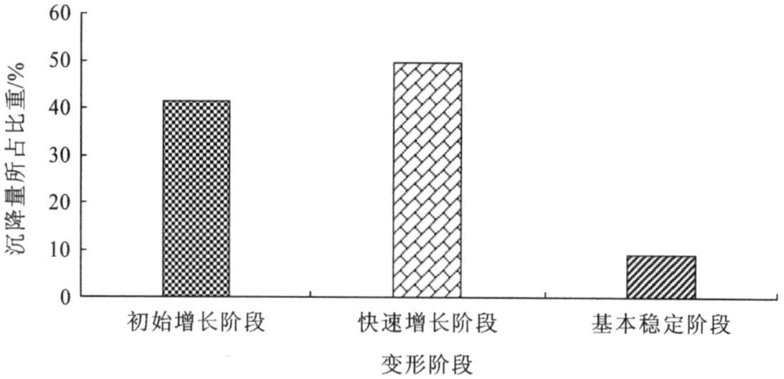

图 7-17 断面 DK380+755 各变形阶段的沉降量占总沉降量的比重

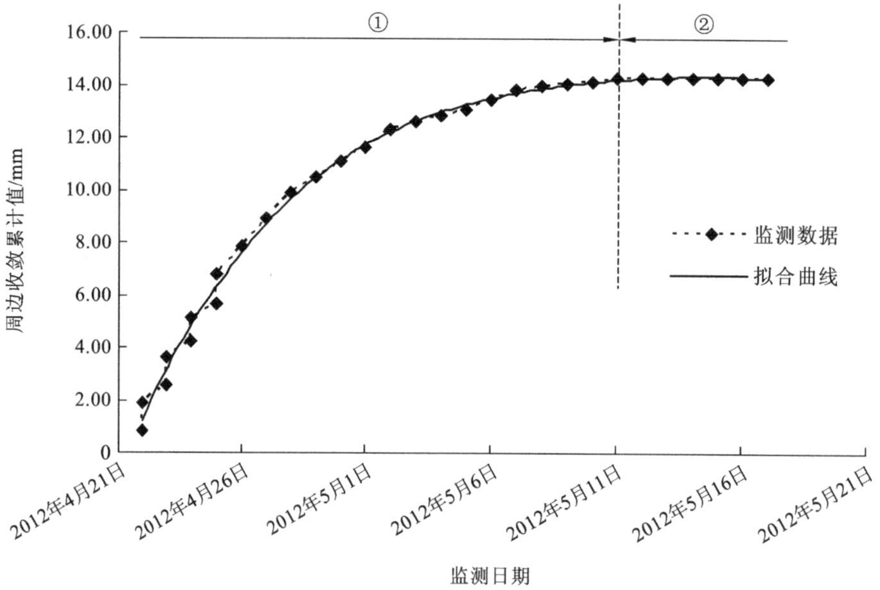

图 7-18 DK380+755 上测线周边收敛-时间曲线

①为快速增长阶段；②为基本稳定阶段

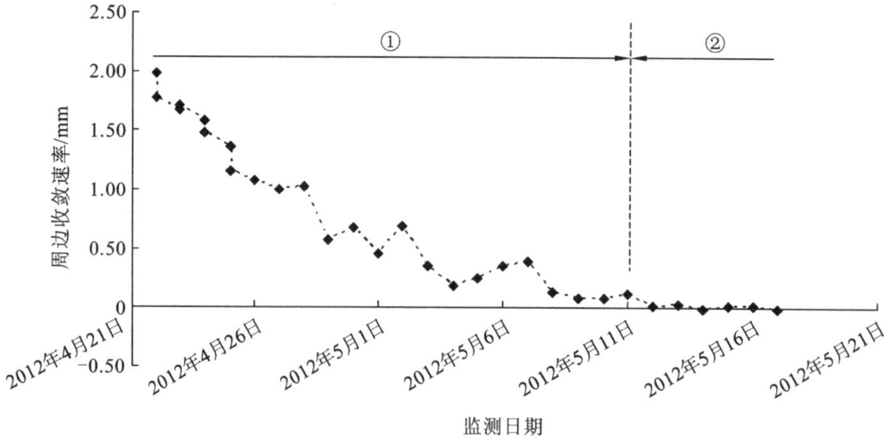

图 7-19 DK380+755 上测线周边收敛速率-时间曲线

①为快速增长阶段；②为基本稳定阶段

之所以断面 DK380+755 上测线周边收敛变形只呈现两个阶段，是因为：①断面 DK380+755 的围岩级别为 IV 级，与 DK380+990 断面的围岩级别相比要高，岩体完整性要好；②弧形导坑预留核心土法对于周边收敛变形的发展阶段具有一定的影响，上部弧形导坑开挖后预留核心土对于围岩的稳定性起着一定的作用，围岩变形经过快速增长阶段后进入基本稳定阶段，使得围岩变形较小，降低了围岩发生大变形的可能性。

通过拟合优化，选择指数函数 $y=a(1-e^{-bt})$ 为断面 DK380+755 上测线围岩周边收敛-时间曲线的最佳拟合函数，通过计算得出 $a=17.139$，$b=0.073$。因此，断面 DK380+755 上测线围岩周边收敛-时间曲线的回归方程为

$$y=17.139(1-e^{-0.073t}) \tag{7-16}$$

断面 DK380+755 下测线围岩周边收敛和周边收敛速率随时间的变化曲线见图 7-20 和图 7-21。

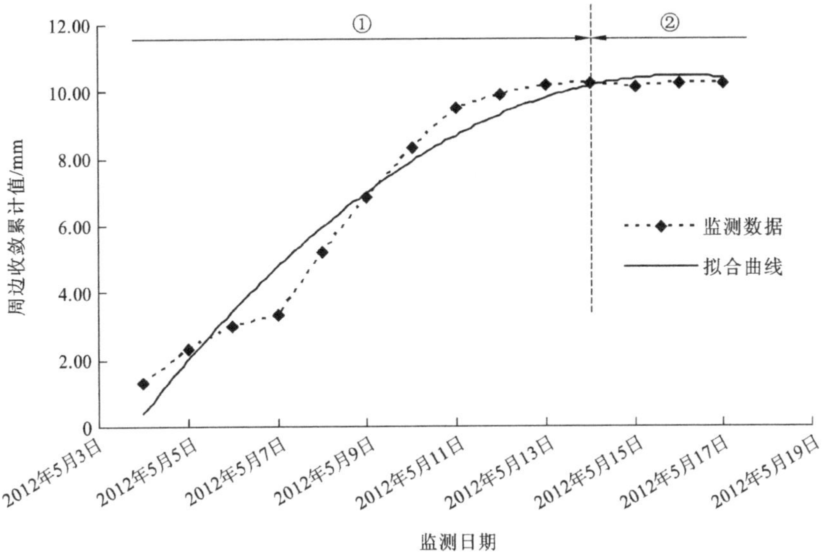

图 7-20　DK380+755 下测线周边收敛-时间曲线

①为快速增长阶段；②为基本稳定阶段

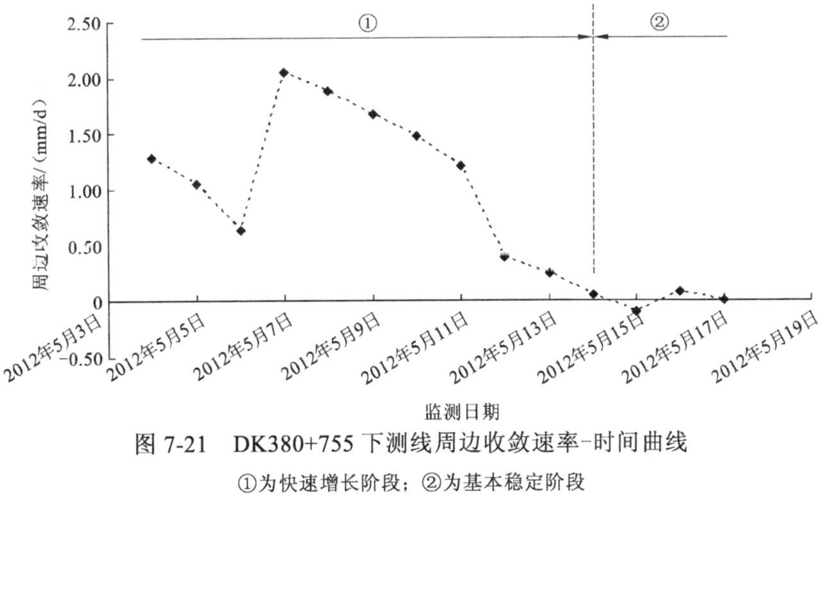

图 7-21　DK380+755 下测线周边收敛速率-时间曲线

①为快速增长阶段；②为基本稳定阶段

由图 7-20 和图 7-21 可知，断面 DK380+755 下测线周边收敛变形发展阶段与上测线相同，呈现两个阶段：①快速增长阶段，出现在下部弧形导坑开挖后 1～9 d，当日变形速率为 0.39～2.05 mm/d，该阶段的收敛变形量占总收敛变形量的 97.07%；②基本稳定阶段，下部弧形导坑开挖 10 d 后，当日变形速率约-0.10～0.25 mm/d，该阶段的收敛变形量占总收敛变形量的 2.93%。

根据现场施工情况，断面 DK380+755 下测线周边收敛的监测数据较少，是因为下部弧形导坑及核心土开挖 14 d 后，待围岩变形稳定立即施作仰拱和二衬，及时封闭成环。

通过对诸多回归曲线方程的比较，选择对数函数 $y = a\ln(1+t)$ 为 DK380+755 断面下测线周边收敛变形-时间曲线的最佳拟合函数，通过计算可得出拟合系数 a=3.759。因此 DK380+755 断面下测线周边收敛变形-时间曲线的回归方程为

$$y = 3.759\ln(1+t) \tag{7-17}$$

3. 台阶法围岩变形时间效应

台阶法开挖时将工作面分成上下两部分，若上部工作面超前时形成正台阶，称正台阶工作面；若下部工作面超前时形成倒台阶，称反台阶工作面。姚家隧道采用台阶法施工时，均采用正台阶法。采用正台阶法施工时，将洞室断面分成两部分，先掘上部断面使上部超前而出现台阶；爆破后先将拱部用喷射混凝土进行支护，出渣后在上下断面同时进行凿岩（图 7-22）。

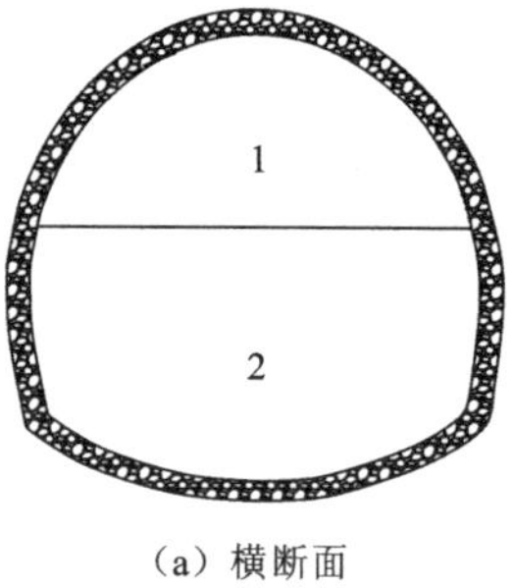

（a）横断面

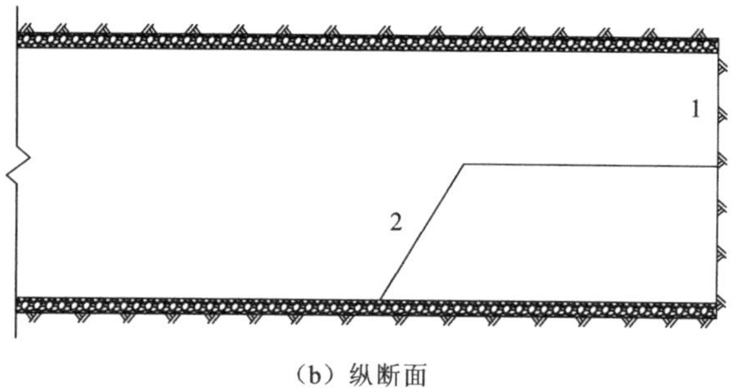

（b）纵断面

图 7-22　台阶法施工工序

本小节选取断面 DK380+655 进行围岩变形分析，DK380+655 位于姚家隧道进口段，围岩为凝灰质板岩，围岩级别为 III 级，完整性较好，施工采用正台阶法开挖。

1）拱顶下沉变形与时间的关系

断面 DK380+655 围岩拱顶下沉和拱顶下沉速率随时间的变化曲线见图 7-23 和图 7-24。

由图 7-23 和图 7-24 可知，断面 DK380+655 围岩拱顶下沉呈现四个阶段：①急速增长阶段，出现在开挖后 1～7 d，开挖后立刻进行初喷并埋设量测点进行第一次量测，开挖后约 10 h 进行第二次量测，拱顶下沉累积值约 5.9 mm，下沉速率为 3.16 mm/d，当日变形速率为 2.20～3.90 mm/d，该阶段的沉降量占总沉降量的 46.33%；②缓慢增长阶段，出现在开挖后的 8～11 d，当日变形速率为 0.18～1.10 mm/d，该阶段的沉降量占总沉降量的 6.35%；

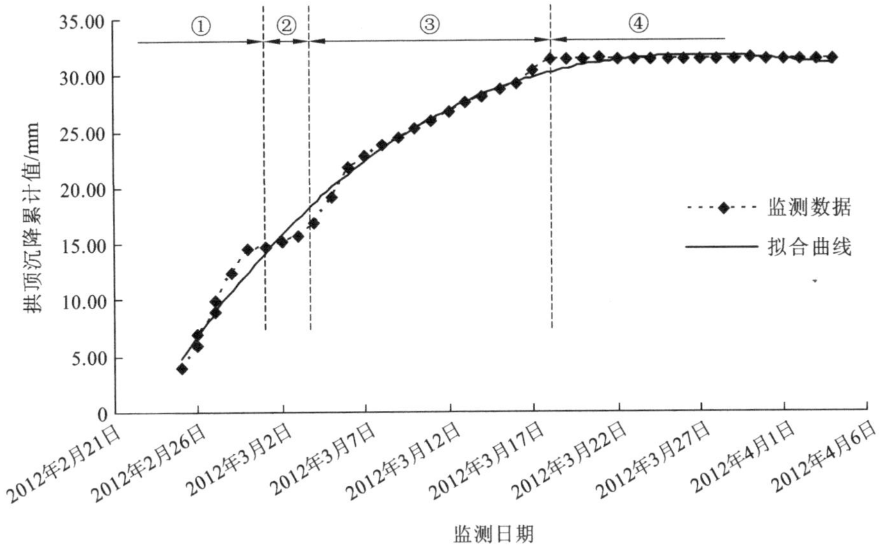

图 7-23 DK380+655 围岩拱顶下沉-时间曲线

①为急速增长阶段；②为缓慢增长阶段；③为快速增长阶段；④为基本稳定阶段

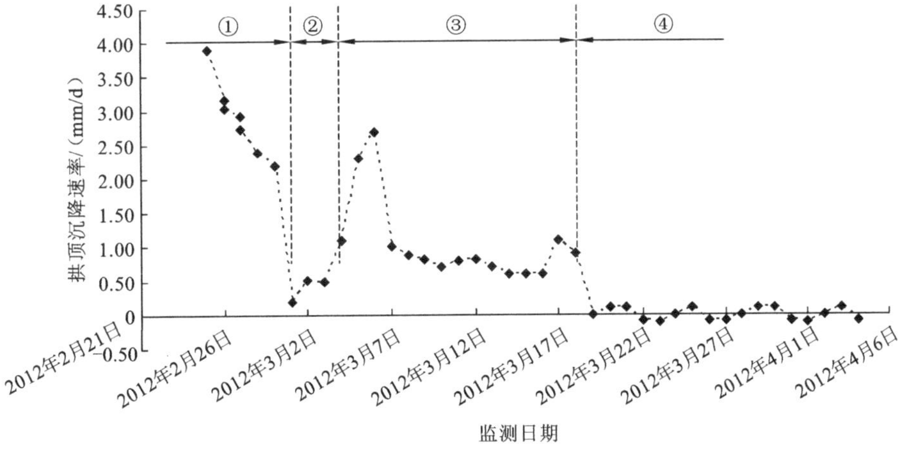

图 7-24 DK380+655 围岩拱顶下沉速率-时间曲线

①为急速增长阶段；②为缓慢增长阶段；③为快速增长阶段；④为基本稳定阶段

③快速增长阶段，出现在开挖后 12～25 d，当日变形速率为 0.59～2.70 mm/d，该阶段的沉降量占总沉降量的 46.33%；④基本稳定阶段，开挖 26 d 后，当日变形速率约-0.10～0.10 mm/d，该阶段的沉降量占总沉降量的 0.10%。变形稳定后，拱顶沉降累计值为 31.4 mm。

断面 DK380+655 围岩拱顶下沉变形呈现四个发展阶段，是因为台阶法的开挖对围岩拱顶沉降变形具有一定的影响。采用台阶法时，每个台阶开挖的断面面积较大，且未预留核心土，致使围岩变形较大，变形发展历程较长，需经过急速增长阶段、缓慢增长阶段、快速增长阶段进入基本稳定阶段，围岩变形主要集中于急速增长阶段和快速增长阶段，如图 7-25 所示。

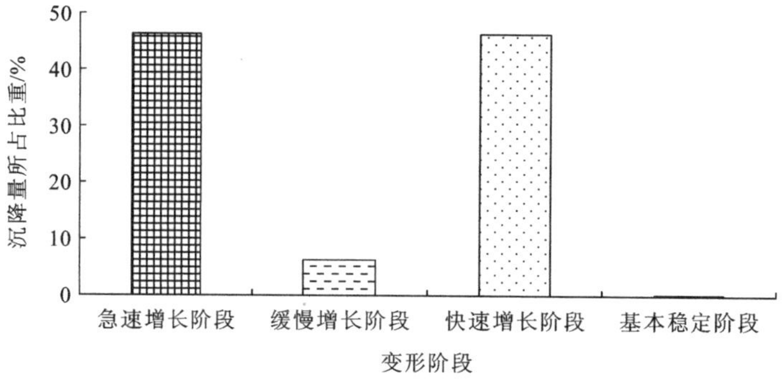

图 7-25　DK380+655 各变形阶段的沉降量占总沉降量的比重

通过拟合优化，选择指数函数 $y=a(1-\mathrm{e}^{-bt})$ 为断面 DK380+655 围岩拱顶下沉变形-时间曲线的最佳拟合函数，通过计算得出 $a=34.224$，$b=0.076$。因此，断面 DK380+655 围岩拱顶下沉-时间曲线的回归方程为

$$y=34.224(1-\mathrm{e}^{-0.076t}) \tag{7-18}$$

2）周边收敛变形与时间的关系

断面 DK380+655 上测线围岩周边收敛和及其速率随时间的变化曲线见图 7-26 和图 7-27。

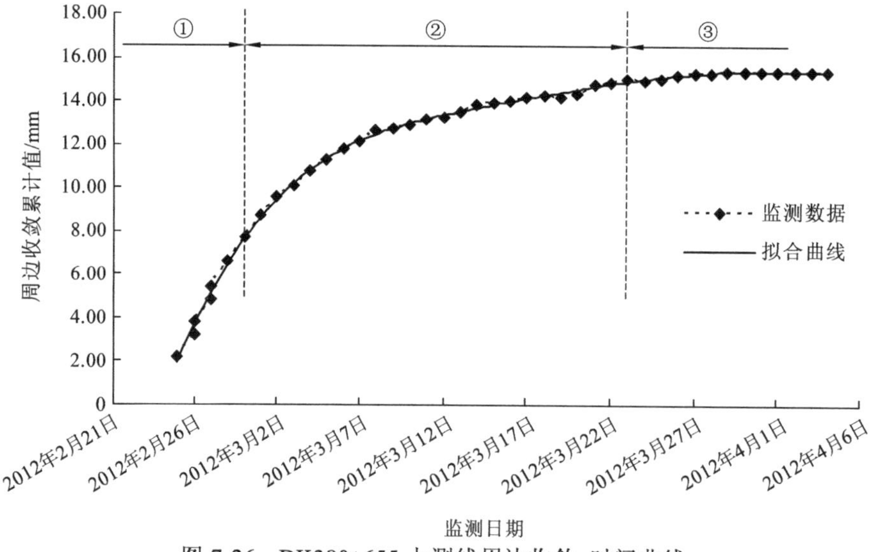

图 7-26　DK380+655 上测线周边收敛-时间曲线

①为急速增长阶段；②为缓慢增长阶段；③为基本稳定阶段

上测线周边收敛变形发展分三个阶段：①急速增长阶段，出现在开挖后 1～9 d，开挖后立刻进行初喷并埋设量测点进行第一次量测，开挖后约 10 h 进行第二次量测，周边收敛累计值约 3.22 mm，周边收敛速率为 1.63 mm/d，当日周边收敛速率为 0.85～2.19 mm/d，该阶段的周边收敛值占总周边收敛的 62.01%；②缓慢增长阶段，出现在开挖后 10～33 d，当日周边收敛速率为-0.08～0.66 mm/d，该阶段的周边收敛值占总周边收敛值的 36.84%；

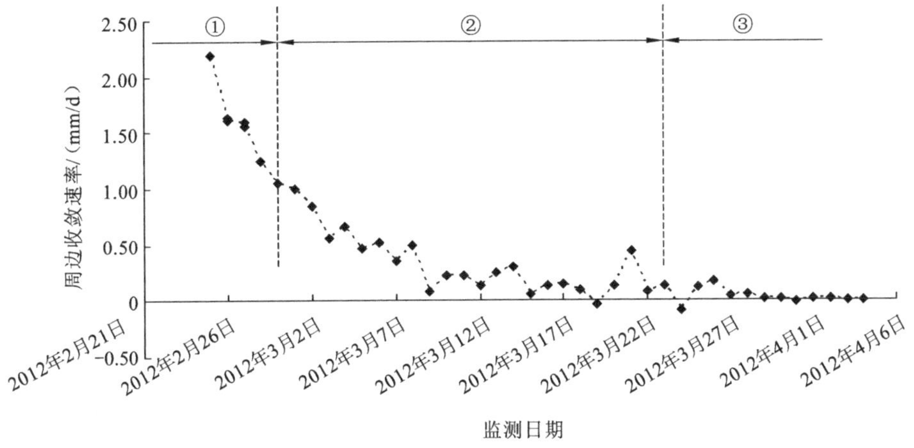

图 7-27 DK380+655 上测线周边收敛速率-时间曲线

①为急速增长阶段；②为缓慢增长阶段；③为基本稳定阶段

③基本稳定阶段，开挖 34 d 后，当日周边收敛速率约-0.01～0.05 mm/d，该阶段的周边收敛值占总周边收敛值的 1.15%。变形稳定后，周边收敛累计值为 15.4 mm。

通过拟合优化，选择指数函数 $y=a(1-e^{-bt})$ 为断面 DK380+655 上测线围岩周边收敛-时间曲线的最佳拟合函数，通过计算得出 $a=15.692$，$b=0.101$。因此，断面 DK380+655 上测线围岩周边收敛-时间曲线的回归方程为

$$y=15.692(1-e^{-0.101t}) \tag{7-19}$$

断面 DK380+655 下测线围岩周边收敛和及其速率随时间的变化曲线见图 7-28 和图 7-29。

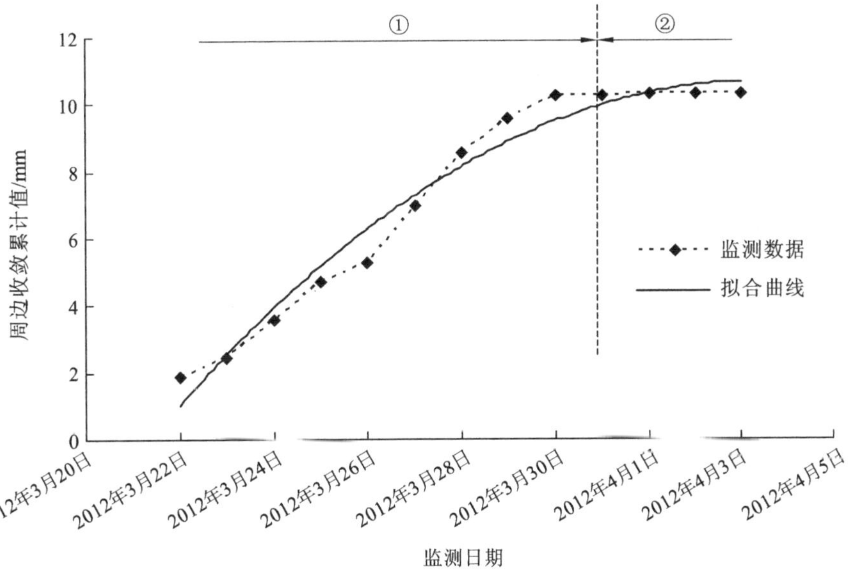

图 7-28 DK380+655 下测线周边收敛-时间曲线

①为快速增长阶段；②为基本稳定阶段

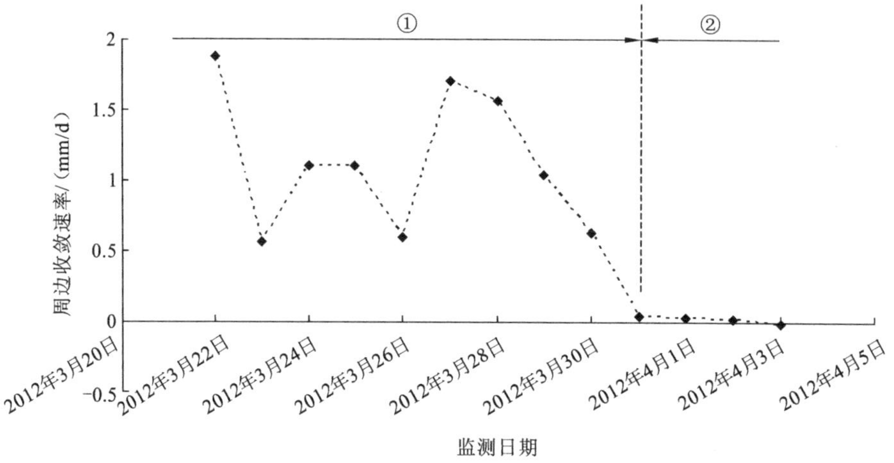

图 7-29　DK380+655 下测线周边收敛速率-时间曲线

①为快速增长阶段；②为基本稳定阶段

由图 7-28 和图 7-29 可知，断面 DK380+655 下测线周边收敛变形发展分为两阶段：①快速增长阶段，出现在下台阶开挖后 1～8 d，当日变形速率为 0.57～1.88 mm/d，该阶段的收敛变形量占总收敛变形量的 93.11%；②基本稳定阶段，下部弧形导坑开挖 9 d 后，当日变形速率约-0.01～0.63 mm/d，该阶段的收敛变形量占总收敛变形量的 6.89%。围岩变形稳定后，周边收敛累计值为 10.31 mm。

通过拟合优化，选择对数函数 $y=a\ln(1+t)$ 为 DK380+655 断面下测线周边收敛变形-时间曲线的最佳拟合函数，通过计算可得出拟合系数 $a=3.872$。因此 DK380+655 断面下测线周边收敛变形-时间曲线的回归方程为

$$y=3.872\ln(1+t) \tag{7-20}$$

4. 隧道施工期围岩变形时间效应总结分析

本小节结合姚家隧道现场监控量测资料，通过绘制围岩变形-时间特征曲线对不同开挖方法（围岩级别也不同）下围岩变形随时间的变化规律进行了分析，经总结得出以下结论。

（1）围岩变形-时间特征曲线可分划分为以下三类。

第一类，“单厂”型：这种曲线类型可以划分为以下两个阶段：①快速增长阶段，持续时间为 9～10 d，平均变化速率为 0.09～2.30 mm/d，该阶段的变形位移值占总位移值的 96%左右；②基本稳定阶段，一般情况下，该阶段的变化速率小于 0.20 mm/d。此类型的围岩变形特征曲线发生在围岩较好地段（III、IV 级围岩，在 III 级围岩地段表现更明显），主要针对台阶法或者弧形导坑预留核心土法。

第二类，“弯弓”型：这种曲线类型可以划分为三个阶段：①急速增长阶段，该阶段持续时间为 9～10 d，平均变化速率为 0.85～3.53 mm/d；②缓慢增长阶段，持续时间为 10～13 d；③基本稳定阶段，变化速率一般小于 0.20 mm/d。此类曲线的特征是：在开挖初期，隧道围岩变形速率较快，随着时间的推移围岩变形速率逐渐变小并趋于稳定。

“抛物线”型大多数出现在 IV 级围岩地段。

第三类，“台阶”型（或“双厂”型）：这种曲线类型可以划分为四个阶段：①急剧增长阶段：持续时间一般为 7 d，变化速率为 0.45～3.90 mm/d，该阶段的位移量占总位移量的 47%左右；②缓慢增长阶段：该阶段的持续时间为 3～4 d，平均变化速率为 0.18～1.10 mm/d，位移量占总位移量的 10%左右；③快速增长阶段：待续时间为 12 d 左右，该阶段的位移量占总位移量的 32%～47%；④基本稳定阶段：该阶段的平均变化速率一般小于 0.20 mm/d。此类曲线的特征是：隧道开挖初期，围岩变形速率较快，最大能达到 5.00 mm/d，随后围岩变形速率逐渐减慢；然后受下一步开挖的影响，围岩变形再次加快，然后随着时间的推移围岩变形逐渐变慢，最后趋于稳定。此类曲线主要出现在围岩稳定性较差的地段（V 级围岩），针对三台阶七步法，开挖步骤比较多，对隧道围岩产生了一定的扰动，其对围岩变形的影响比较明显。

（2）针对不同的围岩级别，即使相同的围岩级别，不同的部位，其围岩变形随时间变化的拟合函数是不同的，而具体选择哪一类函数需根据实际情况而定。将各种拟合函数进行对比分析，最后选择一种最佳拟合函数（指数函数和对数函数居多）对变形-时间曲线进行拟合。

（3）针对不同的开挖方法，板岩隧道围岩变形的时间效应表现出不同的特征，围岩变形-时间曲线之所以呈现“弯弓”型和“台阶”型，究其原因是因为：台阶法和三台阶七步开挖法上部台阶开挖范围较大，且围岩变形均会因每一个台阶的开挖引起陡然增大，围岩变形-时间曲线呈现小阶跃型，可划分为上述的急剧增长阶段、缓慢增长阶段、快速增长阶段和基本稳定阶段等四个变形阶段；而弧形导坑预留核心土法上部弧形导坑开挖范围较小，加上预留核心土的支挡作用有利于保持围岩的稳定，因此围岩变形-时间曲线光滑平缓，仅呈现急速增长阶段、缓慢增长阶段和基本稳定阶段三个变形阶段。

（4）为了更进一步研究隧道围岩施工期时间效应，计算不同时间的隧道围岩径向位移释放率（见表 7-4），隧道径向位移释放率-时间曲线如图 7-30 所示。

表 7-4 不同时间的隧道围岩径向位移释放率

量测断面	围岩级别	量测位置	位移值/mm	释放率（5 d）/%	释放率（15 d）/%	释放率（25 d）/%	释放率（50 d）/%
DK380+990	V	拱顶	33.3	32.43	69.37	96.70	100.00
		上测线	14.36	41.71	88.42	94.59	100.00
		下测线	10.54	76.62	97.15	99.72	100.00
DK380+755	IV	拱顶	32.4	23.77	69.14	99.69	100.00
		上测线	14.28	29.34	85.98	99.78	100.00
		下测线	10.23	50.97	100.00	100.00	100.00
DK380+655	III	拱顶	31.44	31.63	75.72	100.00	100.00
		上测线	15.40	35.11	81.97	92.60	100.00
		下测线	10.30	51.17	100.00	100.00	100.00

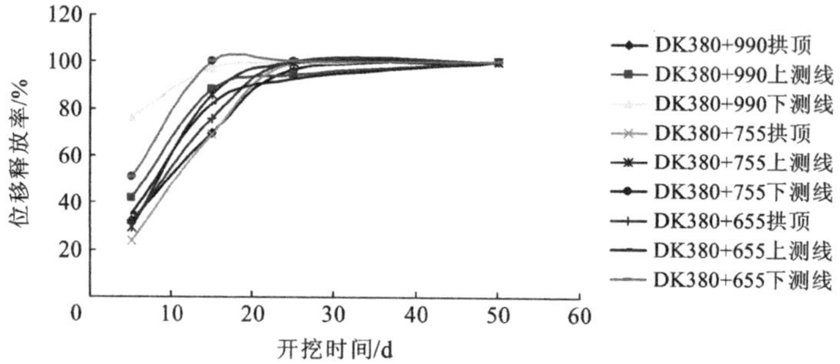

图 7-30　隧道围岩径向位移释放率与时间的关系

由图 7-30 可以看出，针对不同的围岩级别，即使相同的围岩级别不同的部位，隧道围岩径向位移释放率与时间的关系存在差异，这说明围岩级别和空间位置对隧道施工期围岩变形的时间效应产生一定的影响。

III 级围岩：拱顶部位在隧道开挖后 5 d 位移释放率就达到了 30%以上，开挖后 25 d，位移释放率接近 100%；上测线部位在隧道开挖后 5 d 位移释放率就达到了 30%以上，开挖后 50 d，位移释放率接近 100%；下测线部位在隧道开挖后 5 d 位移释放率就达到了 50%以上，开挖后 15 d，位移释放率接近 100%。

IV 级围岩：拱顶部位在隧道开挖后 5 d 位移释放率就达到了 20%以上，开挖后 30 d，位移释放率接近 100%；上测线部位在隧道开挖后 5 d 位移释放率就达到了 30%以上，开挖后 50 d，位移释放率接近 100%；下测线部位在隧道开挖后 5 d 位移释放率就达到了 50%以上，开挖后 15 d，位移释放率接近 100%。

V 级围岩：拱顶部位在隧道开挖后 5 d 位移释放率就达到了 30%以上，开挖后 50 d，位移释放率接近 100%；上测线部位在隧道开挖后 5 d 位移释放率就达到了 40%以上，开挖后 50 d，位移释放率接近 100%；下测线部位在隧道开挖后 5 d 位移释放率就达到了 70%以上，开挖后 30 d，位移释放率接近 100%。

分析围岩位移释放率与时间的关系对于确定最佳支护时机和施工工序具有重要的价值，上述分析结论可以有效地指导施工。

7.2.3　隧道围岩施工期空间效应

隧道围岩变形空间效应指的是：隧道掘进过程中，由于受到开挖面的约束，使其附近的围岩位移不能立即全部释放；空间效应是在隧道开挖面推进过程中，由于空间变化引起的一种围岩变形特性。

为了控制隧道围岩变形的发展，必须考虑隧道掘进工作面的空间约束作用。随着隧道工作面向前推进，其附近一定范围内围岩变形的发展和应力重分布都将受到掌子面的限制，使得围岩的变形得不到自由、充分地释放，应力重分布不能很快完成。

为了阐明隧道掌子面对围岩变形的约束作用，本小节选取上节分析时间效应的三个断面，即 DK380+990、DK380+755 和 DK380+655，对其围岩变形和距掌子面距离的关系进行深入分析。

1）DK380+990 围岩变形和距掌子面距离的关系

断面 DK380+990 围岩变形和变形速率与距掌子面距离（D）的关系曲线图如图 7-31 和图 7-32 所示。

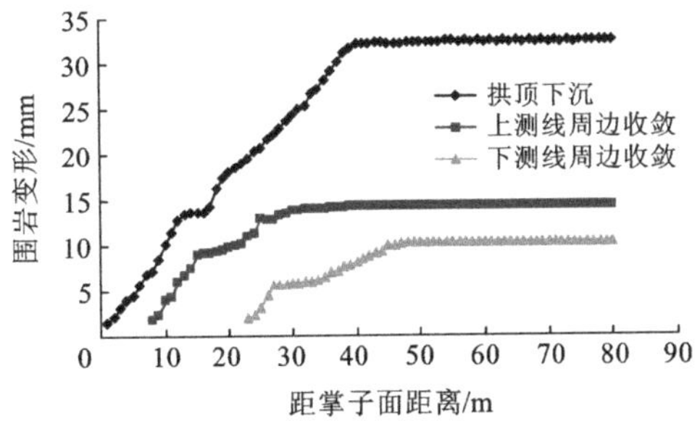

图 7-31　DK380+990 围岩变形与 D 的关系

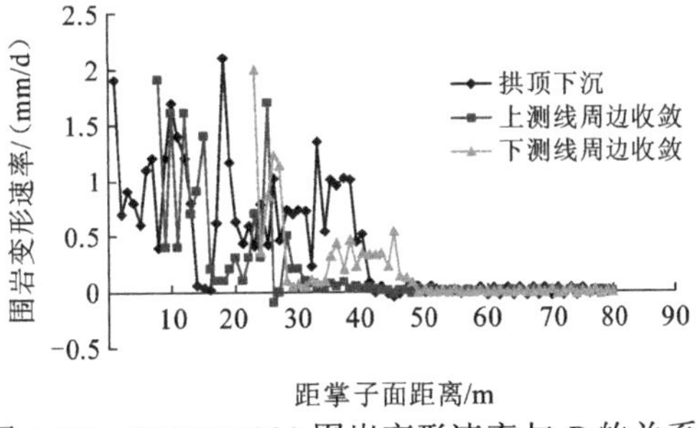

图 7-32　DK380+990 围岩变形速率与 D 的关系

由图 7-31 和图 7-32 可以看出，断面 DK380+990 围岩变形与距掌子面距离的关系曲线呈“台阶”型（或“双厂”型）。随掌子面的推进，断面 DK380+990 围岩变形逐渐增大，变形速率呈跳跃式减少，但最后趋于稳定。监测断面距掌子面距离为 2.5 倍洞径时，拱顶沉降趋于稳定，在中台阶和下台阶开挖后，拱顶沉降速率出现轻微抬升，但迅速稳定。当监测断面距掌子面的距离为 3 倍洞径处，周边收敛变形趋于稳定。

2）DK380+755 围岩变形和距掌子面距离的关系

断面 DK380+755 围岩变形和变形速率与距掌子面距离的关系曲线图如图 7-33 和图 7-34 所示。

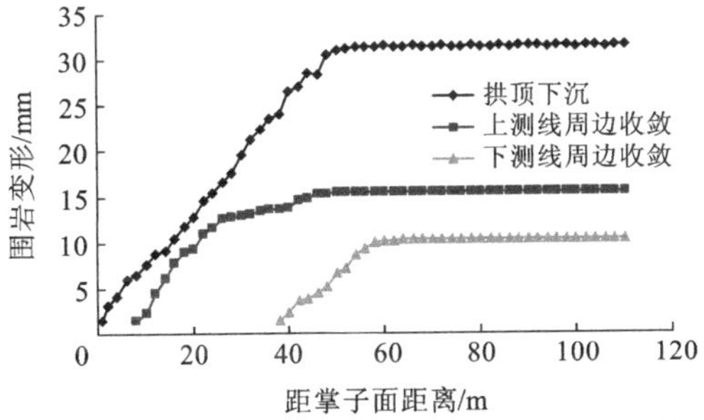

图 7-33　DK380+755 围岩变形与 D 的关系

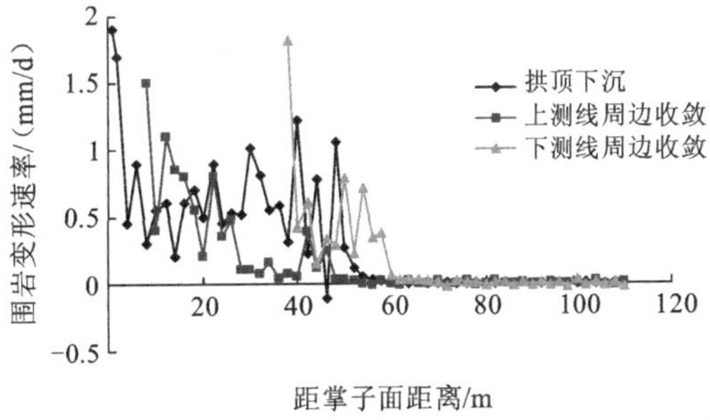

图 7-34　DK380+755 围岩变形速率与 D 的关系

由图 7-33 和图 7-34 可以看出，断面 DK380+755 围岩拱顶下沉变形与距掌子面距离的关系曲线呈“单厂”型，上测线周边收敛变形与距掌子面距离的关系曲线呈抛物线型，下测线周边收敛变形与距掌子面距离的关系曲线呈“双厂”型。断面 DK380+755 围岩变形随掌子面推进逐渐增大，变形速率呈跳跃式减小，但最后趋于稳定。监测断面距掌子面距离为 3 倍洞径时，拱顶沉降和上测线周边收敛变形趋于稳定，在上部弧形导坑和下部弧形导坑开挖后，拱顶沉降速率出现轻微抬升，但迅速趋于稳定。当监测断面距掌子面的距离为 4 倍洞径时，下测线周边收敛变形趋于稳定。

3）DK380+655 围岩变形和距掌子面距离的关系

断面 DK380+655 围岩变形和变形速率与距掌子面距离的关系曲线图如图 7-35 和图

7-36 所示。

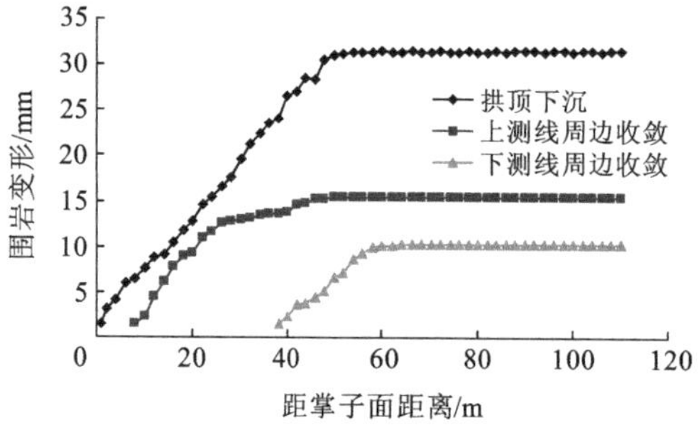

图 7-35　DK380+655 围岩变形与 D 的关系

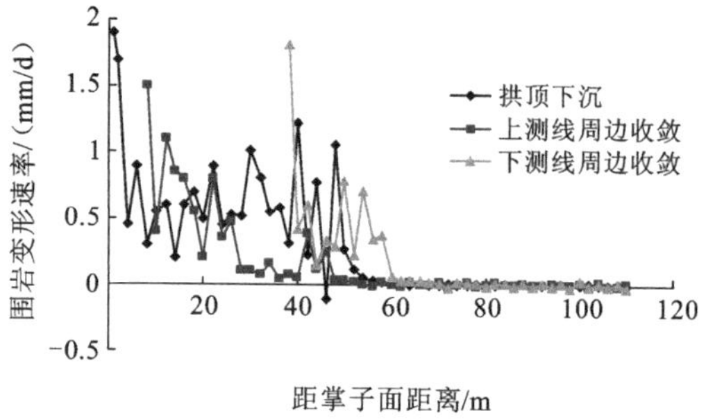

图 7-36　DK380+655 围岩变形速率与 D 的关系

由图 7-35 和图 7-36 可以看出，断面 DK380+655 围岩变形与距掌子面距离的关系曲线呈“单厂”型。随掌子面向前推进，围岩变形逐渐增大，变形速率呈跳跃式减小，但最后趋于稳定。断面 DK380+655 为 III 级围岩，采用台阶法开挖时掘进速度较快，监测断面距掌子面距离为 4 倍洞径时，拱顶沉降和上测线周边收敛变形趋于稳定，在上台阶和下台阶开挖后，上测线和下测线周边收敛速率出现轻微抬升，但迅速趋于稳定。当监测断面距掌子面的距离为 5 倍洞径时，下测线周边收敛变形趋于稳定。

4）隧道施工期围岩变形空间效应总结分析

由以上分析可知，姚家隧道围岩变形与距掌子面距离的关系曲线呈现以下特征。

（1）围岩变形距掌子面距离关系曲线基本上可以分为两种类型，即“台阶”型（或“双厂”型）和“单厂”型。一般“台阶”型曲线出现在围岩相当差地段（V 级围岩），监测断面距掌子面超过 3 倍洞径时，围岩变形基本趋于稳定。“单厂”型曲线主要出现在围岩较好的地段（IV、III 级围岩），当监测断面距掌子面超过 5 倍洞径时，围岩变形趋于稳定，空间效应趋于消失。

（2）一般情况下，隧道下台阶的围岩变形趋于稳定的时间较晚，拱顶的围岩变形趋于稳定的时间较早，上台阶的围岩变形趋于稳定的时间居于两者之间，所以二次衬砌施作的时间应该以下测线周边收敛的数据为准。

（3）为了更进一步研究隧道围岩施工期空间效应，计算在不同距掌子面距离条件下的隧道围岩径向位移释放率（见表 7-5），并绘制隧道径向位移释放率与距掌子面距离的关系曲线，如图 7-37 所示。

表 7-5　不同距掌子面距离的隧道围岩释放率

量测断面	围岩级别	测线	位移值/mm	围岩变形释放率/%				
				15 m（约 1 倍洞径 D）	30 m（约 2 倍洞径 D）	45 m（约 3 倍洞径 D）	60 m（约 5 倍洞径 D）	75 m（约 5 倍洞径 D）
DK380+990	V	拱顶	33.3	45.89	94.29	99.79	100.00	100.00
		上测线	14.36	48.05	95.40	99.65	100.00	100.00
		下测线	10.54	—	54.93	99.72	100.00	100.00

续表

量测断面	围岩级别	测线	位移值/mm	围岩变形释放率/%				
				15 m（约 1 倍洞径 *D*）	30 m（约 2 倍洞径 *D*）	45 m（约 3 倍洞径 *D*）	60 m（约 5 倍洞径 *D*）	75 m（约 5 倍洞径 *D*）
DK380+755	IV	拱顶	32.4	41.94	75.31	99.48	100.00	100.00
		上测线	14.28	62.32	95.94	99.86	100.00	100.00
		下测线	10.23	—	56.60	96.68	100.00	100.00
DK380+655	III	拱顶	31.44	62.37	90.14	100.00	100.00	100.00
		上测线	15.40	84.29	99.16	100.00	100.00	100.00
		下测线	10.30	—	44.08	98.25	100.00	100.00

说明：针对围岩变形的空间效应，围岩径向位移释放率是指隧道某位置距开挖面不同距离的指向洞内的围岩变形与距开挖面足够远处（空间效应影响范围之外）的同一位置、同一方向上的围岩变形之比

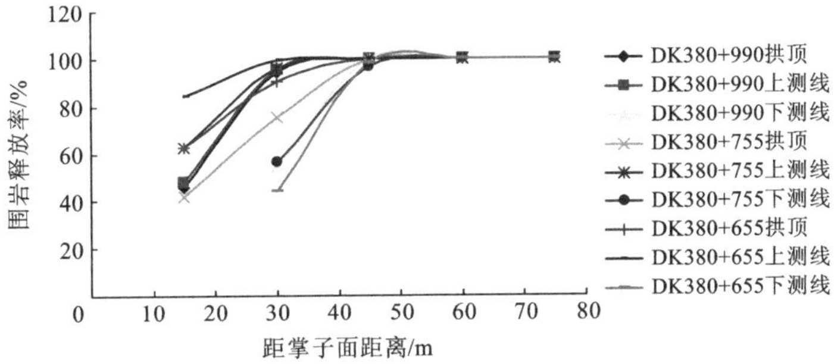

图 7-37　隧道围岩径向位移释放率与距掌子面距离的关系

由图 7-37 可以看出，针对不同的围岩级别，即使相同围岩级别不同部位，隧道围岩径向位移释放率与距掌子面距离的关系存在差异，这说明围岩级别和空间位置对隧道施工期围岩变形的空间效应产生一定的影响。

III 级围岩：对于拱顶部位，在距掌子面距离约 1 倍洞径时，隧道围岩径向位移释放率达到 60%以上；在距掌子面距离约 3 倍洞径时，位移释放率达到 100%，空间效应消失。对于上测线部位，在距掌子面距离约 1 倍洞径时，隧道围岩径向位移释放率达到 80%以上；在距掌子面距离约 2 倍洞径时，位移释放率达到 100%，空间效应消失。对于下测线部位，在距掌子面距离约 2 倍洞径时，隧道围岩径向位移释放率达到 40%以上；在距掌子面距离约 5 倍洞径时，位移释放率达到 100%，空间效应消失。

IV 级围岩：对于拱顶部位，在距掌子面距离约 1 倍洞径时，隧道围岩径向位移释放率达到 40%以上；在距掌子面距离约 3 倍洞径时，位移释放率达到 100%，空间效应消失。对于上测线部位，在距掌子面距离约 1 倍洞径时，隧道围岩径向位移释放率达到 60%以上；在距掌子面距离约 3 倍洞径时，位移释放率达到 100%，空间效应消失。对于下测线部位，在距掌子面距离约 2 倍洞径时，隧道围岩径向位移释放率达到 50%以上；在距掌子面距离约 5 倍洞径时，位移释放率达到 100%，空间效应消失。

V 级围岩：对于拱顶部位，在距掌子面距离约 1 倍洞径时，隧道围岩径向位移释放率达到 40%以上；在距掌子面距离约 3 倍洞径时，位移释放率达到 100%，空间效应消失。对于上测线部位，在距掌子面距离约 1 倍洞径时，隧道围岩径向位移释放率达到 40%以上；在距掌子面距离约 3 倍洞径时，位移释放率达到 100%，空间效应消失。对于下测线部位，在距掌子面距离约 2 倍洞径时，隧道围岩径向位移释放率达到 50%以上；在距掌子面距离约 3 倍洞径时，位移释放率达到 100%，空间效应消失。

7.2.4 板岩隧道施工期围岩变形机制

目前，关于隧道围岩变形机理的解释尚不一致，为克服软弱围岩隧道发生大变形地质灾害，通过对姚家隧道围岩发生大变形的力学机理进行分析，以弄清其变形机制和规律，进而有效地实施控制。

1. 时空效应机制

隧道在开挖过程中，围岩变形与时间因素是密切相关的。基于黏弹塑性理论，运用数值模拟方法对板岩的蠕变特性进行研究；通过对隧道监控量测资料的分析，证明围岩的长期变形是具有流变效应的。姚家隧道在板岩地段，在初始地应力场和工程扰动力的综合作用下，开挖后洞周应力集中现象较严重，导致围岩变形速率较大，变形发展较快。当洞周岩体应力水平超过岩体流变下限时，会引起隧道围岩发生流变，导致围岩变形持续时间较长，此时应及时采取相应支护措施，避免因流变变形引起的围岩失稳。

隧道掌子面的空间效应在纵断面上表现为“半圆穹”约束（王伟峰，2008），在横断面上表现为“环形”约束[图 7-38（a）]。所谓“半圆穹”是以围岩径向位移释放系数为纵坐标，以距开挖面距离为横坐标而绘制的曲线形状（图 7-37）。“半圆穹”约束和“环形”约束的联合作用使得掌子面附近一定范围内的围岩在无支护的情况下得以稳定。横断面的“环形”约束效应和纵断面的“半圆穹”约束效应相互影响，“环形”约束效应在一定程度上受纵断面方向的“虚拟”支撑力影响，使得围岩与支护体系共同构成的承载拱效应得以加强。成拱效应是一个包括由隧道顶部、边墙和底部围岩所形成的完整闭合拱，这是一个厚度比开挖断面大很多倍的巨大岩石圈，其承载能力很大。这种环形支护是一种十分有效的隧道永久性支护，只要它不垮塌，就可以在隧道开挖后持久发生作用。在隧道开挖过程中，掌子面具有一种“虚拟”支撑力作用[图 7-38（b）]，这种支撑作用依赖于掌子面的存在和掌子面的有效支撑范围。当隧道贯通以后或距离掌子面较远处，支撑作用则失去了存在的条件。关于掌子面的支撑作用，目前有两种观点，即“半岩拱作用”和“桥梁作用”。“半岩拱作用”观点认为掌子面前方围岩是一个巨型支座，掌子面后方围岩是一个悬臂拱，二者组成“半岩拱”。“半岩拱”在纵断面方向上的支撑作用范围以掌子面后方围岩弹塑性变形终止来衡量，随着与掌子面距离的增大，支撑作用减弱直至消失。“桥梁作用”认为除掌子面前方是一个支座以外，掌子面后方支护体系也是一个支座，未支护的围岩看作是“桥梁”。“桥梁”上的岩块依靠岩块之间的“互锁作用”维持稳定。“互锁作用”取决于岩块的形状、大小、结构面状况及爆破的强度。一般情况，“互锁作用”根据“桥梁”的长度和岩块的自稳时间来衡量。如果“互锁作用”消失，纵断面的“桥梁作用”将不复存在，围岩失稳而坍塌。

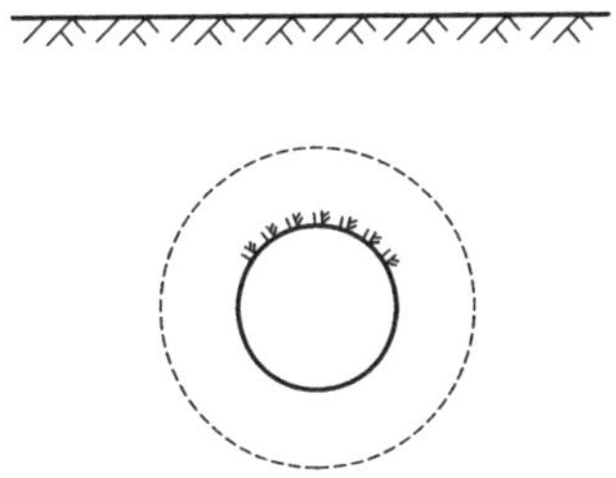

（a）横向成拱效应

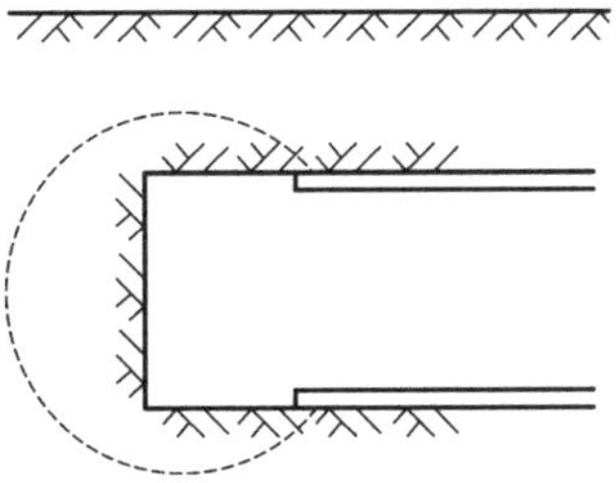

（b）纵向支护效应

图 7-38　隧道施工的时空效应

2. 板岩隧道围岩变形影响因素

隧道围岩变形取决于各种因素的综合影响，不仅受区域地质情况、围岩自身的性质、地下水和岩体的原始应力状态等因素的影响，而且还与隧道断面的形状和尺寸、开挖方法、支护结构和施工工序等因素有关。

1）地质构造及不良地质

姚家隧道位于木叶溪复式背斜北端，木叶溪复式背斜位于新晃到芷江一带，轴线呈NNE50°～60°，隧道区出露地层核部及两翼均为板溪群马底驿组三段。岩层倾角在50°以上，形成陡立的线状褶曲。与此同时，在木叶溪复式背斜的北部，分水坳压扭性断裂以20°夹角穿越线路，与隧道相交于里程DK380+970～DK381+020，走向NNE，倾向SE，产状158°∠65°，断层破碎带6～50 m，岩体破碎，结构松散、岩体间结合力差，透水性强，围岩自稳能力较差，常见强烈挤压和片理化。通过对断面DK380+990监控量测资料的分析可知，该断面围岩变形较大，拱顶下沉变形分四个阶段，变形持续时间较长，表明此断裂对围岩的变形产生一定的影响。

姚家隧道区浅埋地段分布于：隧道进口—DK380+225、DK380+345—DK380+405、DK380+805—DK380+855及DK380+950—隧道出口，浅埋段岩体以强风化为主，节理裂隙发育，岩体破碎。通过对隧道监控量测资料的分析，该地段围岩变形较大，局部地段出现塌方。

2）围岩自身的性质

板岩自身的特性会影响隧道围岩的变形。由以上分析可知：板岩含有大量黏土矿物，使得围岩强度降低，膨胀性、崩解性和软化性表现较突出；板岩内的变质结构面（板理等）、微细节理及孔洞构造会对围岩稳定性造成一定影响。在宏观上，围岩自身的性质表现为围岩的级别。为了弄清围岩级别同围岩变形的关系，选取断面DK380+990（V级围岩）、DK380+755（IV级围岩）和DK380+655（III级围岩）进行分析，绘制不同围岩级别下围岩变形随时间的变化曲线，如图7-39所示。

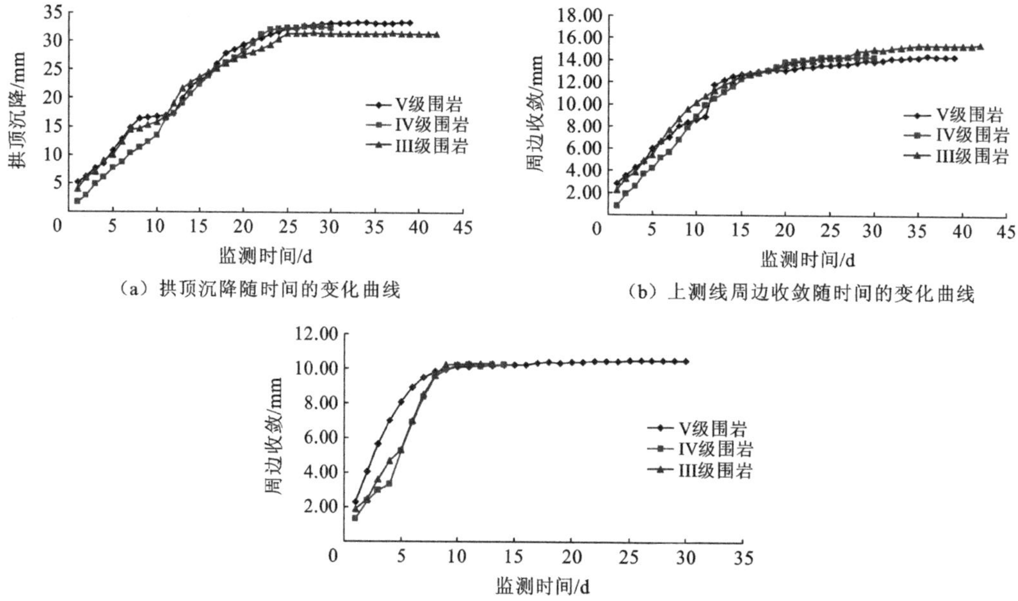

（a）拱顶沉降随时间的变化曲线

（b）上测线周边收敛随时间的变化曲线

（c）下测线周边收敛随时间的变化曲线

图 7-39　不同围岩级别下围岩变形随时间的变化曲线

由图 7-39 可以看出，围岩级别在一定程度上影响了围岩的变形，一般情况下，围岩拱顶下沉变形和周边收敛变形随围岩级别的升高而增大。至于图 7-39（b）中 III 级围岩上测线周边收敛变形要比 IV、V 级围岩大，是因为此段施工中扰动较大，导致周边收敛变形增大。

3）地下水的弱化作用

根据地下水赋存条件、含水介质及水力特征，姚家隧道地下水主要是第四系松散岩类孔隙潜水、元古界基岩裂隙水和断裂构造带中的构造裂隙水。地下水稳定水位埋深介于 0.40～90.00 m，标高介于 345.15～520.40 m，地下水位变幅在 0.5～1.5 m。在第 4～5 章对地下水对板岩物理力学性质的影响进行了深入的研究，得出了水对板岩物理力学性质的影响主要表现在水对岩石的化学作用（水化、水解作用和离子交换作用）、物理作用（润滑作用、软化泥化作用）及力学作用（渗流应力、水岩相互耦合作用产生的力学作用效应）。

4）岩体的原始应力状态

地应力因素对隧道围岩变形的影响是众所周知的。因为在最大主应力方向，围岩发生破坏的概率和其严重程度比其他方向大，所以最大天然主应力的数量级及其与隧道轴向的关系，对隧道围岩的变形特征产生很大的影响。当以垂直地应力为主时，拱顶下沉变形受其影响较大；当以水平地应力为主时，特别是地应力方向与隧道轴线方向垂直时，周边收敛位移受其影响较大。

5）隧道断面形状和尺寸

大量工程实践表明，断面形状对围岩变形破坏的发生有较大影响，断面形状越接近圆形，受力越有利。另外，变形的发生与开挖断面的大小也有着直接关系。姚家隧道的断面形状接近圆形，洞周无拐点，开挖后应力集中的程度较低，有利于围岩的稳定。

姚家隧道开挖断面积约 140 m^2，净空面积约 120 m^2，属特大断面隧道。姚家隧道在开挖时，工作面被分成几个台阶来开挖（弧形导坑预留核心土法、三台阶七步开挖法等），因此混凝土衬砌环需要较长的时间才能封闭，相反小断面或中等断面隧道的衬砌环的闭合就很快。混凝土衬砌环在封闭之前不能抵抗侧向压力，因此，特大断面隧道混凝土衬砌环的有效性比小断面或中等断面隧道的要低。另外，特大断面隧道在穿越岩层时，围岩的松动比小断面或中等断面隧道要大，进而会影响围岩的稳定性。

6）隧道开挖方法

隧道开挖过程是一个时间与空间不断变化的过程，隧道开挖方式（爆破、非爆破）和开挖方法（全断面开挖、分部开挖法）直接影响隧道围岩的应力释放，进而会影响围岩的变形。

姚家隧道采用钻爆法施工，开挖方法主要为上下台阶法、弧形导坑预留核心土法和三台阶七步开挖法。从监测数据的情况来看，采用上下台阶法开挖时，围岩应力明显比弧形导坑预留核心土法和三台阶七步开挖法的围岩应力大得多，但是由于弧形导坑预留核心土法和三台阶七步法开挖对围岩的扰动较多，因此其围岩变形也相应增大。总之，对于完整性较好、裂隙不发育的围岩，应尽量减少其开挖步骤，宜采用上下台阶或全断面开挖法；而对于较破碎的软弱围岩时，宜采用分部开挖。

隧道施工方法对围岩变形起着至关重要的作用。因此，在隧道施工中，应根据地质条件，尽可能选择对围岩扰动小的开挖方法。

7）支护结构

支护的目的是改善围岩的重分布应力状态、限制围岩的变形和防止围岩破坏，从而使隧道围岩保持稳定。因此，隧道支护结构也是影响围岩变形发展的重要因素。合适的支护系统能够减小围岩扰动传向深部岩体，同时能够降低围岩变形。所以合理的支护措施和支护参数是有效地控制围岩变形的重要前提。

姚家隧道断面 DK380+990 处围岩较破碎，通过对监控量测数据的分析，该处围岩变形较大。根据监控量测反馈的数据来修正初期支护参数，围岩变形得到了有效控制。选择正确的支护方法、合理的支护参数对隧道围岩的稳定性起着非常重要的作用。

8）施工工序

隧道施工工序主要包括开挖、初期支护、仰拱填充和二次衬砌等。从隧道围岩变形-时间曲线可以看出，各施工工序的交接处围岩变形存在突变，这说明隧道施工工序对隧道围岩的变形产生一定的影响。因此，在隧道施工过程中，要加强围岩的保护，尽量避免对围岩的扰动。

9）邻近施工

隧道在开挖后的较短时间内变形往往较大，隧道初期支护一段时间后，变形逐渐趋于稳定，围岩处于一个相对平衡状态。而后期施工如掌子面的继续开挖、台阶法中的中、下台阶开挖、弧形导坑预留核心土法中的下部导坑开挖、仰拱施工及矮边墙施工等，常使围岩变形表现为小幅震荡变化的特征。因此，在隧道施工过程中，要充分考虑后期施工过程对前期已施工的邻近地段的围岩稳定性的影响。

7.3 板岩隧道围岩大变形控制技术

7.3.1 软岩隧道支护原理

软弱围岩隧道开挖后，围岩应力超过岩体强度而发生塑性变形，必须要待巨大的塑性变形释放之后再施作支护，以减小对支护结构的压力。假设软弱围岩向隧道内运动的合力为 $\boldsymbol{P}_{\mathrm{T}}$，则软岩隧道支护原理可表示为

$$\boldsymbol{P}_{\mathrm{T}}=\boldsymbol{P}_{\mathrm{D}}+\boldsymbol{P}_{\mathrm{R}}+\boldsymbol{P}_{\mathrm{a}} \tag{7-21}$$

式中：$\boldsymbol{P}_{\mathrm{T}}$ 为软弱围岩向隧道内运动的合力；$\boldsymbol{P}_{\mathrm{D}}$ 为以变形的方式转化的工程力，一般包括黏弹塑性转化、弹塑性转化和膨胀力转化的工程力；$\boldsymbol{P}_{\mathrm{R}}$ 为围岩的自承力；$\boldsymbol{P}_{\mathrm{a}}$ 为支护力。

由式（7-21）可以看出，围岩向隧道内运动的合力 $\boldsymbol{P}_{\mathrm{T}}$ 不是全部由支护力 $\boldsymbol{P}_{\mathrm{a}}$ 承担。$\boldsymbol{P}_{\mathrm{T}}$ 首先以变形的方式转化为 $\boldsymbol{P}_{\mathrm{D}}$，其次，一部分 $\boldsymbol{P}_{\mathrm{T}}$ 由围岩自承力 $\boldsymbol{P}_{\mathrm{R}}$ 和支护力 $\boldsymbol{P}_{\mathrm{a}}$ 承担。若围岩的强度较高，$\boldsymbol{P}_{\mathrm{R}}>\boldsymbol{P}_{\mathrm{T}}-\boldsymbol{P}_{\mathrm{D}}$，隧道可以自稳；若围岩的强度较低，围岩的自承力 $\boldsymbol{P}_{\mathrm{R}}$ 较低，当 $\boldsymbol{P}_{\mathrm{R}}<\boldsymbol{P}_{\mathrm{T}}-\boldsymbol{P}_{\mathrm{D}}$ 时，需施加支护力 $\boldsymbol{P}_{\mathrm{a}}$，才能保证围岩稳定。一般情况下，要使围岩保持稳定，须满足 $\boldsymbol{P}_{\mathrm{a}}+\boldsymbol{P}_{\mathrm{R}}>\boldsymbol{P}_{\mathrm{T}}-\boldsymbol{P}_{\mathrm{D}}$。

7.3.2 板岩隧道围岩大变形控制方法

由以上分析可知，板岩隧道围岩大变形的发生、发展和破坏具有明显的时空效应。大变形灾害总是先从一个或几个部位发生，进而不断扩展乃至整个隧道。由于大变形的孕灾因素较多，孕灾机理复杂，使得软岩隧道围岩大变形灾害难于控制。因此，成功控制板岩隧道围岩大变形的主要思路是选择适合隧道地质环境的施工工法和支护措施，尽量减少对围岩的扰动和破坏，充分发挥围岩-支护体系的联合承载能力。

1. 施工工法

一般针对软弱破碎围岩（V 级围岩）的开挖方法有：三台阶七步开挖法、中隔壁法、交叉中隔壁法、双侧壁导坑法和三导坑法等，各种工法的性能比较见表 7-6。

通过分析表 7-6 可知，软弱破碎围岩隧道的各种施工工法都有自身的优缺点和适用范围。根据各工法的施工作业特点，对比分析三台阶七步开挖法、CD 法、CRD 法、双侧壁导坑法和三导坑法的性能可知，虽然三台阶七步开挖法在施工安全性和围岩变形控制方面效果较差，但具有施工难度低、机械适应性强、施工工序转换快、支护时效性好和造价低等优点，尤其适用于断层破碎带、岩层递变复杂及工期紧的长大隧道。CRD 法、双侧壁导坑法和三导坑法虽然安全性高，但施工难度大、机械适应性低、不易进行工序转换及施工工期较长，如果施工质量难以保证，则安全性就会降低，因此，在实际施工中，一般很少采用。

姚家隧道属特长隧道，工期要求较紧，为了保证施工安全，因此在 V 级围岩地段采用三台阶七步开挖法，其特点是三台阶预留核心土和左右错开分部开挖，可以满足隧道施工安全、掌子面稳定和工期压力大的要求。三台阶七步开挖法的施工工序详见 7.3.2 小节。

表 7-6　适合软弱破碎围岩隧道的各种施工工法性能比较

性能	三台阶七步开挖法	CD 法	CRD 法	双侧壁导坑法	三导坑法
安全性	不够安全	较安全	较安全	安全	安全
施工难度	低	较高	高	很高	很高
施工工序	工序简单	工序较多	工序多	工序多	工序繁多
机械适应性	大、中型	中、小型	小型	小型	小型
工期	快	较慢	慢	慢	慢
造价	低	较高	高	高	高
掌子面稳定性	一般	较好	好	好	好
工序转换	容易	较难	难	难	难
地质适应性	强	较强	一般	一般	一般
配合辅助工法	容易	一般	一般	较难	较难
支护时效性	好	较好	较好	一般	一般
围岩变形控制	较差	较好	较好	好	好

关于姚家隧道 III 级围岩，采用上下台阶施工，IV 级围岩采用弧形导坑预留核心土法施工，其施工工序详见 7.3.2 小节。

2. 支护措施

隧道在开挖支护过程中，围岩具有一定的流变性，其力学效应与支护和二次衬砌有着密切的联系，如图 7-40 所示。

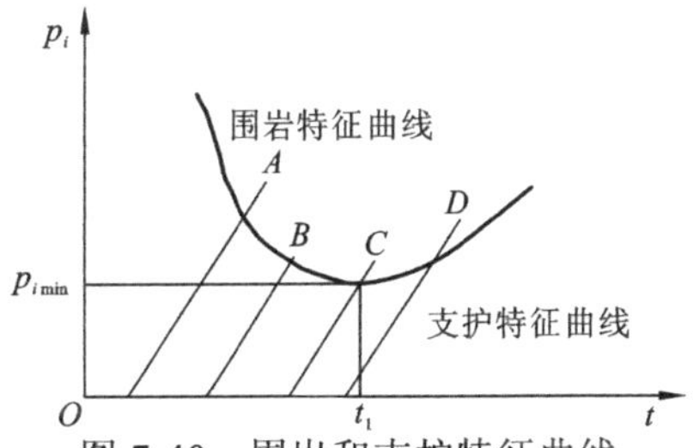

图 7-40　围岩和支护特征曲线

p_i 为围岩压力，t 表示开挖后时间，在 t_1 时刻围岩压力达到最小值 $p_{i\min}$；A、B、C、D 为二次衬砌在不同时刻施作时的不同特征：A 表示二次衬砌施作过早，围岩压力大，需相应提高支护参数，支护费用增加，不合理；B 表示在设定的支护参数下支护过早，造成隧道支护结构的安全储备不足；C 表示理论上最佳二次衬砌的施作时间；D 表示二次衬砌施作过晚，围岩压力增大，需相应提高支护参数，支护费用增加，不合理

隧道在开挖过程中，围岩在自重作用下应力重新分布，岩体之间相互挤压、密实，自承能力不断增大，围岩压力逐渐降低，拱顶下沉和周边收敛位移值逐渐趋于稳定；隧道开挖 t_1 后，围岩自承载力达到最大，围岩压力达到最小；如果在 t_1 时刻，隧道未加以支护，随着时间的推移，在外界因素的影响下，围岩极易出现再次失稳，围岩承载力在外界扰动下逐渐降低，围岩压力逐渐增大，达到一定值后会出现

掉块、开裂等现象，由此可知选择最佳时机进行二次衬砌的施作是非常重要的。在理论上，t_1时刻为二次衬砌施作结束的最佳时刻。

关于姚家隧道二次衬砌的最佳施作时间，根据7.2节对隧道围岩施工时空效应的分析，以围岩拱顶下沉和周边收敛随时间的变化趋于稳定的时刻为二次衬砌的最佳施作时间。

根据隧道所处地质环境特征和围岩变形机理等特点，大变形隧道的支护结构按照支护性质可分为刚性支护和柔性支护。刚性支护和柔性支护与围岩的相互作用机理存在很大差异。刚性支护是通过提高支护结构的强度和刚度来抵抗围岩压力，但单纯的刚性支护容易造成初支破坏，并不能有效限制大变形的发生和发展；柔性支护允许围岩发生一定的变形，在围岩中形成一定范围的塑性圈，释放围岩应力，从而降低作用于支护结构上的围岩压力。

目前，隧道施工常见的支护措施包括：锚杆支护、喷射混凝土支护、钢拱架支护、超前支护和注浆加固等。姚家隧道在不同地质地段，支护措施存在很大差异。根据不同地段的地质情况，将不同围岩级别、相同围岩级别不同地段的支护措施列于表7-7。

表7-7 姚家隧道不同地质地段支护措施及支护参数

围岩级别		地质情况描述	项目		支护参数
III	IIIa	一般地段	初期支护	喷射混凝土	C25
				钢筋网	ϕ6，25 cm×25 cm
				拱部锚杆	ϕ22组合中空锚杆，长度L=3.0 m
				边墙锚杆	ϕ22砂浆锚杆，长度L=3.0 m
				锚杆垫板	Q235钢板
			二次衬砌	拱墙	C30混凝土
				仰拱	C30混凝土
				纤维素纤维	/
			仰拱填充		C20混凝土
	IIIb	不良地质发育	初期支护	喷射混凝土	C25
				钢筋网	ϕ6，25 cm×25 cm
				拱部锚杆	ϕ22组合中空锚杆，长度L=3.0 m
				边墙锚杆	ϕ22砂浆锚杆，长度L=3.0 m
				锚杆垫板	Q235钢板
				格栅钢架	/
				锁脚锚管	ϕ25
			二次衬砌	拱墙	C30混凝土
				仰拱	C30混凝土
				纤维素纤维	/
			仰拱填充		C20混凝土

续表

围岩级别		地质情况描述	项目		支护参数
IV	IVa	深埋地段	初期支护	喷射混凝土	C30
				钢筋网	$\phi 6$，20 cm×20 cm
				拱部锚杆	$\phi 25\times 7$ 普通中空锚杆，长度 L=3.5m
				边墙锚杆	$\phi 22$ 砂浆锚杆，长度 L=3.5 m
				锚杆垫板	Q235 钢板
				格栅钢架	/
				锁脚锚管	$\phi 42$
			二次衬砌	拱墙	C35 混凝土
				仰拱	C35 混凝土
				纤维素纤维	/
			仰拱填充		C20 混凝土
	IVb	浅埋及洞口加强地段	初期支护	喷射混凝土	C30
				钢筋网	$\phi 6$，20 cm×20 cm
				拱部锚杆	$\phi 25\times 7$ 普通中空锚杆，长度 L=3.5 m
				边墙锚杆	$\phi 22$ 砂浆锚杆，长度 L=3.5 m
				锚杆垫板	Q235 钢板
				型钢钢架	/
				锁脚锚管	$\phi 42$
			二次衬砌	拱墙	C35 钢筋混凝土
				仰拱	C35 钢筋混凝土
				钢筋	HRB335、HPB235、钢筋接驳器
			仰拱填充		C20 混凝土
V		深埋地段	初期支护	喷射混凝土	C30
				钢筋网	$\phi 8$，20 cm×20 cm
				拱部锚杆	$\phi 25\times 7$ 普通中空锚杆，长度 L=4.0 m
				边墙锚杆	$\phi 22$ 砂浆锚杆，长度 L=4.0 m
				锚杆垫板	Q235 钢板
				型钢钢架	/
				锁脚锚管	$\phi 42$
			二次衬砌	拱墙	C35 钢筋混凝土
				仰拱	C35 钢筋混凝土
				钢筋	HRB335、HPB235、钢筋接驳器
			仰拱填充		C20 混凝土

参考文献

包宏涛, 2007. 深埋板岩隧洞围岩力学特性研究[D]. 武汉: 中国科学院武汉岩土力学研究所.

曹瑞琅, 贺少辉, 郭炎伟, 等, 2013. 地质强度指标的模糊综合评判法[J]. 岩石力学与工程学报, 32(S2): 3100-3108.

曹树刚, 边金, 李鹏, 2002. 岩石蠕变本构关系及改进的西原正夫模型[J]. 岩石力学与工程学报, 21(5): 632-634.

曹运江, 黄润秋, 郑海君, 2006. 岷江上游某水电站工程边坡软岩的崩解特性研究[J]. 工程地质学报, 35-40.

柴肇云, 张亚涛, 张学尧, 2015. 泥岩耐崩解性与矿物组成相关性的试验研究[J]. 煤炭学报, 40 (5): 1188-1193.

陈福榜, 左清军, 吴友银, 等, 2020. 富水环境下板岩膨胀过程宏-细-微观机制研究[J]. 岩石力学与工程学报, 39(1): 126-137.

陈孝湘, 夏才初, 缪圆冰, 2011. 基于关键块体理论的隧道分部施工时空效应[J]. 长安大学学报(自然科学版) 31(2): 57-62.

陈宗基, 康文法, 1991. 岩石的封闭应力、蠕变和扩容及本构方程[J]. 岩石力学与工程学报, 10(4): 299-312.

戴张俊, 陈善雄, 罗红明, 等, 2013. 南水北调中线膨胀土/岩微观特征及其性质研究[J]. 岩土工程学报, 35(5): 948-954.

邓谊明, 李圣涛, 1987. 大瑶山隧道坍方分析和处理简介[J]. 岩土工程学报, 9(5): 12-20.

刁志刚, 李春剑, 2007. 大断面隧道在上软下硬地层中施工方法研究[J]. 隧道建设(增): 433-436.

杜雁鹏, 2011. 软质板岩隧道大变形力学行为与控制技术研究[D]. 长沙: 中南大学.

冯启言, 韩宝平, 隋旺华, 1999. 鲁西南地区红层软岩水岩作用特征与工程应用[J]. 工程地质学报, 7(3): 266-271.

冯夏庭, 杨成祥, 1999. 智能岩石力学(2): 参数与模型的智能辨识[J]. 岩石力学与工程学报, 18(3): 350-353.

付小敏, 邓荣贵, 2012. 室内岩石力学试验[M]. 成都: 西南交通大学出版社.

付志亮, 2010. 岩石力学试验教程[M]. 北京: 化学工业出版社.

葛洪魁, 黄荣樽, 庄锦江, 等, 1994. 三轴应力下饱和水砂岩动静态弹性参数的试验研究[J]. 石油大学学报, 18(3): 41-47.

龚建伍，雷学文，2010. 大断面小净距隧道围岩稳定性数值分析[J]. 岩土力学，31(2): 412-417.
郭瑞，方勇，何川，2010. 隧道开挖过程中应力释放及位移释放的相关关系研究[J]. 铁道工程学报 (9): 46-50.
郭志，1996a. 软岩力学特性研究[J]. 工程地质学报，4(3): 79-84.
郭志，1996b. 软岩流变过程与强度研究[J]. 工程地质学报，4(1): 75-79.
郭大智，任瑞波，2001. 层状黏弹性体系力学[M]. 哈尔滨：哈尔滨工业大学出版社.
郭永春，谢强，文江泉，2010. 红层软岩结构特征与工程评价初探[J]. 水文地质工程地质，37(6): 86-90.
何满潮，孙晓明，2004. 中国煤矿软岩巷道工程支护设计与施工指南[M]. 北京：科学出版社.
胡曼，2011. 基于沥青混合料黏弹塑性本构模型实验研究与车辙计算[D]. 重庆：重庆交通大学.
胡博聆，王继华，赵春宏，2010. 滇中泥质粉砂岩崩解特性试验研究[J]. 工程勘察(7): 13-17.
胡文清，郑颖人，钟昌云，2004. 木寨岭隧道软弱围岩段施工方法及数值分析[J]. 地下空间与工程学报，24(2): 194-197.
胡夏嵩，赵法锁，2004. 低地应力区地下洞室初始和二次应力离散元模拟[J]. 金属矿山(11): 18-21.
扈世民，2013. 基于黄土工程特性的隧道围岩空间位移分析[J]. 土木工程学报，46(9): 117-122.
黄明，詹金武，2015. 酸碱溶液环境中软岩的崩解试验及能量耗散特征研究[J]. 岩土力学，36(9): 2607-2612, 2623.
黄成造，2007. 龙头山双洞八车道公路隧道的设计与施工[J]. 铁道建筑(1): 52-54.
黄伦海，刘伟，刘新荣，等，2004. 单洞四车道公路隧道开挖的模型试验[J]. 地下空间，24(4): 465-474.
黄伟钊，2008. 大断面软弱围岩隧道三台阶法施工[J]. 桥隧机械&施工技术(5): 72-74.
霍晓龙，陈寿根，张小明，2012. 唐家山隧道施工特性及时空效应研究[J]. 施工技术，41(374): 79-83.
贾剑青，王宏图，李晶，等，2010. 复杂条件下隧道支护结构稳定性分析[J]. 岩土力学，31(11): 3599-3603.
江勇顺，李天斌，张广洋，2013. 山区高速公路隧道围岩分级智能判别系统初探[J]. 现代隧道技术，50(5): 6-11.
金俊超，佘成学，尚朋阳，2019. 基于应变软化指标的岩石非线性蠕变模型[J]. 岩土力学，40(6): 2239-2246, 2256.
兰光裕，1997. 板岩的力学特征及其与超声波速的相关性分析[J]. 人民珠江(4): 16-19.
李雷，2009. 大断面黄土隧道弧形导洞法施工关键技术研究[J]. 现代隧道技术，46(2): 50-56.
李宁，2009. 大断面黄土隧道双侧壁导坑法的力学行为研究[J]. 铁道标准设计(增): 122-124.
李鹏，刘建，2009. 不同含水率软弱结构面剪切蠕变试验及模型研究[J]. 水文地质工程地质(6): 49-53.
李权，2005. ANSYS 在土木工程中的应用[M]. 北京：人民邮电出版社.
李昌友，傅鹤林，蔡海良，等，2009. 风化板岩水理特性研究[J]. 铁道科学与工程学报，6(1): 74-77.
李凤翔，2012. 深埋软弱围岩隧道施工时空效应及大变形控制研究[D]. 长沙：中南大学.
李化敏，李振华，苏承东，2004. 大理岩蠕变特性试验研究[J]. 岩石力学与工程学报，23(22): 3745-3749.
李建林，2000. 岩石拉剪流变特性的试验研究[J]. 岩土工程学报，22(3): 299-303.
李维树，周火明，钟作武，等，2012. 岩体真三轴现场蠕变试验系统研制与应用[J]. 岩石力学与工程学报，31(8): 1636-1641.
李晓红，2002. 隧道新奥法及其测量技术[M]. 北京：科学出版社.

李永盛, 1995. 单轴压缩条件下四种岩石的蠕变和松弛试验研究[J]. 岩石力学与工程学报, 14(1): 39-47.
刘镇, 周翠英, 朱凤贤, 等, 2011. 软岩饱水软化过程微观结构演化的临界判据[J]. 岩土力学, 32(3): 661-666.
刘长武, 陆士良, 2000. 泥岩遇水崩解软化机理的研究[J]. 岩土力学, 21(1): 28-31.
刘光明, 2012. 软弱破碎围岩隧道大变形机理及控制措施研究[D]. 长沙: 中南大学.
刘怀恒, 1988. 地下工程位移反分析原理-应用及其发展[J]. 西安矿业学报学报, 8(3): 1-10.
刘小军, 刘新荣, 王铁行, 等, 2014. 考虑含水劣化效应的浅变质板岩蠕变本构模型研究[J]. 岩石力学与工程学报, 33(12): 2384-2389.
刘晓丽, 王思敬, 王恩志, 等, 2006. 含时间效应的膨胀岩膨胀本构关系[J]. 水利学报, 37(2): 195-199.
刘晓明, 赵明华, 苏永华, 2008. 软岩崩解分形机制的数学模拟[J]. 岩土力学, 29(8): 2043-2046, 2069.
刘新荣, 姜德义, 余海龙, 2000. 水对岩石力学特性影响的研究[J]. IM&P 化工矿物与加工(5): 17-20.
刘新喜, 李盛南, 周炎明, 等, 2020. 高应力泥质粉砂岩蠕变特性及长期强度研究[J]. 岩石力学与工程学报, 39(1): 138-146.
刘信勇, 李振灵, 陈艳, 2010. 南水北调西线工程亚尔堂坝址板岩膨胀特性研究[J]. 人民长江, 41(9): 39-41.
刘学增, 包浩杉, 米东阳, 等, 2011. 公路隧道穿越断层塌方预测多级模糊综合评判[J]. 现代隧道技术, 48(6): 65-71.
刘佑荣, 吴立, 贾洪彪, 2008. 岩体力学实验指导书[M]. 武汉: 中国地质大学出版社.
刘志祥, 冯凡, 王剑波, 等, 2014. 模糊综合评判法在矿山岩体质量分级中的应用[J]. 武汉理工大学学报, 36(1): 129-134.
罗彦斌, 陈建勋, 王梦恕, 2010. 隧道斜交横通道施工对主隧道衬砌结构的影响研究[J]. 岩石力学与工程学报, 29(2): 3792-3798.
吕爱钟, 蒋斌松, 1998. 岩石力学反问题[M]. 北京: 煤炭工业出版社.
冒海军, 2006. 板岩水理特性试验研究与理论分析[D]. 武汉: 中国科学院武汉岩土力学研究所.
冒海军, 杨春和, 2005. 结构面对板岩力学特性影响研究[J]. 岩石力学与工程学报, 24(20): 3651-3656.
冒海军, 郭印同, 王光进, 等, 2010. 黏土矿物组构对水化作用影响评价[J]. 岩土力学, 31(9): 2723-2728.
冒海军, 杨春和, 黄小兰, 等, 2006.a 不同含水条件下板岩力学实验研究与理论分析[J]. 岩土力学, 27(9): 1637-1642.
冒海军, 杨春和, 刘江, 等, 2006b. 板岩蠕变特性试验研究与模拟分析[J]. 岩石力学与工程学报, 25(6): 1204-1209.
欧孝夺, 唐迎春, 钟子文, 等, 2013. 重塑膨胀岩土微变形条件下膨胀力试验研究[J]. 岩石力学与工程学报, 32(5): 1067-1072.
潘艺, 刘镇, 周翠英, 2017. 红层软岩遇水崩解特性试验及其界面模型[J]. 岩土力学, 38(11): 3231-3239.
祁生文, 伍法权, 2011. 基于模糊数学的 TBM 施工岩体质量分级研究[J]. 岩石力学与工程学报, 30(6): 1225-1229.
覃卫民, 赵荣生, 王浩, 等, 2010. 浅埋大跨隧道下穿建筑物的安全影响研究[J]. 岩石力学与工程学报, 29(2): 3762-3768.

曲海峰，朱合华，蔡永昌，等，2008. 曲率半径对临时支护及核心土的受力影响分析[J]. 岩土力学，29(7): 1778-1782.

任建喜，2002. 单轴压缩岩石蠕变损伤扩展细观机理 CT 实时试验[J]. 水利学报(1): 10-15.

沈明荣，谌洪菊，张清照，2012. 基于蠕变试验的结构面长期强度确定方法[J]. 岩石力学与工程学报，31(1): 1-7.

师金锋，张应龙，2005. 超大断面隧道围岩的稳定性[J]. 地下空间与工程学报，1(2): 227-241.

施成华，彭立敏，赵丹，2008. 考虑时空效应的隧道开挖及降水引起的地层变形计算[J]. 土木工程学报，41(12): 91-96.

宋德彰，孙钧，1991. 岩质材料非线性流变属性及其力学模型[J]. 同济大学学报，19(4): 395-401.

苏永华，刘晓明，赵明华，2006. 软岩膨胀物颗粒分布特征研究[J]. 土木工程学报，39(5): 102-106.

苏永华，赵明华，刘晓明，2005. 软岩膨胀崩解试验及分形机理[J]. 岩土力学，26(5): 728-732.

孙钧，蒋树屏，袁勇，等，1996. 岩土力学反演问题的随机理论与方法[M]. 汕头：汕头大学出版社.

孙钧，李成江，1986. 复合膨胀渗水围岩一隧洞支护系统的流变机理及其黏弹塑性效应[C]. 第一届全国岩石力学数值计算及模型试验讨论会论文集，北京.

孙元春，尚彦军，2008. 岩石隧道围岩变形时空效应分析[J]. 工程地质学报，16(2): 211-215.

孙兆远，焦苍，罗琼，等，2006. 不同工法开挖超大断面隧道引起围岩变形机理分析[J]. 铁道建筑 (9): 60-63.

谭代明，漆泰岳，莫阳春，2009. 考虑时空效应的软弱围岩隧道施工稳定性研究[J]. 水文地质工程地质，(4): 85-94.

谭罗荣，孔令伟，2006. 特殊岩土工程土质学[M]. 北京：科学出版社.

汪凡，2009. 基于流变学本构模型和动力有限元分析的沥青路面车辙计算[D]. 重庆：重庆交通大学.

王桂花，张建国，程远方，等，2001. 含水饱和度对岩石力学参数影响的实验研究[J]. 石油钻探技术，29(4): 59-61.

王国强，2000. 实用工程数值模拟技术及其在 ANSYS 上的实践[M]. 西安：西北工业大学出版社.

王建军，2013. 兰渝铁路三叠系板岩隧道变形机理与围岩分级预报探究[J]. 现代隧道技术，50(2): 79-83.

王金星，2000. 单轴应力下花岗岩蠕变变形特征的试验研究[D]. 焦作：焦作工学院.

王伟峰，2008. 大跨浅埋隧道施工时空效应研究[D]. 成都：西南交通大学.

王芝银，李云鹏，1990. 地下工程围岩黏弹塑性参数反分析[J]. 水利学报(9): 11-16.

王芝银，李云鹏，1993. 地下工程位移反分析法及程序[M]. 西安：陕西科学技术出版社.

王芝银，李云鹏，2008. 岩体流变理论及其数值模拟[M]. 北京：科学出版社.

王芝银，杨志法，王思敬，1998. 岩石力学位移反演分析回顾及进展[J]. 力学进展，28(4): 488-498.

吴波，刘维宁，高波，等，2004. 城市浅埋隧道施工性态的时空效应分析[J]. 岩土工程学报，26(3): 340-343.

吴道祥，刘宏杰，王国强，2012. 红层软岩崩解性室内试验研究[J]. 岩石力学与工程学报，29(增2): 4173-4179.

吴景浓，1990. 地壳岩石的渗透性状及孔隙水对岩石力学性质的影响[J]. 华南地震，10(3): 77-82.

吴梦军，张永兴，蒋树屏，等，2009. 大跨扁平连拱隧道施工时空效应试验[J]. 土木建筑与环境工程，31(5): 54-58.

吴相金, 龚建平, 2007. 公路隧道围岩分类模糊综合评判[J]. 公路交通科技, 24(1): 118-125.
吴张中, 徐光黎, 吴立, 等, 2009. 超大断面隧道侧向扩挖施工围岩力学特征研究[J]. 岩土工程学报, 31(2): 172-177.
武建广, 朱洪莹, 2012. 软岩大变形隧道围岩分级及支护参数适宜性探讨[J]. 现代隧道技术, 49(4): 10-16.
肖树芳, 1987. 泥化夹层蠕变全过程的模型及微结构的变化[J]. 岩石力学与工程学报, 6(2): 113-124.
谢和平, 陈忠辉, 2004. 岩石力学[M]. 北京: 科学出版社.
熊炜, 范文, 彭建兵, 等, 2010. 正断层活动对公路山岭隧道工程影响的数值分析[J]. 岩石力学与工程学报, 29(1): 2845-2852.
徐干成, 2001. 黏弹性边界元法预测锚喷支护隧道围岩稳定性[J]. 岩土力学, 22(1): 12-15.
徐慧宁, 庞希斌, 徐进, 等, 2012. 粉砂质泥岩的三轴蠕变试验研究[J]. 四川大学学报(工程科学版), 44(1): 69-74.
徐卫亚, 杨圣奇, 谢守益, 等, 2005. 绿片岩三轴流变力学特性的研究(I): 试验结果[J]. 岩土力学, 26(4): 531-537.
许波涛, 尹健民, 王煜霞, 2001. 岩石干湿状态下动静弹模关系特征及工程意义[J]. 岩石力学与工程学报, 20(增): 1755-1757.
鄢定媛, 张学民, 李兵, 等, 2012. 具有层理弱面砂质板岩力学特性的试验研究[J]. 公路交通科技(应用技术版)(2): 174-176.
颜波, 汤连生, 胡辉, 等, 2009. 花岗岩风化土崩岗破坏机理分析[J]. 水文地质工程地质, 36(6): 68-71, 84.
杨庆, 1995. 膨胀岩与巷道稳定[M]. 北京: 冶金工业出版社.
杨庆, 廖国华, 1995. 膨胀岩三维膨胀本构关系的研究[J]. 岩石力学与工程学报(l): 33-38.
杨春和, 白世伟, 吴益民, 2000. 应力水平及加载路径对盐岩时效的影响[J]. 岩石力学与工程学报, 19(3): 270-275.
杨春和, 曾义军, 吴文, 等, 2003. 深层盐岩本构关系及其在石油钻井工程中的应用研究[J]. 岩石力学与工程学报, 22(10): 1678-1682.
杨春和, 陈锋, 曾义金, 2002. 盐岩蠕变损伤关系研究[J]. 岩石力学与工程学报, 21(11): 1602-1604.
杨春和, 冒海军, 王学潮, 等, 2006. 板岩遇水软化的微观结构及力学特性研究[J]. 岩土力学, 27(12): 2090-2098.
杨会军, 王梦恕, 2006. 隧道围岩变形影响因素分析[J]. 铁道学报, 28(3): 92-96.
杨建辉, 1995. 砂岩单轴受压蠕变试验现象研究[J]. 石家庄铁道学院学报, 8(2): 77-80.
杨林德, 1996. 岩土工程问题的反演理论与工程实践[M]. 北京: 科学出版社.
杨纶标, 高英仪, 1992. 模糊数学原理及应用[M]. 广州: 华南理工大学出版社.
杨志法, 王思敬, 冯紫良, 等, 2002. 岩土工程反分析原理及应用[M]. 北京: 地震出版社.
耶格 J C, 库克 N G W, 1981. 岩石力学基础[M]. 中国科学院工程力学研究所译. 北京: 科学出版社.
于学馥, 郑颖人, 刘怀恒, 等, 1983. 地下工程围岩稳定分析[M]. 北京: 煤炭工业出版社.
于永江, 张伟, 张国宁, 等, 2018. 富水软岩的蠕变特性实验及非线性剪切蠕变模型研究[J]. 煤炭学报, 43(6): 1780-1788.

余铎, 2011. 软岩隧道施工时空效应研究[D]. 西安: 长安大学.

余莉, 尤哲敏, 陈建平, 等, 2015. 高地应力地区隧道围岩分级研究[J]. 现代隧道技术, 52(3): 23-30.

余宏明, 胡艳欣, 张纯根, 2002. 三峡库区巴东地区紫红色泥岩的崩解特性研究[J]. 地质科技情报, 21(4): 77-80.

袁静, 龚晓南, 益德清, 2001. 岩土流变模型的比较研究[J]. 岩石力学与工程学报, 20(6): 772-779.

袁海平, 曹平, 许万忠, 2006. 岩石黏弹塑性本构关系及改进的 Burgers 蠕变模型[J]. 岩土工程学报, 28(6): 796-799.

曾云, 1994. 盘道岭隧洞软弱岩石浸水软化对强度和变形特性的影响[J]. 陕西水力发电, 10(1): 29-33.

张林, 庞连才, 2007. 大跨隧道施工方法概述及施工的数值模拟研究[J]. 山西建筑, 33(31): 296-297.

张抒, 2009. 广州地区花岗岩残积土崩解特性研究[J]. 武汉: 中国地质大学(武汉).

张抒, 唐辉明, 2013. 非饱和花岗岩残积土崩解机制试验研究[J]. 岩土力学, 34(6): 1668-1674.

张常光, 曾开华, 2015. 等值地应力下岩质圆形隧道位移释放系数比较及应用[J]. 岩石力学与工程学报, 34(3): 1-13.

张春阳, 2013. 铝土矿围岩性质时空效应与巷道稳定性研究[D]. 长沙: 中南大学.

张华兵, 倪玉山, 赵学勋, 2004. 黄土隧道围岩稳定性黏弹塑性有限元分析[J]. 岩土力学, 25(S2): 247-250.

张强勇, 陈芳, 杨文东, 等, 2011. 大岗山坝区岩体现场剪切蠕变试验及参数反演[J]. 岩土力学, 32(9): 2584-2590.

张向东, 盛超, 王学军, 2010. 庙岭隧道基于时空效应的围岩稳定性分析[J]. 广西大学学报(自然科学版), 35(6): 888-895.

张晓玮, 2010. 炭质板岩纸坊隧道大变形原因分析及工程实践[D]. 西安: 长安大学.

张学忠, 王龙, 张代钧, 等, 1999. 攀钢朱矿东山头边坡辉长岩流变特性试验研究[J]. 重庆大学学报(自然科学版), 22(5): 99-103.

张有天, 2005. 岩石水力学与工程[M]. 北京: 中国水利水电出版社.

张志沛, 王芝银, 彭惠, 2011. 陕南泥岩三轴压缩蠕变试验及其数值模拟研究[J]. 水文地质工程地质, 38(1): 53-58.

张治亮, 徐卫亚, 王伟, 2011. 向家坝水电站坝基挤压带岩石三轴蠕变试验及非线性黏弹塑性蠕变模型研究[J]. 岩石力学与工程学报, 30(1): 132-140.

张治亮, 徐卫亚, 赵海斌, 等, 2010. 向家坝水电站含弱面砂岩剪切蠕变试验研究[J]. 岩石力学与工程学报, (增 2): 3693-3698.

赵法锁, 张伯友, 卢全中, 等, 2001. 某工程边坡软岩三轴试验研究[J]. 辽宁工程技术大学学报, 20(4): 478-480.

赵法锁, 张伯友, 彭建兵, 等, 2002. 仁义河特大桥南桥台边坡软岩流变性研究[J]. 岩石力学与工程学报, 21(10): 1527-1532.

赵明华, 陈炳初, 苏永华, 2007. 红层软岩崩解破碎过程的分形分析及数值模拟[J]. 中南大学学报(自然科学版), 38(2): 351-356.

赵明华, 邓觐宇, 曹文贵, 2003. 红砂岩崩解特性及其路堤填筑技术研究[J]. 中国公路学报, 16(3): 1-5.

赵明华，刘晓明，苏永华，2005. 含崩解软岩红层材料路用工程特性试验研究[J]. 岩土工程学报，27(6): 667-671.

赵旭峰，王春苗，孔祥利，2007. 深部软岩隧道施工性态时空效应分析[J]. 岩石力学与工程学报，26(2): 404-409.

赵旭峰, 2007. 挤压性围岩隧道施工时空效应及其大变形控制研究[D]. 上海：同济大学.

赵延林，曹平，文有道，等，2008. 岩石弹黏塑性流变试验和非线性流变模型研究[J]. 岩石力学与工程学报，27(3): 477-486.

赵永辉，何之民，沈明荣，2003. 润扬大桥北锚旋岩石流变特性的试验研究[J]. 岩土力学，24(4): 583-586.

郑明新，张晗秋，舒明峰，等，2018. 不同块度煤系软岩崩解性室内试验研究[J]. 地下空间与工程学报，14(6): 1484-1489.

钟志彬，李安洪，邓荣贵，等，2019. 川中红层泥岩时效膨胀变形特性试验研究[J]. 岩石力学与工程学报, 38(1): 76-86.

周传波，陈建平，罗学东，等, 2008. 地下建筑工程施工技术[M]. 北京：人民交通出版社.

周翠英，邓毅梅，谭祥韶，等，2003. 软岩在饱水过程中微观结构变化规律研究[J]. 中山大学学报(自然科学版), 42(4): 98-102.

周硕安, 2014. 考虑空间效应的围岩位移释放系数的确定[D]. 重庆：重庆大学.

周维祥，黄茂松，吕玺琳, 2010. 非均质黏土地基中平面应变隧道最小支护压力数值模拟[J]. 岩土力学，31(2): 418-421.

周援衡，王永和，胡萍, 2011. 基于模糊集重心理论的软岩分类[J]. 铁道科学与工程学报, 8(1): 48-51.

朱效嘉, 1996. 软岩的水理性质[J]. 矿业科学技术(3/4): 46-50.

朱珍德，张爱军，邢福东，2005. 红山窑膨胀岩的膨胀和软化特性及模型研究[J]. 岩石力学与工程学报，24(3): 389-393.

左清军，吴立，袁青，等, 2014. 软板岩膨胀特性试验及微观机制分析[J]. 岩土力学. 35(4): 986-990.

左清军，吴立，李波，等，2015. 富水泥质板岩隧道围岩蠕变力学特性研究[J]. 岩石力学与工程学报，34(10): 2047-2056.

左清军，陈可，谈云志，等，2016a. 基于时间效应的富水泥质板岩隧道围岩膨胀本构模型研究[J]. 岩土力学, 37(5): 1357-1364.

左清军，吴立，林存友，等，2016b. 富水软岩隧道跨越断层段塌方机制分析及处治措施[J]. 岩石力学与工程学报, 35(2): 369-377.

BRIGNOLI M, SARTORI L, 1993. Incremental constitutive relations for the study of rock creep[J]. International journal of rock mechanics and mining sciences, 21(7): 1319-1322.

BROOKS C M, DONALD M F, 1995. Strain partitioning and crack-seal growth of chlorite-muscovite aggregates during progressive noncoaxial strain: an example from the slate belt of Taiwan[J]. Journal of structural geology, 17(4): 461-474.

CHAN K S, 1997. A damage mechanics treatment of creep failure in rock[J]. International journal of damage mechanics(6): 122-152.

CHEN J S, MO H H, 2009. Numerical study on crack problems in segments of shield tunnel using finite element method [J]. Tunnelling and underground space technology, 24(1): 91-102.

CONTINI A, CIVIDINI A, GIODA G, 2007. Numerical evaluation of the surface displacements due to soil grouting and to tunnel excavation[J]. International Journal of geomechanics, 7(3): 217-226.

EINSTEIN H, 1989. Suggested method for laboratory testing of argillaceous swelling rock[J]. International journal of rock mechanics and mining sciences and geomechanics abstracts, 26(5): 415-426.

EINSTEIN H, 1979. Tunneling in swelling rock[J]. Underground space, 4(1): 51-61.

ERGULER Z A, SHAKOORB A, 2009a. Relative contribution of various climatic processes in disintegration of claybearing rocks[J]. Engineering geology, 108(1/2): 36-42.

ERGULER Z A, ULUSAY R, 2009b. Water-induced variations in mechanical properties of clay-bearing rocks[J]. International journal of rock mechanics and mining sciences, 46(2): 355-370.

ERGULER Z A, ULUSAY R, 2009c. Assessment of physical disintegration characteristics of clay-bearing rocks: Disintegration index test and a new durability classification chart[J]. Engineering geology, 105(1/2): 11-19.

FU Z L, GUO H, GAO Y F, 2008. Creep damage characteristics of soft rock under disturbance loads[J]. Journal of China university of geosciences, 19(3): 292-297.

FUJII Y, KIYAMA T, 1999. Circumferential strain behavior during creep tests of brittle rocks[J]. International journal of rock mechanics and mining sciences, 36(3): 323-337.

GENNARO V D, PEREIRA J M, 2013. A viscoplastic constitutive model for unsaturated geomaterials[J]. Computers and geotechnics, 54: 143-151.

GERALDINE F, FREDERIC P, 2006. Creep and time-dependent damage in argillaceous rocks [J]. International journal of rock mechanics and mining sciences, 43(5): 950-960.

GIODA G, 1981. A finite element solution of non-linear creep problems in rocks. International journal of rock mechanics and mining science and geomechanics abstracts, 18(1): 35-46.

GLOVER P W J, GOMEZ J B, 1997. Damage of saturated rocks undergoing triaxial deformation using complex electricalonductivity measurements: Experimental results[J]. Physics and chemistry of the earth, 22(1-2): 57-61.

GOMEZ J B, GLOVER P W J, 1997. Damage of saturated rocks undergoing triaxial deformation using complex electrical conductivity measurements: mechanical modeling[J]. Physics and chemistry of the earth, 22(1-2): 63-68.

GRIGGS D T, 1939. Creep of rocks[J]. Journal of geology(47): 225-251.

GROB H, 1983. 瑞士隧道中的膨胀和鼓起[J]. 地下工程(11): 71-72.

GUO H Y, LEI X Y, ZHANG Y M, et al. , 2015. Experimental research on hydrophilic characteristics of natural soft rock at high stress state[J]. International journal of mining science and technology, 25(3): 489-495.

GYSEL M, 1987. Design methods for structure in swelling rock[C]. Proceedings of the 6th International Conference on Rock Mechanics. Montreal, Canada: 377-381.

HADIZADEH J, LAW R D, 1991. Water-weakening of sandstone and quartzite deformed at various stress and strain rates[J]. International journal of rock mechanics & mining sciences & geomechanics abstracts, 28(5): 431-439.

HAKAN Ö, İHSAN Ö, CEM Ş, 2014. Measurement and mathematical modelling of the creep behavior of Tuzköy rock salt[J]. International journal of rock mechanics and mining sciences, 66: 128-135.

HAUPT M, 1991. A constitutive law for rock salt based on creep and relaxation tests[J]. Rock mechanics and rock engineering(24): 179-206.

HEGGHEIM T, MADL M V, RISNES R, et al. , 2004. A chemical induced enhanced weakening of chalk by seawater[J]. Journal of petroleum science and engineering, 46(3): 171-184.

HUDER J, AMBERG G, 1970. Quellen in mergel, opalinuston und anhydrit[J]. Schweizerische bauzeitung, 88(43): 975-980.

ITO H, SASAJIMA S, 1987. A thirty year creep experiment on small rock specimens[J]. International journal of rock mechanics and mining sciences, 24(2): 113-121.

KARAKUS M, FOWELLB R J, 2003. Effects of different tunnel face advance excavation on the settlement by FEM [J]. Tunnelling and underground space technology, 18(5): 513-523.

KENIS I, URAI J L, VAN DER ZEE W, et al. , 2004. Mullions in the High-Ardenne Slate Belt(Belgium): numerical model and parameter sensitivity analysis[J]. Journal of STRUCTURAL GEOLOGY, 26(9): 1677-1692.

KIMURA T, MAIR R J, 1981. Centrifugal testing of model tunnels in soft clay[A]. Proc 10th International Conference on Soil, Soil Mechanics & Foundation Engineering, Stockholm, Balkema.

KULHAWAY F H , 1975. Stress and displacements around opening in Homogeneous Rocks[J]. International journal of rock mechanics & mining sciences & geomechanics abstracts, 12(3): 43-57.

KUMAR P, 2000. In finite elements for numerical analysis of underground excavations [J]. Tunnelling and underground technology, 15(1): 117-124.

MARANINI E, BRIGNOLI M, 1999. Creep behavior of a weak rock: experimental characterization[J]. International journal of rock mechanics and mining sciences, 36(1): 127-138.

MASIN D, 2009. 3D modeling of an NATM Tunnel in high K0 clay using two different constitutive models [J]. Journal of geotechnical and geoenvironmental engineering, 135(9): 1326-1335.

MOHAMMAD H, RAZIE S K, 2013. Seismic analysis of the rock mass classification in the Q-system[J]. International journal of rock mechanics & mining sciences, 62: 123-130.

MROUEH H, SHAHROUR I, 2008. A simplified 3D model for tunnel construction using tunnel boring machines [J]. Tunnelling and underground space technology, 23(1): 38-45.

NAZARY M S, MIRZABOZORG H, NOORZAD A, 2013. Modeling time-dependent behavior of gas caverns in rock salt considering creep, dilatancy and failure[J]. Tunnelling and underground space technology, 33(1): 171-185.

NEI-CHE H, PEACOR D R, VAN DER PLUIJM B A, 1996. Contrasting roles of detrital and authigenic phyllosilicates during slaty cleavage development[J]. Journal of structural geology, 18(5): 615-623.

OWEN D R J, HINTON E, 1980. Finite Elements in Plasticity: Theory and Practice[M]. Swansea: Pineridge Press Limited.

PENG F L, WANG H L, TAN Y, et al. , 2011. Field measurements and finite-element method simulation of a tunnel shaft constructed by pneumatic caisson method in shanghai soft ground[J]. Journal of geotechnical and geoenvironmental engineering, 137(5): 516-524.

RAYMOND D M, 1939. Stress distribution around a tunnel[J]. Proceeding ASCE, 65(4): 619-642.

REYES S F, DEERE D U, 1966. Elasticity-plastic analysis of underground openings by the finite element method[A]. Proc. 1st Cong. Int. Soc. Rock Mechanics. Lisbon: 477-483.

RISNES R, HAGHIGHI H, KORSNES R I, et al. , 2003. Chalk-fluid interactions with glycol and brines[J]. Tectonophysics, 370(1-4): 213-226.

SAKURAI S, TAKEUCHI K, 1983. Back Analysis of measured displacement of tunnel[J]. Rock mechanics and rock engineering, 16(3): 173-180.

SHALABI F I, 2005. FE analysis of time-dependent behavior of tunneling in squeezing ground using two different creep models[J]. Tunnel underground space technology, 20(3): 271-279.

SUN J, HU Y Y, 1997. Time-dependent effects on the tensile strength of saturated granite at Three Georges Project in China[J]. International journal of rock mechanics and mining sciences, (34): 323-337.

TÖRÖK Á, VÁSÁRHELYI B, 2010. The influence of fabric and water content on selected rock mechanical parameters of travertine, examples from Hungary[J]. Engineering geology, 115(3-4): 237-245.

VANHOENACKER K, SCHOUKENS J, GUILLAUME P, et al. , 2004. The use of multisine excitations to characterize damage in structures[J]. Mechanical systems and signal processing, 18(1): 43-57.

VÁSÁRHELYI B, VÁN P, 2006. Influence of water content on the strength of rock[J]. Engineering geology, 84(1-2): 70-74.

WANG L L, BORNERT M, YANG D S. et al. , 2015. Microstructural insight into the nonlinear swelling of argillaceous rocks[J]. Engineering geology, 193(2): 435-444.

WITTKE W, PIERAU B, 1979. Foundation for the design and construction of tunnel in swelling rock[C]//Proceedings of the 4th International Congress on Rock Mechanics. Rotterdam: 719-729.

YANG C H, BAI S W, 1999. Proceedings of analysis of stress relaxation behavior of salt rock[C]//Proceedings of the 37th U. S Rock Mechanics Symposium. New York: John Willey & Sons: 935-938.

YANG C H, DAEMEN J J K, YIN J H, 1998. Experimental investigation of creep behavior of salt rock[J]. International journal of rock mechanics and mining sciences, 36(2): 233-242.

YANG S Q, JING H W, CHENG L, 2014. Influences of pore pressure on short-term and creep mechanical behavior of red sandstone[J]. Engineering geology, 179(4): 10-23.

ZAMAN M M, ABDULRAHEEM A, ROEGIERS J C, 1995. Reservior compaction and surface subsidence in the North Sea area[J]. Journal of geology (5): 373-379.

ZAREI H R, UROMEIHY A, SHARIFZADEH M, 2013. A new tunnel inflow classification (TIC) system through sedimentary rock masses[J]. Tunnelling and underground space technology, 34: 1-12.

ZIENKIEWICZ O C, CORMEAU I C, 1974. Visco-Plasticity-Plasticity and creep in elastic solids- A unified numerical solution approach[J]. International journal for numerical method in engineering, 8(4): 821-845.

ZIENKIEWICZ O C, OWEN D R J, CORMEAU I C, 1974. Analysis of viscoplastic effects in pressure vessels by the finite element method[J]. Nuclear engineering and design (28): 278-288.

ZIENKLEWICZ O C, HUMPHESON C, LEWIS R W, 1975. Associated and non-associated visco-plasticity and plasticity in soil mechanics[J]. Geotechnique, 25(4): 671-689.

ZIENKLEWICZ O C, VALLIAPPAN S, KING I P, 1968. Stress analysis of rock as a "no-tension" material[J]. Geotechnique, 18(1): 55-66.